MANUAL DA PRÁTICA CLÍNICA
EM PSICOLOGIA E PSICOPATOLOGIA

Blucher

MANUAL DA PRÁTICA CLÍNICA EM PSICOLOGIA E PSICOPATOLOGIA

René Roussillon

Tradução
Paulo Sérgio de Souza Jr.

Revisão técnica e versão final
Eliana Rache

Manual da prática clínica em psicologia e psicopatologia
© 2012, Elsevier Masson SAS. Tous droits réservés (Todos os direitos reservados)
ISBN : 978-2-294-74420-4
This edition of *Manuel de la pratique clinique en psychologie et psychopathologie*
by *René Roussillon* is published by arrangement with Elsevier Masson SAS.
© 2019 Editora Edgard Blücher Ltda.

1ª reimpressão – 2019

Imagem da capa: iStockPhoto

Blucher

Rua Pedroso Alvarenga, 1245, 4º andar
04531-934 – São Paulo – SP – Brasil
Tel.: 55 11 3078-5366
contato@blucher.com.br
www.blucher.com.br

Segundo o Novo Acordo Ortográfico,
conforme 5. ed. do *Vocabulário
Ortográfico da Língua Portuguesa*,
Academia Brasileira de Letras,
março de 2009.

É proibida a reprodução total ou parcial
por quaisquer meios sem autorização
escrita da editora.

Todos os direitos reservados pela Editora
Edgard Blücher Ltda.

Dados Internacionais de Catalogação
na Publicação (CIP)
Angélica Ilacqua CRB-8/7057

Roussillon, René
  Manual da prática clínica em psicologia e
psicopatologia / René Roussillon ; tradução de
Paulo Sérgio de Souza Jr. ; revisão técnica de
Eliana Rache – São Paulo : Blucher, 2019.
  314 p.

  Bibliografia
  ISBN 978-85-212-1233-1
  Título original : *Manuel de la pratique clinique
en psychologie et psychopathologie*

  1. Psicologia clínica 2. Psicopatologia 3. Técnicas
projetivas I. Título. II. Souza Junior, Paulo Sérgio de.
III. Rache, Eliana.

17-1158   CDD 616.89

Índice para catálogo sistemático:
1. Psicologia clínica

Conteúdo

Prefácio à edição brasileira *Luís Claudio Figueiredo* 7

1. Introdução: a prática clínica 11
2. O encontro humano e o encontro clínico 33
3. A disposição de espírito clínica 51
4. Complexidade e paradoxos da transferência na prática clínica 81
5. As questões do dispositivo clínico 103
6. Teoria do dispositivo clínico 127
7. Inventar/pensar um dispositivo nas situações-limite e extremas 147
8. O trabalho de simbolização 175
9. "As necessidades do Eu" 197
10. As funções do objeto (do clínico) e o Meio Maleável 211
11. O trabalho clínico e o jogo 241
12. Dispositivo prático e dispositivo de pesquisa 267

Referências 291

Índice remissivo 311

Prefácio à edição brasileira

Luís Claudio Figueiredo[1]

O autor e a sua importância

René Roussillon ocupa um lugar de relevo na psicanálise contemporânea que temos chamado de "psicanálise transmatricial".[2] Nos pensamentos e práticas da psicanálise transmatricial, reúnem-se elementos da linhagem freudo-kleiniana, em especial em sua versão construída por Wilfred R. Bion, e elementos da linhagem ferencziana, em especial na versão proposta por Donald W. Winnicott. Entendemos que o que de melhor se pensa e se pratica atualmente pertence a esse campo de articulações teóricas e ao horizonte de perspectivas clínicas que desde aí se descortina.

Roussillon não está sozinho neste terreno, mas nele deixa uma marca bastante singular. Muito bem formado na tradição freudiana e no seu discurso metapsicológico, a isso agrega uma apreensão criativa do pensamento de Winnicott. Constrói, a partir dessas bases, uma compreensão complexa e profunda de adoecimentos psíquicos que envolvem traumas precoces e repetitivos, estados de agonia e angústias primitivas, defesas radicais, como as

---

[1] Psicanalista, professor aposentado da Universidade de São Paulo (USP) e professor da pós-graduação em Psicologia Clínica da Pontifícia Universidade de São Paulo (PUC-SP).

[2] Figueiredo, L. C. & Coelho Junior, N. E. (2018). *Adoecimentos psíquicos e estratégias de cura: matrizes e modelos em psicanálise*. São Paulo: Blucher.

clivagens, falhas graves na constituição psíquica e, em especial, na capacidade de simbolização e apropriação subjetiva. Assim sendo, Roussillon nos oferece um notável aprofundamento na compreensão e no tratamento das patologias do narcisismo e delineia de modo muito preciso o que veio a chamar de adoecimentos narcísico-identitários. Nesse quadro inserem-se as falhas mais sérias e invalidantes na capacidade de simbolização primária, onde estaria o início de todo o processo de representação e processamento psíquico. Em consequência dessas falhas, tais sujeitos são continuamente invadidos pelo retorno dos aspectos cindidos e não simbolizados. Em seu retorno, tais elementos cindidos vão aparecer "fora do psiquismo", gerando adoecimentos psicossomáticos e condutas enigmáticas e fora de controle.

Mas Roussillon não apenas nos ajuda a entender tais sofrimentos como também nos ajuda a conceber algumas perspectivas de cura, o que inclui profundas inovações na constituição da situação analisante, nos enquadres e nas técnicas. É nesse contexto, por exemplo, que recupera o conceito de "meio maleável", uma criação de Marion Milner que, de certo modo, já emergira, na década de 1950, no cruzamento de uma problemática crucial da tradição freudo-kleiniana, a da simbolização, com uma questão básica na outra linhagem, a do traumatismo precoce.

A partir desse pensamento clínico que valoriza a elasticidade da técnica, particularmente no tratamento dos pacientes dos sofrimentos narcísico-identitários (mas não apenas), se abre todo um imenso horizonte, o da *clínica das mediações terapêuticas*. Esta proposta de trabalho é de extrema relevância não apenas por visar uma modalidade de sofrimento psíquico e por alcançar uma certa modalidade de funcionamento mental que a psicanálise padrão não atinge, pois se abre para inúmeras possibilidades de interface com outras práticas de cuidado.

Esta obra e seu interesse

A obra que em bom momento a editora Blucher apresenta aos leitores cumpre uma dupla função: é um bom exemplo do que René Roussillon vem conseguindo pensar e articular no plano da psicanálise, diante de novas e mais severas formas de adoecimento e é, ao mesmo tempo, um exemplo do alcance dessas novidades teóricas e práticas para além do perímetro estrito da clínica psicanalítica. Insere-se, assim, no espaço de uma "teoria geral do cuidado" (Figueiredo, 2009).[3] A introdução do livro não dá margem a dúvidas: "O objetivo deste 'manual' é propor uma reflexão sobre as bases e os fundamentos de uma 'teoria geral da prática clínica' ou, caso se prefira o plural, das práticas clínicas" (p. 7). De fato, é plural – porque tais ideias vão interessar psicólogos, psiquiatras, fonoaudiólogos, terapeutas ocupacionais, médicos, enfermeiros, além de, evidentemente, psicanalistas –, mas é também singular, dado que em suas bases e fundamentos a clínica se unifica. Essa unidade, contudo, é obtida a partir do que pode ser pensado por *esta* psicanálise, por *este* psicanalista. Uma psicanálise cuja contribuição se projeta para fora de si mesma na direção, justamente, de uma "teoria geral da prática clínica" em psicologia e psicopatologia.

---

3 Figueiredo, L. C. (2009). *As diversas faces do cuidar*. São Paulo: Escuta.

1. Introdução: a prática clínica

O conceito de prática clínica fundamental

O objetivo deste "manual" é propor uma reflexão sobre as bases e os fundamentos de uma "teoria geral da prática clínica" ou, caso se prefira o plural, das práticas clínicas. Aliás, será um dos desafios da reflexão saber se o plural convém mais que o singular, ou em que sentido um convém mais que o outro. Caso se apresentasse como mais que uma primeira tentativa, como um ensaio ou uma introdução para afirmar os fundamentos de uma teoria que se trata não de apresentar – na medida em que ela ainda não está disponível –, mas justamente de começar a produzir, esse objetivo seria muito ambicioso.

Trata-se, portanto, de elaborar uma teoria que dê conta das diferentes formas nas quais as práticas clínicas se apresentam, e que tente tornar suas questões e processos mais inteligíveis. Um projeto como esse se apoia na convicção de que, para além da diversidade manifesta das práticas dos psicólogos clínicos, dos psiquiatras clínicos, dos psicanalistas (conjunto que chamarei de "os clínicos") ou de todos aqueles que invocam o pensamento clínico,[1] existe

---

[1] Pode-se imaginar, então, também uma "ortofonia clínica", uma "psicomotricidade clínica", até mesmo uma "prática educativa clínica", das quais um determinado número de princípios se sobreporia aos que estou propondo, mas que seria preciso ajustar em função de imposições em função das práticas referidas.

uma "prática clínica fundamental" da qual se podem extrair e articular os parâmetros fundamentais para pensar a diversidade das formas concretas das práticas clínicas.

Esse itinerário parte da constatação intuitiva, mas que se impõe a todos aqueles que estão nas áreas em que os clínicos operam, de que existe de fato *uma* prática clínica que os clínicos – sejam quais forem as suas origens de formação – desempenham; uma prática clínica reconhecível para além das variantes que as áreas de cuidado impõem. Ela é fundada num "pensamento clínico" – que apresenta, também ele, uma identidade reconhecível – e num método clínico (a associação livre e suas formas derivadas) – que ainda hoje, de fato, unifica o seu campo.

Prática clínica, pensamento clínico,[2] método clínico estão, com efeito, referenciados pela psicanálise – que permanece o referente da maioria dos clínicos. Essa referência convoca comentários; ela abre a questão da definição de uma "clínica psicanalítica" e da sua interface com a psicanálise.

A *"clínica psicanalítica"*

Ela se define, primeiramente, por uma situação de fato: a existência de psicólogos, psiquiatras ou trabalhadores sociais clínicos que se referenciam fundamentalmente pela psicanálise, mas não se apresentam necessariamente como psicanalistas. Os clínicos da psicologia ou da psiquiatria clínica psicanalítica, em sua maioria, ainda que encontrem os fundamentos de sua prática na psicanálise, nem por isso pertencem necessariamente a uma sociedade de psicanálise. Eles podem ter afinidades com essa ou aquela sociedade, essa ou aquela corrente psicanalítica, mas são, primeiramente, clínicos; são "de orientação" psicanalítica. Não são, muitos deles, dotados de uma "formação psicanalítica" institucionalizada, como tal, numa sociedade – ainda que em seus percursos se tenha construído, pouco a pouco, uma equivalente a essa. Não fizeram "supervisão", no sentido formal concebido pelas sociedades de

---

2   Retomo aqui o título de um livro de Green, um dos que mais se ateve à tarefa de tentar pensar as condições de possibilidade de uma prática psicanalítica para além do dispositivo e da clínica *standard*.

psicanálise, mas participaram de "grupos de elaboração ou de supervisão da prática", frequentemente de longa duração; frequentemente prosseguidos e prolongados por supervisões individuais, elas próprias efetuadas junto a psicanalistas de sociedades – frequentemente de várias sociedades diferentes. Eles participam de grupos de leitura de textos dos grandes psicanalistas "históricos" – Freud, Lacan, Winnicott, Bion etc. – ou contemporâneos; leem determinados números de revistas de psicanálise, determinados livros de psicanalistas reputados; mantêm-se a par da evolução do pensamento clínico, e podem, no transcurso, trazer suas contribuições próprias a propósito de uma clínica ou de uma prática com a qual têm experiência.

Mas eles também podem ser "psicanalistas" no sentido da pertença a uma sociedade de psicanálise devidamente constituída e reconhecida como tal.

A "psicologia e a psiquiatria clínica psicanalítica" não são uma outra psicanálise – no sentido em que esta teria outros fundamentos que não a psicanálise que eu chamaria de "oficial" –, mas a sua prática não é a do dispositivo *standard* da psicanálise; ela se pratica no "face a face" ou no "lado a lado", no encontro individual ou em grupo, até mesmo de maneira mais informal, ao sabor das necessidades do encontro clínico. Inversamente, as problemáticas e experiências clínicas nas quais ela se ampara e se fundamenta estão muito pouco presentes e são muito pouco trabalhadas nas sociedades de psicanálise, pelo menos na França. Majoritariamente, ela se fundamenta no encontro clínico dos estados de sofrimentos narcísico-identitários,[3] em que a questão da diferenciação eu/outro é central e se junta, como tal, ou se dialetiza, com aquelas oriundas das diferenças de sexos e de gerações.

Notaremos, contudo, uma diferença não tanto nos conceitos utilizados, e sim na inflexão ou na importância dada a certos conceitos ou a certas faces da teoria psicanalítica. Assim, para nos atermos a um único exemplo, mas já muito representativo, o conceito de envelope[4] psíquico (D. Anzieu) – e os

---

[3] Propus chamar assim (1999) as formas de sofrimento psíquico em que a diferenciação eu/não eu e seus efeitos sobre a regulação/desregulação narcísica representa uma questão central do quadro clínico.

[4] A tradução do termo *enveloppe* foi consolidada durante muito tempo como "envelope", no entanto, trata-se de um falso cognato, seu sentido original é invólucro. Optamos por manter a tradução consolidada. (Nota da revisão técnica – N. R.)

conceitos derivados – está quase ausente da "psicanálise das sociedades", ao passo que é frequentemente central entre os conceitos da "clínica psicanalítica".

Para se ter uma ideia dessa outra clínica, basta observar que ela se desenvolve principalmente em prática pública, enquanto a outra encontra o seu desenvolvimento em prática privada; que ela utiliza – ao lado do colóquio singular da prática individual – o grupo, a família, a instituição e diversas outras mediações para se exercer, enquanto a psicanálise das sociedades de psicanálise atém-se ao modelo único do colóquio singular no cerne do dispositivo divã/poltrona ou, mais recentemente, poltrona/poltrona.

Assim sendo, o fato de que as questões clínicas referenciais dessas problemáticas clínicas não sejam as da psicanálise *standard*; o fato de que elas não ocorrem dentro dos dispositivos mais conhecidos – os que deram lugar a estes aprofundamentos metapsicológicos, os mais arraigados e os mais estabelecidos – está na origem de uma dificuldade no pleno reconhecimento do seu valor. Com frequência, essas práticas tendem, com isso, a tentar se calcar nos modelos *standard*; ou, quando não podem sustentar seu projeto – o que representa a maior parte dos casos –, desdobram-se sem verdadeira teorização do seu fundamento clínico próprio, sem teorização articulada precisamente com a metapsicologia fundamental. Essa fraqueza, esse déficit de reconhecimento, tem múltiplas consequências tanto no que se refere à avaliação de sua pertinência quanto à sua aptidão para fundar a base de uma teoria geral da prática clínica.

Unidade da prática clínica

Isso faz com que a constatação concreta da unidade da prática clínica pela qual introduzi meu capítulo não seja mais suficiente, e que haja certa urgência – no estado atual das ameaças que incidem, de fora e de dentro, na prática clínica e no próprio chamamento de "clínica" quando ele é aplicado à psicologia – em trabalhar a questão conjunta de uma definição da prática clínica e da unidade da prática que disso se deduz. E essa definição da clínica e da prática supõe, ela própria, que o projeto de uma teoria da prática clínica fundamental torne-se o objeto de uma tentativa de elaboração e de um conjunto de trabalhos.

A urgência é tanto política quanto pragmática; há urgência em defender o rigor e a coerência das práticas clínicas nos debates sociais, assim como em estabilizar a identidade dos próprios clínicos. Quanto mais os clínicos forem dotados de uma teoria rigorosa da sua prática e dos modelos desta, mais estarão aptos a proteger suas condições de exercício e a fazer valer – em todos os lugares em que a questão encontra-se posta – a sua pertinência.

Uma teoria como essa não existe já toda desenvolvida, feita, ela está por "produzir", por elaborar (ou por continuar a ser elaborada); e o presente ensaio se impõe como objetivo, primeiramente, abrir as questões que ela coloca e avançar algumas proposições sobre esses fundamentos – e, notadamente, sobre o itinerário a seguir para ser construída.

Proponho um "método", um itinerário que consiste em buscar nos conceitos da teoria da prática psicanalítica *standard* as bases para uma teoria geral da prática clínica "psicanalítica"; em procurar extrair, a partir de uma prática particular, modelo, aquilo que vale para "toda" prática em psicologia clínica. A prática psicanalítica *standard* é, então, considerada um caso particular da prática clínica, mas um caso que pode servir de "modelo", na medida em que ele é o mais bem conhecido, o mais depurado – e, portanto, também o mais e o mais bem teorizado.

Logo, a situação atual é tal que um trabalho de retomada e de abstração da quintessência desse ganho, que busca ultrapassar a forma singular que um dispositivo de análise adaptado a essa ou aquela conjuntura clínica particular pode assumir, parece vislumbrável. Contudo, esse trabalho está por ser feito, ao menos em grande parte; ele será produzido a partir dos enunciados correntes da psicanálise, para diferenciar o que é "regional" e específico de um dispositivo e de uma prática particular e o que é a forma "geral" das práticas clínicas. A hipótese central do percurso que estou fazendo é a de que Freud captou, numa prática particular, as premissas dos princípios gerais da prática clínica; a de que ele elaborou um caso particular de uma teoria geral da prática clínica. Da mesma maneira que há uma "meta"-psicologia, deve haver uma "meta"-teoria da prática clínica. Ela implica uma clínica da teoria e passa por uma clínica da prática e uma teoria desta.

A psicanálise penetrou profundamente nas práticas clínicas, concedeu-lhes o suporte teórico que lhes era preciso, a concepção do funcionamento psíquico de que necessitavam. Mas ela também inspirou amplamente os dispositivos práticos, mesmo quando no plano manifesto eles pareciam dela se distanciar. E isso – retornaremos longamente a esse ponto – porque eles estão fundados, seja em plena consciência ou não, no método associativo ou numa das suas formas e no postulado de um funcionamento associativo do funcionamento psíquico.

Inversamente, as múltiplas formas que os clínicos puderam dar à prática clínica, quando se aventuraram a levar à análise problemáticas clínicas sobre as quais a psicanálise *standard* praticamente não havia avançado; quando eles se centraram na incumbência clínica de pacientes em curso de hospitalização ou sendo cuidados no interior das instituições; quando eles se debruçaram sobre a vida psíquica dos grupos e das instituições, colocaram para trabalhar, por sua vez, a teoria, o método e a prática clínica oriunda da psicanálise, para fundar as bases de sua generalização.

Esse efeito de retroação já é sensível na história da psicanálise, na qual se pode observar que as grandes obras atualmente referenciais da evolução da teoria ou da prática foram todas conduzidas a partir da construção de uma interface entre a psicanálise primeira e um "novo" objeto de exploração: a criança (Klein), o bebê (Winnicott), os estados psicóticos (Lacan, Bion), os grupos (Bion) etc. – para se ater apenas aos principais primeiros pioneiros na matéria. Quando a psicanálise se exporta, quando ela se transfere para novos objetos, para novas práticas, ela explora a si mesma, cava os seus próprios fundamentos, descobre alguns dos seus próprios territórios que permaneciam em latência nos dispositivos *standard*. Sem dúvida, pode-se até mesmo chegar ao ponto de aventar, como eu havia proposto há alguns anos, que ela precisa se exportar e se transferir para novos objetos para continuar a manter vivo o ápice da sua epistemologia, que é uma interrogação permanente sobre os seus fundamentos.

Sendo assim, aí está um paradoxo essencial das condições da sua teorização, a exploração que ela assim possibilita: se ela faz com que surjam novas formas, se ela permite captar melhor certos processos, liberta também o seu quinhão de convicção sobre as suas invariantes de fundamentos.

É o que acontece, por exemplo, com o conceito de inconsciente quando se aceita utilizá-lo apenas como adjetivo, e não como um substantivo; ou, melhor ainda, com o conceito de realidade psíquica, ou com o de transferência.

Na exploração de novos territórios da clínica ou da prática clínica, esses diferentes conceitos proveem novas formas, tornam perceptíveis certos processos que haviam ficado latentes nos dispositivos primeiros, mas também reforçam a convicção de sua pertinência. Explorando diferentes formas da inconsciência de si, ao lado daquelas fundamentadas no recalcamento – por exemplo, aquelas cujos processos de negativação são a clivagem, a projeção, a recusa ou a foraclusão –, contribui-se para consolidar o caráter universal do conceito de inconsciente; contribui-se para torná-lo efetivamente generalizável. É claro, não se pode mais dizer "o Inconsciente" como se houvesse um só, como Freud observa em 1923, nas primeiras páginas de *O eu e o isso*, mas consolida-se, *a contrario*, o caráter universal da existência de processos inconscientes a partir do que se recolhe de suas diferentes formas. De igual maneira, o caráter universal do processo transferencial é bem mais sensível quando se pode mostrar que ele se apresenta em diferentes formas nos diferentes quadros clínicos, mas que ao menos uma de suas formas sempre está presente. Há sempre um processo transferencial, mas ele não se manifesta sempre da mesma maneira; ao lado das formas marcadas pelo deslocamento que foram primeiramente descritas, reconhecem-se agora as formas organizadas por um dos tipos de processos de retorno (Freud, 1915, 1920) ou de clivagem, e admite-se a coexistência de diferentes formas clivadas umas das outras...

O programa de trabalho

O procedimento que acabo de descrever traça o perfil de um programa de trabalho que será posto em ação no presente tratado e que entrelaça diferentes tarefas. A hipótese central do meu percurso é que Freud captou, numa prática particular, o caso particular de uma teoria geral da prática clínica e, assim, fundou as premissas dos princípios gerais da prática clínica; e que ele captou e antecipou amplamente, em determinados enunciados metapsicológicos, as premissas de uma teoria geral do processo psíquico.

E o trabalho que se trata de conduzir agora se apresenta, com isso, de duas formas dialetizadas entre si:

- extrair e abstrair, das formas particulares que eles assumiram na psicanálise *standard*, as formas matriciais, genéricas, dos conceitos essenciais do pensamento clínico;

- diferenciar, no estudo dos dispositivos, aquilo que é "regional" e "específico" de um dispositivo particular e aquilo que, abstraído dessa forma singular, representa a forma geral dos dispositivos clínicos.

Da mesma maneira que há uma "meta"-psicologia, deve haver uma "meta"-teoria da prática clínica. Ela implica uma clínica da teoria e passa por uma clínica da prática e uma teoria desta.

Sendo assim, o trabalho é facilitado por conta de uma parte do trabalho já ter sido efetuada de fato; de ele estar potencialmente disponível, ou nos próprios terrenos clínicos ou em certos aspectos da teorização já balizados.

Não esqueçamos, com efeito, que a prática e a clínica psicanalíticas já deram provas da sua *générativité*[5] prática. Os dispositivos práticos puderam ser "adaptados" às crianças (Klein, A. Freud...), aos grupos (Anzieu, Kaës...), às instituições e organizações (J. Bleger, Escola de Lyon...), à família (Ruffiot, Berger...), aos bebês (Winnicott, Lebovici...), às diferentes psicopatologias psicossomáticas (Escola Psicossomática de Paris, MacDougall...), à consideração das tendências antissociais (Winnicott, Balier, Ciavaldini) etc.; aliás, ela é atualmente a única que apresenta uma plasticidade prática e uma *générativité* como essas.

Ela é amplamente utilizável tanto para "repensar" as abordagens "projetivistas", as terapias "mediadas" e os diferentes grupos mediados (A. Brun), mas também as abordagens das situações extremas (psicose: Searles, Racamier, H. Rosenfeld etc.); ou grande delinquência e criminalidade (Zaguri etc.); ou pessoas em situação de rua (Declerck, Furtos etc.), para as situações de precariedade...

A isso se acrescenta o fato de que a quase totalidade das práticas terapêuticas "alternativas" (sistêmica, humanista, psicodramatista, PNL,[6] Gestalt,

---

5 Optamos por manter o termo em francês, que significa geração, multiplicação. (N. R.)

6 Programação neurolinguística. (N. R.)

bioenergia...) partiu e foi derivada desse ou daquele aspecto da prática ou da clínica psicanalítica – a maioria dos seus inventores começou com uma formação em Psicanálise! E o que elas puderam trazer de específico e que pode ser conservado é reinscritível na teoria psicanalítica.

Limites e entraves do itinerário proposto

Contudo, o itinerário que estou propondo apresenta alguns limites, alguns entraves; ele supõe ao menos três ou quatro postulados em relação aos quais o acordo deve ser prévio. Aqui estão eles, resumidos à sua formulação mais simples:

1. Existe um nível de "realidade" específico e não inteiramente redutível às outras formas de realidades (realidade material e realidade biológica): a realidade psíquica. Ele possui seu objeto específico, ainda que não passe de um caso particular do biológico, isto é, do vivo: a representação psíquica e o processo de "produção" desta, o processo de transformação por meio da simbolização. Mas também a sua problemática específica, a da apropriação subjetiva, da subjetivação por meio da reflexividade.

2. Uma parte dessa "realidade psíquica" escapa à consciência imediata, ela é inconsciente. Mas a realidade psíquica, mesmo inconsciente, produz efeitos na vida psíquica e na vida relacional: existem representações, modos de simbolização inconscientes, "complexos representativos" inconscientes, até "conceitos inconscientes" (Freud, 1917). Estes podem, no entanto, em condições relacionais particulares, se tornar conscientes e ser refletidos. Mas existem também "moções pulsionais" e formas da experiência subjetiva que não podem se tornar conscientes em sua forma primeira (Freud, 1923), e que só podem ser apropriáveis pelo sujeito se forem transformadas numa forma suscetível a "se tornar consciente" ou a ser refletida no cerne da relação. Porém, mesmo inconscientes ou não suscetíveis a "se tornarem conscientes" (Freud, 1923) em suas formas primeiras, esses diferentes modos de expressão e de manifestação da realidade psíquica são recuperáveis em "formações" específicas que se produzem conforme

diferentes signos e de diferentes formas que se transferem no encontro humano. Podem-se pensar e modelar os signos e os processos da ação e das modalidades da realidade psíquica inconsciente. E podem-se criar ou reconhecer dispositivos e práticas, as práticas clínicas, destinadas a torná-los representáveis e inteligíveis.

3. Esses dispositivos são construídos e apresentam-se como "atratores" dos modos de manifestações da realidade psíquica inconsciente. Eles se expressam em diferentes tipos de linguagens que comportam sempre, ou mais ou menos, modos de "penetração agida" (J.-L. Donnet, R. Roussillon) no cerne das situações clínicas – no dispositivo e no encontro clínico, portanto, mas também no estado afetivo e até mesmo no pensamento dos clínicos. Esse processo define a transferência e é a partir da sua ação, mais ou menos reconhecida ou reconhecível, que se funda a prática clínica.

Se aceitarmos esses três "postulados" de partida – são "postulados", mas a experiência psicanalítica estabeleceu amplamente a sua pertinência –, então poderemos nos engajar no percurso que estou propondo.

Talvez, ademais, se admitirmos o princípio "Ético" segundo o qual as práticas clínicas visam tentar restituir aos sujeitos humanos ou otimizar a sua "liberdade de ser" pela representação e simbolização da sua vida psíquica e do seu modo relacional, que elas têm a simbolização e a apropriação subjetiva como "horizonte de elaboração", poderemos então passar para as etapas seguintes.

Diversidade, identidade e unidade das práticas

Mas antes de se engajar categoricamente nesse percurso, há ainda alguns pré-requisitos em relação ao nível em que ele se situa.

Impõe-se, com efeito, primeiramente, a questão do nível da teorização escolhida: ela deve levar em conta um conjunto de dificuldades manifestas ligadas à constatação de uma aparente diversidade que parece desafiar o esforço de unificação e a própria ideia da existência de uma "prática clínica fundamental".

Qualquer um que se debruce, por pouco que seja, sobre a questão só pode, com efeito, se surpreender com a constatação da diversidade formal das práticas dos clínicos. Há a diversidade de terrenos: hospitais psiquiátricos, hospitais gerais, casa de reeducação, setor associativo, mundo da formação, mundo da indústria, mundo do trabalho, práticas "em domicílio", ou na rua em prevenção ou junto à população em situação de rua – sem esquecer, é claro, todas as formas de práticas liberais etc. Não há, como se pode constatar, unidade dos lugares da prática nem referência unitária do lugar (cuidado, saúde, educação, social, até mesmo indústria...).

Mas observa-se também uma grande diversidade de dispositivos formais: divã-poltrona; encontro clínico "face a face" ou "lado a lado" (Roussillon); prática de corredor (nas prisões, por exemplo), de interstício (em determinados lugares institucionais não formalizados [Roussillon]); HAD (hospitalização em domicílio) e até "*kitchen* terapia" (Fraiberg); dispositivos de vida quotidiana (em psiquiatria comunitária; Hochmann, por exemplo); acompanhante terapêutico (Guicher e dispositivos Lyon 2); dispositivo "*open*" (nos lugares de vida, na rua, nos *squats*)...

A questão da diversidade dos métodos é de uma natureza diferente. No nível formal, pode-se descrever, com efeito, uma diversidade pelo menos aparente: associação livre ou focal; método de testes; mediações diversas; dispositivos grupais, institucionais, familiares... Mas veremos mais adiante que essa diversidade é, de fato, organizada por um mesmo método clínico fundamental centrado na associatividade da psique.

Quanto mais complexa é a diversidade das linguagens e das teorias referenciais, no nível manifesto, se a psicanálise é a referência maior, ela beira frequentemente a teoria do apego que lhe foi amplamente assimilada no mundo da clínica infantil, ou ainda a teoria sistêmica ou as diferentes formas de terapias ditas "humanistas". Mas a diversidade habita também a própria psicanálise, e encontramos referências às teorias freudianas, kleinianas, lacanianas ou, ainda, intersubjetivistas etc., tanto quanto uma posição na qual diversas referências se mesclam, de acordo com as necessidades da clínica – e até mesmo, por vezes, entram em conflito em um mesmo clínico. Contudo, a diversidade das linguagens teóricas, que significa uma diversidade das representações teóricas, não significa necessariamente uma diversidade do fundo da prática. Pode-se "teorizar" o que se passa nas terapias de diversas obediências teóricas com o auxílio de um pensamento psicanalítico, bem como se pode teorizar um mesmo material clínico oriundo de uma sessão de psicanálise com o auxílio de diferentes referenciais teóricos oriundos da psicanálise, e fazer uma leitura "freudiana" ou "kleiniana", "kohutiana", "lacaniana" etc.

No nível formal, constata-se então uma grande diversidade, e não é nesse nível que se pode buscar os lineamentos de uma unidade e de uma identidade.

É preciso passar para o nível "meta" a fim de procurar a unidade nessa diversidade formal; passar para o nível de abstração superior; passar, para além da forma, ao nível do conceito.

O "vértice" do "encontro clínico"

A unidade deve ser procurada junto a uma disposição de espírito particular que parece estar presente em todos os clínicos. A dificuldade é encontrar qual termo utilizar para recobrir as diferentes formas de práticas sem já fazer uma seleção nos próprios termos, sem privilegiar um vetor sensorial particular da prática clínica.

Acaso diremos, com efeito, que a disposição de espírito do clínico é uma maneira "de escutar" ou de entender os processos; ou, ainda, que se trata de um "olhar" singular voltado para a psique, de um "ponto de vista" sobre ela? Apreende-se a dificuldade a partir do momento que se engaja na definição um modo de sensorialidade particular. A dificuldade é redobrada caso se inclua também o campo motor: a clínica diz respeito a um "percurso" particular "de abordagem" do outro ou a uma maneira de "construir" um tipo de relação com o outro, a uma maneira de "tomar" a relação com o outro, isso se não se tratar de uma maneira de "encará-lo"?

Tantas metáforas "corporais" que contêm tantas coisas implícitas que podem incidir, com toda a sua força, na prática. Elas são, sem dúvida, inevitáveis e, ao mesmo tempo, "criam armadilhas" à definição global do campo de definição do "encontro" clínico. E há razões "históricas" para "desconfiar" das coisas implícitas e do peso delas sobre a prática.

Quando se tem uma "escuta" clínica, quando se escutam também os significantes não verbais, como é que se entra em relação com o corpo vivido do outro? Quando se tem um "olhar" clínico voltado para ele, também se é sensível às suas experiências afetivas, aos seus estados sensoriais ou sensíveis? Também se é empático? Pode-se ser "tocado", em todo caso? E como? A prática clínica deve excluir esses modos de expressão da realidade do seu campo? Em nome de que privilegiar essa ou aquela metáfora, ou esse ou aquele canal de comunicação e de encontro?

O primeiro tropeço é com a própria definição do encontro clínico, com o problema da abstração, do nível de abstração necessário para manter a questão de uma teoria geral da prática.

Cada metáfora da "relação" que o clínico mantém com seu objeto tende a excluir implicitamente, de fato, por meio da própria metáfora, outras metáforas que são, em contrapartida, pertinentes para outras práticas.

Freud propôs um conceito, a "atenção flutuante", que não implica uma forma particular de sensorialidade e apresenta, portanto, sobretudo ao dizê-la "flutuante", a neutralidade de que precisamos para uma teoria geral da prática clínica.

A atenção clínica, como a utilizarei no texto, define a relação do clínico com o seu objeto. Ela é, ao mesmo tempo e em alternância, conforme o momento, uma maneira de escutar o sujeito humano; um tipo de olhar dirigido a ele; um percurso de abordagem da relação e da relação mantida, construída com ele; uma maneira de encará-lo, de construir ou de pensar o encontro.

Essa será, portanto, uma primeira tentativa de definição da prática clínica: é ela que é fundada na disposição de espírito do clínico que situa o vértice da realidade psíquica e dos processos da sua transformação simbolizante no seu centro a partir de um método centrado na atenção dirigida à associatividade dos processos psíquicos e a seus diversos modos de expressão.

Atualmente, com efeito, tudo leva a pensar que o funcionamento do cérebro humano [por exemplo, os "agrupamentos de neurônios" de Hebb

(1940), ou ainda os reflexos condicionados] é de tipo "associativo" – associatividade regulada por processos de inibição. Os métodos fundamentados numa das formas da associatividade tentam modificar as regulações desta substituindo os processos de inibição (recalcamento, clivagem...) pela regulação por meio da reflexividade associativa, diferentemente das técnicas cognitivo-comportamentais (TCC) – que atuam na inibição ou na acentuação de determinados aspectos desta.

A distância teórico-prática

No estado atual do nosso desenvolvimento, essa "disposição de espírito" é relativamente abstrata; e, para continuar a aprofundar sua forma e seus imperativos, partirei de uma constatação "prática".

Um dos "choques" aos quais todo clínico é confrontado é o da constatação clínica prática da insuficiência da teoria para dar conta da integralidade do encontro clínico, o de uma certa "deiscência" da teoria adquirida durante a sua formação.

A teoria fracassa em fornecer, de imediato, referenciais totalmente decidíveis para dar conta dos enigmas e particularidades do encontro clínico. A prática "embaralha" os referenciais que a teoria fornece, ela implica uma "relação de desconhecido" (Rosolato), uma *negative capability* [capacidade negativa] (J. Keats, Bion, Green), uma capacidade de tolerar o desconhecido, o não inteligível de imediato.

É claro, quando se está começando – e, mais ou menos, até mesmo depois, sem dúvida –, tende-se a interpretar essa inadequação como o sinal da insuficiência do seu "conhecimento" da teoria e dos modelos, até da sua insuficiência clínica. Sem dúvida – e isso desde os primórdios de uma prática até suas formas de realização mais experimentadas –, o nosso conhecimento da teoria e das suas formas está sempre por ser completado.

Mas, por mais longe que se possa levar o esforço nesse sentido, resta uma distância irredutível entre o que se pode "saber" a partir da teoria e o desconhecido e o impensado com os quais a prática faz com que nos confrontemos.

Essa distância está ligada ao fato de que o objeto, o objeto de conhecimento e o objeto do encontro, não é o mesmo na teoria e na prática. Existe uma distância teórico-prática irredutível, visto que ligada aos fundamentos epistemológicos e à sua diferença na teoria e na prática.

Para dar apenas um exemplo dessa distância – mas, é claro, bastante essencial – e da importância de respeitá-la, evocarei tão simplesmente a questão do estatuto do conceito de inconsciente na teoria e na prática.

Na teoria, o inconsciente pode ser descrito como uma positividade agente; pode-se descrever suas formas e composições; pode-se objetivá-lo em princípios e leis – é o que a metapsicologia psicanalítica faz.

Na prática, no encontro clínico, na relação da prática, o inconsciente vai, ao contrário, ser encontrado como uma "negatividade" em ação, como um não dito, um não visto, um não sentido, um não pensado, um não representado, um não simbolizado, um desconhecido, até mesmo um não advindo. Na prática, mensura-se o efeito de uma ausência na presença que a teoria visa reduzir.

A prática coloca em crise a relação com o "saber prévio" (Gori), com a "teoria prévia"; ela lhe traz uma forma de desmentido; ela obriga reavaliá-lo.

A teoria prévia é uma teoria do já lá, do já pensado, do tudo-pensado-de-antemão, do pronto-para-pensar, um *après-coup* atual do já pensado, visto ou sentido; disso que, oriundo do passado, se repete. É uma teoria do advindo, do já realizado, do supostamente realizado.

A prática só pode ser pensada, em contrapartida, como teorização *après-coup*, como segunda reprise de um impensado prévio, como tentativa segunda de tornar inteligível o que se passou ou o que não adveio.

O tempo da teorização clínica é um tempo segundo, mas, uma vez estabelecido, ele ameaça funcionar em seguida como teoria prévia e convoca, então, a sua suspensão.

O ser humano, o sujeito, o ser vivo é, com efeito, caracterizado por um potencial de criação, uma virtualidade, um não advindo que o funda como tal; e é justamente o sujeito e a questão do encontro clínico do sujeito que devem estar no centro da nossa reflexão.

Teoria e teorização

Atingimos aí o limite essencial da teoria nas ciências da vida e nas ciências humanas; o vivo, como tal, comporta uma parte de inesperado, de imprevisível, de criação sobre a qual precisamente toda mudança – isto é, também, toda manifestação da vida – repousa.

Mas encontramos também o limite das operações psíquicas constitutivas do percurso teórico. A teoria "retira" o sujeito da cena em sua própria construção: ela repousa em operações de generalização que supõem a objetivação do sujeito; ela dessubjetiva, dessingulariza, para tomar a distância necessária ao seu exercício; ela produz e se funda num processo de "distanciamento objetivante".

A prática, o encontro clínico, "desconstrói" a teoria; ela inverte o seu percurso; ela deve "desconstruir" a teoria abstrata para fazer advir o sujeito singular; ela visa a uma "ressubjetivação" e desencadeia uma implicação, um engajamento na relação, o que produz uma negativação da teoria e dos seus enunciados. Ela repousa, portanto, numa "implicação subjetivante".

Essa distância de "vértice" produz uma tensão que é o próprio espaço do trabalho de elaboração de toda formação na prática clínica.

A prática implica o encontro com uma relação de desconhecimento, de alteridade, e o encontro com os efeitos desse desconhecimento e suas implicações; ela implica uma "capacidade negativa" (Bion). A aquisição, ou a descoberta desta, é a aposta capital da formação clínica.

Quando a aceitação da relação de desconhecimento fundadora é ausente ou insuficiente, a teoria funciona como "saber suposto", como "máquina de influenciar", como instância "sedutora" e indutora; ela objetiva o sujeito, enquanto seria preferível ajudá-lo a se subjetivar melhor.

Se a prática "desconstrói" a teoria, esta vai ter de "sobreviver", isto é, ser reinventada "a partir da prática", reinventada como função terceira desta.

A prática não teria como ser outra coisa além de uma prática da exploração clínica; ou melhor, uma prática da "descoberta", da "redescoberta" ou, ainda, com toda a polissemia do termo, uma prática "*a descoberto*".

Ela implica e induz uma modificação da relação com o saber homóloga à revolução que a sexualidade adolescente causa nas "teorias sexuais infantis" (que são também teorias infantis do Eu, do sofrimento, do cuidado e do alívio etc.).

A colocação em prática ou a passagem para a prática implica uma readolescência, uma retomada do movimento "revolucionário" da adolescência, uma "trans-formação" mais do que uma simples "formação".

Ela implica a invenção de um outro fundamento para a clínica, outro fundamento fundado na apropriação subjetiva; a passagem necessária de uma posição "meta" para uma posição "autometa" – aquela que caracteriza a função terceira e a função reflexiva.

Há, portanto, uma fundação recíproca da teoria e da prática.

A prática "desconstrói" a teoria, ela deve ressubjetivá-la; a teoria deve "sobreviver" e se refundar, se reinventar para se tornar uma teoria "a partir da prática" – ou, até mesmo, uma teoria da prática.

Inversamente, essa operação implica a entrada em ação de uma "clínica da teoria", que é tanto uma clínica da utilização da teoria na prática – uma clínica da relação com a teoria, uma análise da sua função prática – quanto uma clínica disso que, na prática, a teoria "contém", implica ou induz; uma clínica disso que essa teoria aponta, implica ou induz no sujeito a quem ela se aplica. Tudo isso vai se esclarecer com o passar do nosso desenvolvimento.

Disposição de espírito do clínico e realidade psíquica

Como dissemos anteriormente, um dos postulados de base do pensamento e da prática clínica é o da existência de uma realidade psíquica específica *versus* a realidade material e a realidade biológica. A prática clínica está centrada na atenção com relação a essa realidade, a da experiência subjetiva de um sujeito vivo, assim como se pode captá-la a partir da consideração do processo da sua associatividade. A realidade psíquica é um caso particular da realidade "biológica" – que é, ela própria, um caso particular da realidade material. Cada um dos diversos níveis dessas formas de realidade caracteriza-se por restrições que nunca modificam as leis primeiras – as mais fundamentais, as da realidade "material" –, mas as aguçam, as dialetizam de forma a produzir propriedades específicas que determinam subconjuntos específicos.

Assim, as propriedades da biologia são ordenadas (F. Varela, 1995) pela necessidade da criação de um envelope que delimita um "meio interno" (C. Bernard) no cerne do qual vão poder se desenvolver leis singulares. Por exemplo, no cerne do meio interno, e graças ao envelope protetor, o ser vivo pode manter uma temperatura constante, a despeito das variações externas. Esse envelope autoriza, no entanto, formas de troca com o meio externo, mas formas de troca (respiração, alimentação, informação...) controladas e submetidas a imposições específicas. O que "penetra" no envelope deve ser transformado para ser assimilado, transformado numa forma compatível com as leis do meio interno (é a autopoiese descrita por F. Varela).

Então, a alimentação deve ser "digerida" para ser assimilável, e para isso ela será mastigada, reduzida, decomposta com o auxílio de substâncias específicas, triada, combinada com fluidos em circulação interna etc. O que não é assimilado será rejeitado, mas essa rejeição também obedece a leis precisas.

Assim, o que o ser vivo percebe também é submetido a uma série de processos internos para ser inteligível; é decomposto em diversos atributos (cor, forma...) para ser tratado por zonas específicas do cérebro, depois recomposto e colocado no "mapa cerebral". Mas essas operações não podem adquirir todo o seu sentido sem a sua organização por determinados esquemas do córtex (A. Berthoz, 2010) etc.

Nada penetra o envelope corporal sem esse trabalho de formatação necessário à sua assimilação e à sua "utilização". Outros processos combinam-se a esses para definir as necessidades corporais e comandar o jogo[7] das entradas e saídas do envelope. Para se manter o meio interno também há necessidade de sistemas de regulação (temperatura, peso etc.) que supõem informações, "autoinformações", sobre os diferentes estados do meio interno (fome, necessidade de oxigênio etc.). Autorregulação e autoinformação acompanham o processo de autopoiese descrito anteriormente e o possibilitam.

---

7 A palavra jogo é usada aqui com o sentido do brincar, do *play* de Winnicott, atividade prazerosa sem regras preestabelecidas. (N. R.)

A questão da realidade psíquica abre-se para além desse nível que é o da realidade biológica, mas justamente se apoiando na realidade biológica e singularmente na do cérebro. Ela deve ser situada a um nível "meta" em relação à realidade biológica.

Por muito tempo ela foi definida pela "consciência".

A fome, por exemplo, indica a existência de uma necessidade corporal (nível biológico); abre-se, em seguida, a questão da sensação e da consciência da fome e a da maneira pela qual o sujeito humano vai tratar o problema que a fome biológica lhe coloca. Ele pode "negligenciar" o sinal de fome, não "sentir" a sua fome, aboli-la de sua "consciência", senti-lo e poder se saciar, precisá-lo e fazer dela uma fome "específica", um "desejo" de um alimento particular etc.

Uma vez dado o sinal, afetado o sujeito por uma sensação específica, abre-se a questão do seu tratamento, a questão da realidade "psíquica", que se refere então, ao mesmo tempo, à relação que o sujeito vai manter com os sinais oriundos do seu "meio" interno e o sentido que ele lhes confere. Os dados do "meio interno" deverão se tornar dados do "meio psíquico", inscrever-se na realidade psíquica do sujeito, e, para tanto, também ser transformados numa forma compatível com ela.

É uma outra forma da autopoiese descrita anteriormente. A mesma lei se expressa em diferentes níveis, mas dessa vez ela se refere à penetração no "envelope psíquico", no domínio da realidade psíquica. Nesse nível, só podemos tratar "psiquicamente" uma forma particular de "sinais", aqueles que assumiram uma forma "representativa".

O aparelho psíquico, como Freud o nomeou, só pode trabalhar a partir de dados representativos (S. Freud, 1923; F. Varela, 1995); tudo deve, então, ser transformado em representação. Realidade psíquica e realidade biológica articulam-se para tanto; como vimos a propósito do exemplo da percepção, nosso cérebro "assimila" os dados perceptivos da realidade externa e os transforma numa forma utilizável, uma forma representativa. Os que opõem representação e percepção cometem um erro de apreciação teórica: a percepção é necessariamente representação; ela é "representação perceptiva", mas não é necessariamente representação reflexiva, não é necessariamente representação simbólica, metafórica, consciência de ser representação. Ela é, pelo contrário, sempre representação significante; e se for enigmática, então ela é representação enigmática – mas já é um sentido, mesmo que seja o sentido de uma ausência de sentido dado, ou de um sentido rudimentar ("perigo extremo" para as situações traumáticas, por exemplo, a vivência do susto já é um sentido).

Eu ia dizendo anteriormente que o nível da realidade psíquica foi pensado primeiramente a partir da consciência, o que supõe que já não é mais o caso e convoca uma explicação. Acabamos de evocar isso a propósito da percepção: a percepção não tem necessariamente consciência de ser "representação", ela pode se apresentar à consciência do sujeito como uma forma de arranjo bruto, exterior a ele – ele pode apagar o trabalho feito para "ter consciência de uma percepção". A consciência que o sujeito tem do que nele se passa, dos seus próprios processos, pode, com efeito, ser enganosa. Freud mostrou de maneira definitiva – mas os trabalhos das neurociências atuais só fazem confirmar o fato para uma parte do que se passa em nosso cérebro – que uma parte do que se passa em nosso aparelho psíquico escapa também à nossa consciência. Consciência e reflexividade não podem mais ser superpostas; nossos processos psíquicos são reflexivos – são re-presentação, até mesmo represent-ação (J.-D. Vincent, 1986) –, mas essa reflexividade não é necessariamente consciente de si mesma. Eis aí um paradoxo essencial da realidade psíquica.

Contudo, a consciência pode organizar o conceito do seu próprio limite, disso que lhe escapa, do seu negativo: o conceito de inconsciência. A atividade representativa pode organizar o conceito disso de que ela não tem consciência, o da "ausência de representação" ou, mais justamente, "a ausência de consciência de representação". Há coisas das quais o sujeito faz uma representação para si sem fazer para si uma representação de que ele as representa; sem ter delas consciência, ele as sente como se fossem coisas "em si", mas "fora de si", e não coisas "para si", "representadas por si", inscritas em sua vida psíquica, na relatividade desta. Logo, a consciência se informa e não se informa completamente sobre a subjetividade e a reflexividade que a funda; esse limite abre um hiato interno: o das coisas representadas sem consciência de representação.

Mas o limite da consciência tem ainda uma outra consequência fundamental para a clínica e a prática: para a psique humana, as coisas nunca são exatamente parecidas com o que se fazem passar por ser. Por exemplo, elas se fazem passar por percepção, por exteriores ao sujeito, ao passo que são "representação perceptiva", representação sem consciência de sê-lo – mas, no entanto, o fruto de todo um trabalho interno de representação perceptiva. Esse fato tem consequências completamente essenciais para a nossa relação com o que se chama de realidade, e isso tanto para a realidade externa quanto para a realidade interna. A realidade não é uma coisa "em si" (o que não quer dizer que não haja uma realidade externa ao sujeito e relativamente independente dele, mas isso se refere à maneira pela qual ele pode dela se apropriar), ela é uma categoria psíquica, uma categoria "construída" – construída a partir de ser apagado o trabalho de representação e de construção que preside a nossa apreensão inteligível do mundo.[8] É até mesmo uma categoria construída coletivamente, uma categoria "social". Como nos ensinam múltiplos trabalhos sobre a primeira infância, a realidade só existe compartilhada, efeito de partilha – pelo menos originalmente. Trata-se aqui não da realidade "em si", aquela que nos impacta ou pode nos impactar, mas da realidade pensada, representada como "realidade", pensada como tal por um sujeito.

A psique humana pode desenvolver uma percepção interna devido ao fato paradoxal de que, *para ela*, as coisas do mundo são e não são semelhantes a elas mesmas; de que aquilo que ela percebe do mundo é a maneira pela qual ela se o representa, mas que essa representação é a sua *realidade* própria, o que são as coisas do mundo *para ela*. A percepção interna do paradoxo que a psique humana mantém com o mundo, da especificidade dessa relação subjetiva que afeta a identidade de todas as coisas e que funda a subjetividade humana, está na origem do campo específico da simbolização e da posição que ele ocupa para o pensamento e a prática clínica. Esse campo está, com efeito, fundado no reconhecimento de um universo de coisas idênticas e não idênticas a elas mesmas; o símbolo é e não é idêntico a ele mesmo, ele "transicionaliza" a identidade daquilo que ele designa.

Essa digressão em direção à realidade psíquica, e ao imperativo da simbolização que lhe confere todo o seu sentido, era necessária para introduzir a orientação geral que será dada a toda a nossa reflexão sobre a prática clínica

---

8 Para um desenvolvimento desse ponto, cf. Roussillon, R. (2008). *La réflexivité, le transitionnel e le sexuel*. Paris: Dunod.

psicanalítica – a da necessidade de ordenar o campo do pensamento e da prática clínica tendo como medida o da simbolização. Logo, para nós – e na sequência da nossa reflexão –, a realidade psíquica, objeto do pensamento e da prática clínica, terá o símbolo e a simbolização potencial como horizonte de elaboração e como organizador.

O objeto e as questões em jogo na prática desdobram-se no espaço da não identidade a si e encontram seu campo privilegiado de experiência no desdobramento do processo de simbolização.

Com isso, os "fundamentais" do pensamento e da prática clínica devem ser pensados a partir da simbolização; a abordagem prática de uma realidade psíquica "viva" e, logo, a atenção e o vértice clínico se abrem para uma prática dos processos de simbolização e de subjetivação pela simbolização. Veremos adiante que simbolização e associatividade estão estreitamente ligadas entre si; que a associação livre, a associatividade – fundamentos do método clínico – têm a simbolização como horizonte processual.

A "disposição de espírito prática" no pensamento e na prática clínica também deve, então, estar centrada no processo de subjetivação pela simbolização, no movimento de produção, de transformação da "matéria-prima" (Freud, 1900) da psique em símbolos, isto é, em representações reconhecidas como tais.

Por conseguinte, os dispositivos práticos serão aqueles nos quais se atualiza e se apoia essa disposição de espírito, aqueles nos quais ela se coloca em ação; os dispositivos práticos são dispositivos de simbolização, "dispositivos-simbolizantes".

2. O encontro humano e o encontro clínico

A primeira questão que uma teoria da prática clínica centrada na realidade psíquica e na simbolização encontra é a de saber como a realidade psíquica – a sua e, mais ainda, a do outro – pode ser apreendida no campo clínico. O conjunto da prática clínica está, com efeito, subordinado às condições dessa apreensão e às condições que possibilitam uma captura mais próxima do seu funcionamento vivo, do seu funcionamento fundamental.

Essa questão é a que se chama de "encontro clínico", isto é, o encontro de um sujeito com um profissional da "prática clínica"; a do conjunto das condições que fazem com que um encontro entre dois sujeitos seja um "encontro clínico". De maneira geral, designarei os dois protagonistas do encontro clínico chamando de "sujeito" aquele a quem ela se refere e de "clínico" o profissional prático a quem o sujeito se dirige e dirige o seu "apelo".

É clássico dizer que o clínico "toma conta"[1] do paciente, mas essa definição, que permanece globalmente justa, deve ser precisada e afinada quando se quer circunscrever a especificidade da prática clínica hoje em dia. Pode-se, com efeito, "tomar conta" do paciente como fazem os clínicos da medicina,

---

1 O clínico é aquele que está à cabeceira do doente, *au chevet*. Entretanto, essa tradução literal é estranha para o leitor de língua portuguesa. Por isso, utilizamos tomar conta, que guarda o significado pretendido. (N. R.)

e, aqui, "clínica" significa simplesmente que se está ocupando de pacientes, que se os "acompanha": é assim que o termo é entendido no mundo da medicina, e por uma parte dos psicólogos – por exemplo, aqueles que se chamam "psicólogos da saúde". O termo designa, então, uma abordagem das questões a partir da patologia, uma reflexão sobre aqueles que também se chamam "doentes"; ele se opõe às práticas de laboratório *in vitro* – e a "pesquisa clínica" se opõe, então, por exemplo, às pesquisas ditas "fundamentais". O que nós entenderemos aqui por "prática clínica" e por "encontro clínico" é muito mais preciso e exige mais do que simplesmente o fato de estar em contato com os pacientes ou de levar em conta os dados oriundos de sua patologia.

Caso se queira conservar o primeiro referencial e a ideia de se "tomar conta", cumpre então precisar que a prática clínica é uma prática que "toma conta do funcionamento psíquico" ou, ainda, "da vida psíquica" do sujeito humano; é por isso que o chamaremos de "sujeito" – insistimos aqui também, assim, sobre o fato de que ele não é "passivo", nem "paciente". Então a clínica não inscreve, de imediato, a sua identidade no encontro com a patologia nem com a psicopatologia, mas numa atenção voltada aos processos psíquicos do sujeito humano, voltada à sua realidade e à sua vida psíquica. O que o clínico encontra não é um "doente", é um "sujeito"; não é um outro, um estranho, é um "semelhante" – e isso mesmo se ele é, também, "outro-sujeito", potencialmente sujeito outro. Essas formulações dão ênfase à "singularidade" do sujeito encontrado, ao caráter único e específico do encontro.

Para ir mais longe, é preciso que façamos um desvio por uma reflexão mais aprofundada sobre a realidade psíquica e a "matéria" particular de que ela é constituída.

A *"matéria-prima psíquica"*

Por diversas vezes, S. Freud (1900, 1920, 1923) parece utilizar um termo frequentemente traduzido por "matéria-prima psíquica" para designar o fundo da experiência subjetiva, a sua forma primeira, isto é, aquilo sobre o que incide aquilo que ele chama de "trabalho" psíquico. A matéria-prima psíquica seria constituída pelo conjunto de "dados" que afetam a psique, que a colocam em movimento, que exigem integração na subjetividade humana; é o "traço mnêmico perceptivo" primeiro (S. Freud, 1896) da experiência. Resulta dos desenvolvimentos de Freud, e dos seus principais sucessores, que a matéria-prima sobre a qual incide o trabalho psíquico – caso retenhamos essa formulação, como estou propondo – apresenta duas características fundamentais que explicam a relação que o sujeito humano mantém com a sua experiência subjetiva: ela é hipercomplexa – primeira característica –; ela é enigmática – segunda característica. Os dois qualificativos convocam comentários.

Hipercomplexa? (cf. E. Morin, 1990)

Hipercomplexa porque a "matéria-prima" da experiência subjetiva é a maneira pela qual um acontecimento, ou um encontro, afeta um sujeito humano; é uma experiência com múltiplas facetas; ela é, ao mesmo tempo, multiperceptiva, multissensorial e multipulsional. Ela é multiperceptiva e multissensorial (multissensomotora), e até mesmo multissensual, pois o conjunto dos órgãos da percepção e da recepção traz sua contribuição à forma psíquica da experiência e ao traço que ela deixa na psique humana.

Para ser mais preciso, seria necessário acrescentar que percepção e sensorialidade ou sensualidade só se concebem justamente em sua relação com a motricidade e o movimento – a percepção é perceptivo-motora e a sensorialidade é sensório-motora. Há movimento, pois o sujeito investe a experiência – ele deve investi-la para começar a se apropriar dela –, mas também porque a experiência mobiliza nele uma série de movimentos e de afetos; ela também é multipulsional, pois é habitada por aquilo que Freud chamará de "moções pulsionais", "impulsos" e "movimentos pulsionais".

As experiências subjetivas mais significativas – aquelas de que a prática clínica se ocupa em especial, as que marcam o sujeito humano com a sua influência – são experiências de "encontro humano", experiências de encontro de um sujeito com a subjetividade de outro sujeito tomado como objeto da atividade pulsional; elas se produzem na "interface" desse encontro, dependente tanto de si quanto do outro sujeito e da contribuição que ele traz para a experiência. Nesse sentido, a matéria-prima da experiência mescla o eu e o não eu, mescla parte de si e parte do outro, ação e efeito de um sobre o outro, o que vem "de fora" e o que vem "de dentro".

Enigmática?

Ela é enigmática, primeiro, em razão de sua hipercomplexidade; ela não pode ser captada imediatamente, instantaneamente, pelo menos em suas complexidade e totalidade; pelo menos quando envolve um aspecto essencial da vida psíquica do sujeito; ela tem necessidade de ser descondensada para ser "apropriada" e transformada, para se tornar plenamente apreensível.

Mas ela é também enigmática porque uma grande parte disso de que ela se compõe é inconsciente e, talvez, não "suscetível a se tornar consciente" sob a sua forma primeira; ela deve, mais uma vez, ser transformada e metabolizada para "tornar-se consciente" (Freud, 1923).

Por fim, ela é enigmática em razão das condições de sua apreensão, que criam ambiguidades. Isso ficará claro na sequência, quando começarmos a nos debruçar sobre elas. Mas, por ora, digamos simplesmente que ela só pode ser apreendida na medida em que for (ou tiver sido) mediada, mediada por um outro; logo, expressa e "refletida", mas também inevitavelmente "deformada" por esse outro. E que, por outro lado, tanto a expressão (polissemia e anfibologia [R. Gori, 1996]) – "ponta dupla" – das linguagens humanas, tanto verbais quanto não verbais, quanto a reflexão (por um "outro") introduzem "vieses" inevitáveis que obscurecem a sua apropriação.

A hipercomplexidade e o caráter enigmático da matéria-prima psíquica desencadeiam uma série de consequências completamente fundamentais para a prática clínica.

Consequências

Se a matéria-prima da experiência psíquica não pode ser captada de imediato em sua complexidade, se ela não pode ser captada "imediatamente", isso implica certo número de condições para a sua apropriação subjetiva.

O sujeito deverá re-presentar o que assim se apresentou a ele; deverá "refletir" sua experiência para captá-la; deverá "dar-se a si mesmo", apresentar de novo para si a sua experiência para se apropriar dela.

Para se dar para si sua experiência, ele deverá, ao mesmo tempo, descondensá-la e mediá-la.

Descondensá-la para "analisá-la" e assimilá-la "fragmento por fragmento", "detalhe por detalhe", como escreve Freud (1916); reduzir a hipercomplexidade em unidades mais simples, mais elementares, e suscetíveis de serem "trabalhadas" mais facilmente. Insiste-se frequentemente sobre as grandes quantidades de excitação que tornam determinadas experiências psíquicas inassimiláveis; é preciso também ressaltar a importância da hipercomplexidade das "impressões" (Freud) psíquicas que compõem a "matéria-prima" e atribuir a elas toda a sua importância no impacto das experiências subjetivas.

Mas o sujeito também deve mediar a sua experiência para refleti-la e para dar-se a si mesmo para si; a busca de objetos mediadores e "refletores" é, sem dúvida, o primeiro sentido, o mais essencial, do que se chama de transferência – no qual esta aparece em sua dimensão mais fundamental.

"Não há nada no pensamento que não tenha estado primeiro nos sentidos", adora repetir Freud, seguindo Locke; e, conforme Leibniz, "a não ser o próprio pensamento". Mas Freud e os psicanalistas não teriam como aderir plenamente a esse acréscimo sem comentários. É claro que o próprio pensamento não está "nos sentidos", mas para que o sujeito humano possa se apropriar do seu pensamento e dos processos que o compõem e o organizam, pelo menos em grande medida, é preciso que os processos que o constituem tornem-se representáveis e, para tanto, que assumam também, ao menos durante certo tempo, forma "material", materializada – logo, sensível. O pensamento talvez esteja também, primeiro, "nos sentidos" – apreensível nos e pelos sentidos. É uma das questões do animismo infantil (Freud, 1913a), período em que o processo é particularmente sensível, mas essa necessidade se prolonga muito além dele.

A mediação necessária pode assumir diferentes formas: o outro-sujeito é seguramente o mais fundamental dos "mediadores" da experiência subjetiva, o mais essencial, mas não dá para mediar tudo somente pelo outro-sujeito.

Há também todas as mediações que são buscadas do lado do que propus chamar, retomando o termo de F. Ponge (1961), de "*objeux*" [objogos].[2] A materialização nos "objetos-para-brincar" é também o que permite poder trabalhar "fragmento por fragmento" a experiência subjetiva.

Função terceira

Contudo, o reflexo pelo outro-sujeito desencadeia transformações e, portanto, também deformações ligadas à alteridade do outro-sujeito; ele transforma em função da sua alteridade, da sua diferença, da sua consistência própria. O outro sujeito é um "espelho" apenas por analogia, apenas parcialmente; veremos mais adiante como pensar o que então se produz.

Logo, uma dupla imposição afeta o processo: é preciso passar pela mediação de um outro-sujeito (função α, de Bion, ou função "espelho" da mãe, para Winnicott; ou, de uma maneira mais geral, o que chamo de "função reflexiva do objeto"), mas o reflexo do outro-sujeito transforma na medida em que ele é outro "sujeito" (cf. a violência da interpretação descrita por P. Aulagnier em 1976); sujeito diferente, ele introduz elementos que lhe são próprios, ele deforma – quer mais, quer menos – por meio da formatação. O que D. Stern (1985) chamou de "objeto regulador de si" e C. Bollas (1989), "objeto transformacional" – e cujas propriedades "Meio Maleável" eu ressaltei –, tem uma economia e um desejo próprio, e isso seja qual for o cuidado tomado ao escolhê-lo, quando isso é possível.

Será preciso tentar, então, encontrar outros objetos para tratar as transformações-deformações primeiras: transferir a transferência de base, alterar sua natureza e/ou, para tanto, explorar os sistemas de transformação-deformação do objeto – a transferência tem também um valor exploratório do objeto. É preciso vários objetos mediadores para explorar a mediação, sua natureza e seus acasos; é preciso objetos que medeiem o encontro com o objeto mediador – objetos que entrem nela como um terceiro, permitindo-lhe

---

2 O termo também foi retomado por P. Fédida, mas num sentido mais próximo do de F. Ponge do que a utilização que faço dele, que se contenta em retomar a descoberta de formulação.

pensar o efeito, pensá-lo como mediação e transformação. Concebe-se facilmente que esse processo deve, em seguida, se repetir com o próprio terceiro; o social se engendra por sobre esse fundo; a simbolização lhe está, em parte, subordinada.

Para ir mais longe sobre a natureza do que se passa no encontro clínico, é preciso "escavar" a questão do encontro humano e examinar em que o encontro clínico é específico.

O encontro humano, a identificação narcísica de base e a transferência

Acabamos de mostrar a necessidade que o sujeito humano tem de encontrar outros sujeitos para mediar e metabolizar a sua experiência subjetiva e, assim, poder se apropriar da sua própria realidade psíquica. É evidente que quanto mais o sujeito humano é imaturo, quanto menos a sua identidade é assegurada, mais essa necessidade é crucial; essa é uma das razões que confere aos tempos arcaicos e infantis da estruturação da subjetividade a sua vulnerabilidade e a sua importância própria. Contudo, não se deveria acreditar que essa necessidade desaparece totalmente em seguida. Se os seres humanos têm tanta necessidade de falar, de *se* falar, é justamente também para fazerem com que se reconheça e se conheça algo do enigma que os habita e que está ligado fundamentalmente aos aspectos inconscientes da sua vida psíquica.

Mas se podemos compreender agora por que um sujeito dirige e transfere, por meio do conjunto dos seus modos de expressão, a parte enigmática da sua vida psíquica para outros sujeitos, é preciso que examinemos também o que se produz no outro sujeito, aquele a quem parte consciente e parte inconsciente de si estão dirigidos.

Proponho uma hipótese nodal para compreender o efeito, sobre o outro sujeito, disso que lhe é endereçado: a de uma identificação narcísica de base, no fundamento das trocas no encontro humano corrente.

A hipótese de uma identificação narcísica de base é uma hipótese essencial para pensar o encontro humano, ela está presente – ainda que não seja nomeada como tal – em Freud a partir dos escritos de 1921; e, mais singularmente implícita, em sua concepção do *"Nebenmensch"*: o próximo (o vizinho); o outro semelhante; "o mesmo"; aquele com quem se produz – pode-se produzir – uma certa "partilha de afeto" (C. Parat, 1995) e de reconhecimento.

Proponho-me a fazer com que sintam o modo de funcionamento implicado a partir de uma "alegoria" tirada da biologia, de uma metáfora fundada no funcionamento biológico do cérebro.

Em 1996, G. Rizzolatti e V. Gallese, dois neurocientistas italianos, descrevem "neurônios-espelho", que funcionam e se ativam no cerne do cérebro da mesma maneira, conforme o sujeito veja uma ação efetuada por um outro; conforme efetue, ele próprio, essa ação; ou, ainda, conforme ele se contente em pensá-la, em simplesmente representá-la. Do ponto de vista dos neurônios-espelho, não há diferenças entre os três. Mais tarde, na mesma linha, será descrita uma "função do mesmo" do cérebro, isto é, uma função-espelho do conjunto do funcionamento do cérebro (N. Georgieff, 2010).

O que quer dizer que, num certo nível do funcionamento de base do cérebro, há certa indeterminação entre o que é representado, feito pelo sujeito ou simplesmente observado no outro – logo, uma certa confusão potencial, de um lado, entre o representado e o agido; e, de outro, entre si mesmo e o outro. Freud, em 1922 e 1923, formula a hipótese de um nível de confusão como esse, notadamente quando descreve o funcionamento do supereu – instância reflexiva por excelência em sua metapsicologia – "severo e cruel" que trata a simples representação como um ato efetivamente realizado.

A confusão entre o representado e o agido é também um efeito de certos processos de funcionamento do nosso cérebro e do mecanismo de ativação alucinatório ligado à existência dos circuitos "reentrantes", descritos por G. Edelman (2004). Este frisa, com efeito, a existência de processos que invertem o trajeto habitual dos dados – que vão da parte subcortical do cérebro em direção ao córtex – numa forma de trajeto "regrediente" que parte do córtex em direção às partes subcorticais. Ele descreve assim uma forma de "regressão" – ou melhor, de regrediência[3] – que está na origem dos mecanismos

---

3 "Regrediência" para não cair no jugo das críticas epistemológicas que se atrelaram ao conceito de "regressão".

chamados de "consolidação" (C. Alberini, 2005) pelos neurobiólogos, de uma grande importância nas formas da memória, em particular para os remanejamentos da experiência anterior.

Um mecanismo como esse implica a presença de mecanismos e de funções de regulação das ameaças ligadas a essa confusão potencial. Num outro setor do cérebro, com efeito, outros mecanismos de categorização vão diferenciar o que é visto, pensado e efetuado; se há um "sistema do mesmo", há também um "sistema da diferença".

Esses mecanismos se estabelecem no tempo e progressivamente, mas com fracassos ou aproximações que podem servir para compreender certos mecanismos de confusão observados nos estados psicóticos, bem como um certo nível de incerteza do sujeito humano sobre o que vem dele e o que vem de fora, como já ressaltamos.

No homem "normal", por exemplo, observa-se 30% de erros na idade adulta em tarefas simples – como reconhecer, numa televisão sincronizada, se o filme mostrado é o da sua própria mão –; mas no esquizofrênico, nas mesmas condições, o número de erros chega a 60% (N. Georgieff & M. Jeannerod, 2002).

Pode-se notar a presença de um processo como esse em Freud, "O inquietante" (1919), no momento de confusão que o afeta no trem, no momento em que ele não se reconhece no espelho do vagão.

Ou, ainda, remeter-se aos trabalhos de R. Zazzo (1993) sobre a integração da imagem de si a partir do reflexo do espelho ("estádio do espelho") e sua instauração progressiva, que decorre, segundo seus trabalhos, até aproximadamente os 5-6 anos. Além do mais, Freud sempre frisou que a questão da identidade era "diabólica".

Outros trabalhos convergem para firmar tais hipóteses.

Nos bebês, por exemplo, observa-se desde as primeiras horas depois do nascimento (J. Decety, 2002) uma capacidade de imitação que testemunha o funcionamento do "sistema do mesmo". Imitação não é identificação; mas quando o investimento libidinal e o prazer estão igualmente presentes, nos encontramos no princípio dos processos de identificação, o que é aqui o caso, se o entorno se presta a isso.

O que foi descrito a propósito da ação e dos neurônios-espelho (neocórtex motor) vale também para essas formas "de ações internas" que são a emoção e o afeto (J. Ledoux, 2005). L. Ouss (2001), retomando o conjunto dos trabalhos das neurociências que se referem às relações do cérebro com o entorno humano – e, em particular, no que se refere à relação afetiva entre os humanos –, mostra que o que é verdadeiro quanto ao ato e à ação é também verdadeiro para os afetos. Isto é, que aquilo que Freud havia proposto sobre os contágios de afeto, em 1921, encontra-se atualmente creditado ao nível do funcionamento biológico por diversos trabalhos.

Em parte, vivemos os afetos dos outros "em duplo" e, de certa maneira, não podemos fazer de outro modo. É o mecanismo que proponho chamar de "identificação narcísica de base" (INB), que repousa tanto em mecanismos cognitivos (imitação) quanto em mecanismos afetivos (identificação). Mas digamos também, em seguida, que se o mecanismo é independente da nossa vontade – se ele se produz, queiramos ou não –, nós, em contrapartida, podemos barrar o seu acesso à nossa consciência. Como Freud aventou, o afeto pode permanecer inconsciente, ele pode ser não composto – ou até descomposto.

Será uma questão capital da prática a da maneira pela qual o clínico se deixa penetrar pelos processos da INB, uma questão que retomaremos adiante.

Exploremos algumas particularidades da INB.

A regulação da identificação narcísica de base

Proponho uma primeira hipótese: quanto mais afetivamente engajada for a relação com o outro, quanto mais frequente, mais intensa, investida ela for e mais importante for a INB, mais o estado afetivo de um também afetará potencialmente o outro.

Isso implica que, se há um "endereçamento" ativo de um para o outro, há também uma "receptividade" ativa do estado afetivo do outro no um – e isso de maneira "automática" e não controlada, não deliberada. Não somos senhores desse processo que se produz queiramos ou não e deveremos encontrar o meio de regulá-lo. Essa formulação vai ao encontro da ideia, aventada a propósito do mecanismo da transferência, de que ele é *"agieren"*, isto é, de que ele produz uma "penetração agida" (J.-L. Donnet, 1995) no estado interno daquele a quem ele se endereça, e que também o afeta.

A existência desse processo afeta as condições do encontro humano, os afetos, os pensamentos e até as teorias psicológicas que elaboramos desse encontro: esse processo implica uma regulação da INB.

Essa regulação se efetua em diversos níveis, segundo várias modalidades: primeiramente, num nível econômico ou quantitativo, por um jogo com a intensidade, a duração e a natureza do investimento; em seguida, por regulações de tipo qualitativo, pelo sentido e a partilha.

A regulação social habitual põe em jogo a questão da reciprocidade. O outro se identifica comigo e eu com ele, o que cria um circuito de retroação: um se identifica com o outro que se identifica com o primeiro (identificações cruzadas de Winnicott). Ora um escuta o outro, deixa-se "penetrar" por seu estado psicoafetivo; ora reciprocamente é a vez de o outro aceitar ser o depositário do estado afetivo do primeiro.

Observação

Aproveito essa reflexão para introduzir uma observação que devemos a G. Devereux (1980) e que é de uma importância essencial na prática clínica: o observador "observa" (escuta, sente) o observado que "observa" (escuta, sente) o observador; logo, aquilo que o observador "observa" (escuta, sente) não é o próprio observado, mas a mensagem (verbal, afetiva, visual) que o observado endereça ao observador. Dito de outro modo, no encontro humano tudo tende a se tornar mensagem e mensagem endereçada; é o que justifica o fundamento que a prática encontra na transferência considerada como "mensagem endereçada", sempre endereçada a um outro – logo, que nunca deve ser tratada como um "em si", mas sim sempre considerada "para um sujeito" ou para um outro sujeito. Somos explorados por aquilo que exploramos ou cujo funcionamento psíquico exploramos: ele explora como nós o exploramos, como o compreendemos, como o interpretamos; ele "interpreta como nós o interpretamos". Aproveito, também, para ressaltar um ponto ao qual terei a oportunidade de retornar: a relação que os sujeitos humanos mantêm entre si é marcada pela interpretação; nós interpretamos o outro e o outro nos interpreta – interpreta nossas condutas, nossos discursos –; não podemos fazer de outro modo para nos compreendermos, na medida em que as mensagens humanas sempre são "meio interpretação" – elas convocam interpretação compreensiva. Mas, é claro, nós interpretamos o outro a partir daquilo que ele nos comunica ou, antes, do que "compreendemos" daquilo que ele nos comunica. A partir dessa observação, concebe-se que é difícil fundamentar na "interpretação" a prática clínica, pois é uma característica geral do encontro humano, assim como é absurdo fundamentar na interpretação a descrição de certas formas de patologia. Com isso, o que conta não é, não pode ser, o fato de interpretar – não podemos fazer de outro modo –, mas justamente qual interpretação é dada, com que efeitos e em que ela se fundamenta, em que consciência ou em que percepção inconsciente.

Depois dessa questão incidental, podemos retomar nossa reflexão.

Para além da questão da reciprocidade, que é o seu principal fator, a regulação da INB depende de diferentes parâmetros que modulam sua forma ou seu efeito.

O contexto, o "enquadre" e a definição do encontro e da relação que se cria no seio desse encontro determinam uma parte da sua forma e dão colorido a sua manifestação. De fato, a reciprocidade não atua da mesma maneira em todas as relações segundo a "definição" destas; ela não se expressa da mesma maneira numa relação de tipo amoroso, parental ou educativo etc. – isto é, possuindo "enquadres" de definições diferentes. Não é da mesma maneira quando a relação se refere a um conhecido, a um parente ou a um estranho; e, como veremos, não é da mesma maneira num enquadre privado ou profissional.

Mas ela depende também dos nossos grupos de pertença e de suas defesas e arranjos específicos, dos nossos hábitos culturais e de nossos estatutos no seio da nossa cultura; ela também tem, portanto, um caráter grupal e social.

Mas ela também tem, é claro, componentes idiossincráticos ligados tanto a nossos desejos atuais quanto aos acasos históricos da maneira como nós mesmos fomos escutados, sentidos, vistos em nossa história e da maneira como nós reagimos à maneira que o fomos.

Por fim, ela se regula também em função do jogo e do modo de reciprocidade que se engajou anteriormente: o que o outro faz ou fez daquilo que invisto ou investi na relação (a sua "interpretação" desta), da parte de minha própria realidade psíquica que ativo, ou que se ativa ou se ativou, e daquilo que o outro faz ou fez do que faço ou fiz disso (a minha interpretação da sua interpretação).

O *squiggle game* (ou melhor, o *squiggle play*, mais lógico na terminologia do próprio autor) inventado por Winnicott pode, nesse sentido, ser considerado o modelo geral do encontro humano, a forma da sua "materialização", do seu esquema: uma proposição, parcialmente informe ou à espera de forma, convoca uma "resposta" que transforma e "interpreta" a primeira proposição, uma resposta para a resposta que, por sua vez, transforma ou dá forma à resposta etc. Veremos ainda em que sentido ele também é o arquétipo da intervenção na prática clínica.

Em função desses dados, moderaremos o grau de investimento da nossa realidade psíquica, mas também justamente a maneira como a investimos e o que dela aceitamos investir. Mas moderaremos também reciprocamente a escuta e a sensibilidade conforme o estado afetivo do outro ou, ao menos, conforme o que dele aceitarmos sentir e levar em conta.

O que se torna, no encontro clínico, a regulação da INB? Primeiras considerações

Nesse pano de fundo, o encontro clínico surge como um modo de encontro particularizado pelo seu contexto singular e pelo que ele autoriza ou proíbe no que se refere aos sistemas de regulação da INB. A reciprocidade social habitual corrente, fundamentada na reciprocidade, não tem, por exemplo, lugar; ela é até completamente contrária, em sua forma social corrente, à Ética da situação. Retornaremos, adiante, à questão dos equivalentes reflexivos então postos em execução.

O "contrato narcísico" do encontro clínico

Mas o encontro clínico é também especificado por um conjunto de particularidades. Por essência, quando um sujeito encontra um clínico, é que uma questão o atrapalha; e é para trabalhar uma de suas questões, um dos pontos enigmáticos da sua vida psíquica. Pode-se, então, formular a hipótese de uma intensificação do processo de transferência como o descrevemos acima. No encontro clínico, tudo deverá ser implementado de modo a favorecer a possibilidade para que o sujeito tente expressar aquilo que, enigmático nele, está em sofrimento para ser reconhecido e produz, por isso mesmo, um sofrimento psíquico. Em alguns aspectos, a "transferência" é determinada, o que não quer dizer, apesar disso, que seja evidente; ela pode dar medo e ser inibida numa ou noutra das suas formas, ainda que a situação esteja ordenada como um fato expresso para acolhê-la. Frequentemente é preciso todo um tempo de exploração da situação antes de liberar a sua expressão; todo um tempo de testagem da maneira que o clínico "acolhe" e "trata" aquilo que tende a se transferir da história e do mundo interno do sujeito.

Mas na "definição" do contexto da relação clínica é dada licença à expressão dos aspectos enigmáticos da vida psíquica em todas as suas formas, tanto verbalizada – quando possível – quanto expressa em formas não verbais, agidas, para aquilo que o sujeito não pode dizer. *O sujeito*, o que não é verdade na maioria das situações sociais, *tem direito à transferência, ele está ali para isso*. Ele pode, então, suspender as defesas "sociais" que se exercem habitualmente sobre a expressão desta; ele tem o *direito* de fazê-lo sem retaliação ou represálias: é o contrato de base.

A essa autorização e intensificação da transferência, prescritas pela situação, corresponde uma intensificação da INB do lado do clínico ou, mais exatamente, uma intensificação de sua permeabilidade à INB e à tomada de consciência dos efeitos desta nele. Aí está a forma assumida por aquilo que P. Aulagnier chama de "contrato narcísico" e que sofre um desenvolvimento totalmente central no encontro clínico: para o clínico, do sujeito "tudo tem serventia" em ser reconhecido, "em ser escutado, visto e sentido". O clínico "escuta, vê e sente", ele *deve* escutar, ver e sentir o que lhe é endereçado de maneira consciente e inconsciente, e ele deve "escutar, ver e sentir" o que essa sensibilidade à expressão do outro produz nele. Ele deve escutar como ele é afetado pelo encontro.

Concebe-se que tais particularidades dão colorido à situação de maneira totalmente singular, ainda que algumas das particularidades evocadas possam ser também encontradas aqui ou acolá na vida social ou no encontro íntimo. Mas o que vai ser ainda mais específico do encontro clínico é o porvir das bases do encontro que acabamos de evocar. Como dissemos, a reciprocidade, na sua forma corrente, não é possível; a situação é assimétrica: um se coloca a serviço da vida psíquica do outro e isso não é recíproco – não pode sê-lo sem ameaçar a própria definição do encontro.

Toda a questão da prática clínica vai se dar nos sistemas de regulação alternativos que será preciso implementar para atenuar a impossibilidade ou a interdição que incide nos sistemas de regulação sociais habituais.

O "contrato simbólico" do encontro clínico e as suas condições

A questão central vai ser, em particular, a da mutação da questão da reciprocidade na da reflexividade; a da mutação do "contrato narcísico", que acabamos de evocar, numa forma de "contrato simbólico". A especificidade da "resposta clínica" ao engajamento da realidade na transferência vai ser a de ajudar o sujeito a desenvolver a sua reflexividade, ajudá-lo a ser capaz de se sentir, se ver, se escutar; de se sentir melhor, se ver melhor, se escutar melhor. O encontro vai ser organizado em torno da questão da reflexividade, da "resposta" reflexiva e da regulação pelo desenvolvimento da reflexividade e daquilo que, da reflexividade, está em sofrimento – logo, dos componentes inconscientes da reflexividade.

A questão é, então, dupla: como, por qual método, desenvolver a reflexividade, e como organizar o encontro para que o método possa ser posto em ação para tornar tolerável "a INB sem reciprocidade" à qual o clínico é compelido?

No parágrafo precedente frisamos a necessidade, para o clínico, de uma intensificação da INB – esse, é claro, é o primeiro tempo, o primeiro processo do método clínico. Ele é *sine qua non* e condiciona a própria possibilidade do encontro clínico. Mas ele é custoso para o clínico, pois, por essência, aquilo ao qual ele deve ser sensível, aquilo que ele deve "escutar, ver ou sentir" é precisamente algo que é conflitivo, escabroso ou paradoxal, até mesmo doloroso; algo que o sujeito tem razões para não conservar em clara consciência; algo que, frequentemente, quando se permite senti-lo ou considerá-lo, é portador de um sofrimento, até mesmo de uma dor; algo do qual ele se defende. Ele deve aceitar ser aquilo que propus chamar de "espelho do negativo" do sujeito; aceitar ser portador daquilo que o sujeito, de uma maneira ou de outra, repudia de si. É uma posição paradoxal que o leva a ter de aceitar identificar-se aos estados internos de um sujeito que os rejeita.

Isso só é tolerável segundo determinadas condições, condições que fazem dele um profissional, ainda que ele utilize, na sua profissão, as mais íntimas instâncias do funcionamento psíquico.

Insistimos no "tempo do mesmo", o da INB; agora é preciso que insistamos também na necessidade dos processos de diferenciação. Pois a INB só é tolerável na medida em que esteja acompanhada por um jogo de diferenciação que afasta a ameaça de confusão que ela comporta. O outro é um "semelhante", ele deve ser um semelhante, mas é também um outro, um "diferente". Os sistemas de regulação da INB vão depender, portanto, do tipo e da qualidade dos sistemas de diferenciação que vão ser implementados no funcionamento psíquico do clínico e dos apoios que eles vão encontrar na organização da situação, no enquadre do encontro clínico. Há uma dialética entre aquilo que, por vezes, se chama "enquadre interno" do clínico, e que designa o seu funcionamento psíquico em situação profissional, e o "enquadre externo", isto é, o conjunto das condições materiais do encontro, o "dispositivo do encontro clínico". Essa dialética é estruturada de modo que o dispositivo "comporte", quando possível, de maneira "econômica" para o clínico, um certo número de imperativos do encontro clínico e dos sistemas de diferenciação de que esse encontro precisa. Quando isso não é possível, o clínico deve aceitar, então, "comportar" em seu funcionamento psíquico interno aquilo que o dispositivo não pode comportar de maneira heurística. Isso é mais custoso, mais difícil, mas frequentemente indispensável nas condições de prática em "situação-limite ou extrema".

Nós nos debruçaremos, mais adiante, sobre a questão das operações que fundamentam a possibilidade de um "estado de espírito clínico", que fundamentam a "disposição de espírito" do clínico; mas é preciso, previamente, dizermos algumas palavras sobre a maneira pela qual o dispositivo garante suas funções de regulação próprias da INB.

Essa regulação vai mesclar vários níveis quantitativos e qualitativos, mas também várias modalidades que definem um enquadre social do encontro clínico. Os elementos "qualitativos" dessa regulação remetem à formação dos clínicos, à qualidade de seu próprio funcionamento psíquico durante o encontro clínico – por ora, não os abordaremos.

Num nível econômico e quantitativo – nível no qual vamos nos centrar –, o dispositivo vai incidir na duração e na frequência do encontro e, portanto, da "exposição" à INB e aos seus efeitos.

A duração dos encontros é limitada, o que estrutura um jogo de alternância: presença e INB/ausência e diferenciação (ou o inverso: presença e diferenciação, ausência e INB). A frequência vai, por sua vez, ritmar os encontros, assegurar a continuidade da INB; ou, ao contrário, introduzir descontinuidades, rupturas de investimento ou de transferência.

Teoricamente, a regulação pela duração e a frequência dos encontros, quando os clínicos receberam uma formação adequada à clínica na qual se engajam, permite que eles se livrem da influência da INB e permite que pensem o que é que se joga/não joga com seus estados internos, assim como o que joga/não joga tais processos.

Contudo, concebe-se também que, às vezes, uma limitação grande demais da duração "de exposição" à INB, um afastamento grande demais da frequência dos encontros, não permitem mais uma percepção suficiente desta, ou de certos aspectos desta; o dispositivo protege demais, ele protege tanto que não permite mais ao clínico sentir certos níveis disso que se joga/não joga nos aspectos mais arcaicos da transferência; ou, ao sujeito, engajar algo de significativo de sua vida psíquica que esteja em sofrimento de apropriação.

Veremos que idealmente isso supõe um "sob medida" do dispositivo elaborado tanto em função das "necessidades psíquicas" dos sujeitos quanto das "necessidades psíquicas" do clínico. Duração suficiente e frequência suficiente para que o clínico possa, ao mesmo tempo, manter uma INB suficiente aos estados internos do sujeito, mas também suficientemente regulada para que ele possa operar as liberações necessárias aos processos de diferenciação indispensáveis para pensar aquilo com o que ele é confrontado.

Mas é claro, também – sobretudo em serviço público –, que o clínico não é sempre senhor das condições de exercício da sua prática, e que algumas delas impõem modos de prática que podem levar ao limite a própria possibilidade de conservar uma verdadeira disposição de espírito clínica.

Essa última observação me leva a ressaltar que a prática clínica não é uma prática "fora do *socius*"; o clínico, mesmo sozinho no exercício de sua prática, não teria como ser um solitário "associal". A sua escuta e o seu modo de presença são povoados por formas de memória daqueles que o acompanharam na sua formação, daqueles que desempenharam um papel significativo ao longo da sua vida em seus processos de simbolização pessoais.

Mas frequentemente – e eu chegaria até mesmo a dizer que, para mim, trata-se de um elemento indispensável do próprio dispositivo clínico – a sua clínica está em relação com um grupo, ou até grupos, de outros clínicos. Há aqueles de suas sociedades científicas de pertença, do conjunto da comunidade dos clínicos e da pesquisa clínica que ela produz, mas há também aqueles, concretos, de seus grupos de trocas clínicas. Quer se chame a reunião desse grupo de "supervisão" ou de "grupo de elaboração da prática" ou, ainda, "seminário clínico", ela me parece indispensável – e não só no momento da formação de base – ao bom desenrolar do processo de regulação e de liberação da INB. A possibilidade de elaborar em grupo (ou num acompanhamento individual, é claro; o grupo é uma forma frequente, mas não exclusiva) os efeitos da INB e das reações que ela mobiliza no plano afetivo e no seu impacto sobre os processos de pensamento – até mesmo sobre a própria organização do dispositivo clínico – parece-me uma condição *sine qua non* da prática clínica. Eu, pessoalmente, farei dela um anexo indispensável do dispositivo clínico e da regulação da INB que se desenvolve em seu cerne.

3. A disposição de espírito clínica

Fundamentalmente, o que caracteriza a prática clínica é, primeiro, um "estado de espírito", uma atitude interna do clínico, a qual dissemos, no capítulo anterior, que consistia em tomar conta do funcionamento psíquico do sujeito encontrado em situação clínica. Acabamos de evocar uma série de primeiras considerações que se referem ao encontro clínico e ao que o fundamentava; é preciso, agora, continuar a escavar e a aprofundar as operações psíquicas que tornam possível o tomar conta em questão. Não basta, com efeito, decretar que o clínico é aquele que toma conta do funcionamento psíquico do sujeito que ele encontra; é preciso, ainda, examinar detalhadamente o que isso implica, como uma atitude como essa é possível, quais são as suas operações e os seus operadores fundamentais, qual "estratégia" e quais "táticas" ela implica.

Mas uma reflexão como essa tem um requisito, um requisito ético: o que é que dá embasamento ao clínico para colocar em ação as condições de um encontro clínico, e o que é que faz com que ele possa pretender chegar a reflexões clínicas pertinentes? Com efeito, sempre se pode decidir "tomar conta do funcionamento psíquico" do outro, e isso mesmo na vida quotidiana – ou, pelo menos, acreditar que se está tomando, assim, conta do funcionamento psíquico do outro – sem, com isso, portar-se como clínico; há outras condições para que uma conduta como essa seja fundamentada.

Colocar-se à escuta do funcionamento psíquico do outro sem dispositivo específico é um jogo ao qual os estudantes ou os jovens profissionais facilmente se entregam, jogo de exploração da posição clínica; é ainda uma atitude defensiva que também se encontra, por vezes, em clínicos com mais experiência, um jogo às vezes em voga nas sociedades de clínicos – até de psicanalistas –, o que não quer dizer que esteja embasado nem que chegue a outra coisa além da imputação de um sentido "chapado". Como ressaltava Freud em seu artigo consagrado à "análise selvagem" – isto é, a análise "fora do enquadre" –, uma atitude como essa, quando se considera outra coisa que não um jogo, o "jogo do psi", testemunha frequentemente apenas uma falta de tato social, um desrespeito às regras do encontro humano. Que aquele que a isso se dedica tenha recebido uma formação clínica, isso não muda coisa alguma na história, nem no pouco de pertinência que se pode esperar dos resultados de uma conduta como essa. A utilização de um "suposto saber" clínico para tentar garantir o seu poder sobre o outro não passa de uma técnica de dominação que utiliza o álibi da psicologia ou da psicanálise para se mascarar.

Para que um "tomar conta" seja clinicamente pertinente, certo número de condições deve ser atendido e respeitado. Como veremos, se a realidade psíquica é hipercomplexa, a prática clínica é também hipercomplexa; ela chega, na maior parte do tempo, apenas a hipóteses que não têm validade, a não ser em razão dos efeitos liberadores da *générativité* associativa que elas produzem. Voltaremos mais delongadamente adiante sobre a associatividade.

O sofrimento psíquico e a questão do pedido

Para começar a examinar as condições em questão, proponho-me a começar retornando ao que funda a possibilidade de um encontro clínico: um quinhão da realidade psíquica inconsciente de um sujeito está em sofrimento de simbolização e de integração; ele se apresenta como uma forma de negatividade em ato para a subjetividade, isto é, ou um não pensado, um não dito, um não sentido, um não visto, um não refletido – logo, um não metabolizado e um não apropriado.

É essa negatividade em ato, quando dirigida a um clínico, que está na origem do processo transferencial e que funda a possibilidade de uma prática clínica. O processo inconsciente se apresenta ao sujeito como um enigma atuante (*agieren*), o que acabei de nomear como "negatividade em ato"; a sua presença e a sua ação provocam um sofrimento narcísico – ele próprio consciente ou pré-consciente – potencial; ele escapa ao controle do sujeito e o fere. No mais das vezes, a presença de uma vida psíquica inconsciente ameaça a identidade, a fere ou fere a imagem que ela tem de si mesma. Por causa dela, o sujeito é e não é idêntico a ele próprio e as suas produções são e não são idênticas a elas próprias; ele se choca com a aspiração narcísica (e "realista") de uma identidade própria que tenderia a reduzir a distância, na relação consigo e com o outro, entre si e si mesmo; ele não se reconhece ou não reconhece aquilo que ele aspira ser. É esse sofrimento que põe em movimento o funcionamento psíquico do sujeito, que põe em movimento um funcionamento psíquico para tentar, em nome do princípio do prazer/desprazer, reduzir o dissabor que ele produz.

Aquilo de si que é condenado (pelo sofrimento dos traumatismos e os mecanismos de defesa que ele implica), mas sempre ativo, carecendo de inscrição psíquica integrável, de estatuto conveniente para o sujeito, "recorre" da sua condenação à obscuridade psíquica, ao não lugar no qual ele é confinado. Com efeito, quando os mecanismos de defesa e de arranjos são eficazes e convêm ao sujeito, sua parte inconsciente permanece relativamente silenciosa, ela não provoca sofrimento psíquico propriamente dito – nada de sofrimento psíquico experimentado como tal no presente do sujeito –; ela não "recorre" do que é condenado.

Quando as defesas e arranjos não convêm, estando em fracasso mais ou menos parcial, esse enigma, essa distância de si consigo mesmo, "produz" a figura ideal da sua redução, procurada em si e fora de si. Ela implica a figura complementar de um Outro, de um respondente, de um outro sujeito suposto a ouvir, ver, sentir, compreender, partilhar, reconhecer etc. aquilo que o sujeito não pode assumir da sua vida psíquica. Essa figura é aquela que Lacan chamou de "sujeito suposto saber"; mas, no meu entender, ela implica apenas a questão do saber.

A falta, a hiância de si consigo mesmo, implica então a produção de uma figura mais ou menos marcada pelo ideal, o de um sujeito supostamente completo; ou, pelo menos, disto que proponho chamar, na polissemia do termo, de um "respondente" – ela supõe um apelo a ele endereçado, e uma esperança:

a de encontrar as condições de um apagamento ou de uma retomada e de um retomar daquilo que ficou abandonado em sua história subjetiva.

Esse apelo endereçado, esse "pedido", manifesta ou latente, consciente ou inconsciente, constitui o primeiro fundamento da prática, é a primeira forma de base da transferência, é sua presença que funda a possibilidade de um encontro clínico, de um tomar conta clínico do sujeito.

As formas desse "pedido" – ou melhor, desse apelo – podem variar; elas dependem da relação que o sujeito mantém com o enigma que o habita, a perda de controle que ele implica e o sofrimento que ele comporta; e, por fim, a figura do Outro que ele implica.

A ferida pode ser aceita, ela pode constituir o objeto de um pedido, ser constituída como "signo", sintoma de um sofrimento que pode ser endereçado a um outro, até mesmo a um Outro. Ela pode ser inserida numa "teoria do mal" e numa "teoria do cuidado" elaboradas pelo sujeito; ela organiza, então, o objeto e o tipo de pedido que o sujeito pode endereçar.

Ou ela pode ser confusamente reconhecida, mostrada mais do que dita e formulada, à espera de ser vista e reconhecida, em busca de um respondente *para* ser reconhecida.

Mas ela pode também ser recusada, negada – e, com ela, a relação com o respondente potencial e o pedido ou o apelo a ele endereçados –, mas ser implicada no comportamento e na empatia que ele suscita no outro, como os apelos mudos contidos em certas formas de desamparo. Ela pode também não ter podido se organizar e se formular.

Para formular um pedido, emitir um apelo, é preciso já ter tido anteriormente a experiência de um encontro que reconheça e alivie o sofrimento, o apazigue – e não é sempre o caso, ao menos de maneira suficientemente significativa. Mas é também preciso suportar a ideia da dependência na qual o pedido situa o sujeito; e, para suportar essa dependência, é preciso que ela permaneça relativa, mensurada, limitada. A antecipação de uma dependência demasiado importante – logo, potencialmente alienante –, que corre o risco de deixar o sujeito totalmente à mercê do seu respondente, freia a possibilidade de fazer um pedido e compele o sujeito a organizar outras formas de apelo, aquelas nas quais ele se sente menos "comprometido", menos engajado – logo, aquelas das quais ele pode esperar se livrar mais facilmente e com menor custo.

Uma particularidade deve, contudo, reter a nossa atenção: esteja o sujeito em condições de formular um pedido ou tenha ele como recorrer a formas de apelo que contornem a formulação, a partir do momento em que se faz sentir nele a ação de um quinhão enigmático da sua vida psíquica, a figura do respondente está implicada e procura para si um representante; a transferência tem lugar, procura-se um lugar de acolhimento, nem que seja para lhe endereçar um pedido, provocá-lo ou atacá-lo.

A oferta de um encontro clínico (ou o dispositivo que o encarna) funciona então como um "atrator" para o endereçamento transferencial. Ela não é a única a representar um "poder atrator" como esse e não seria preciso acreditar que o endereçamento transferencial está reservado aos clínicos – ou, de uma maneira geral, aos "cuidadores" –; ali está o seu lugar de recepção mais cômodo para a elaboração, mas não necessariamente o seu lugar mais frequente de endereçamento. Tudo depende da "teoria do cuidado" implicada pela vivência de falta ou de sofrimento do sujeito, é ela que determina "o objeto" a quem endereçar a transferência.

Uma das "teorias do cuidado" mais fundamentais (é um derivado das teorias sexuais infantis) e mais frequentes consiste na ideia de que a sexualidade ou o amor "cuidam", e isso com diversas variantes possíveis conforme o registro pulsional engajado. A colusão do cuidado e do sexo é exemplarmente encarnada na típica brincadeira de "médico" da qual brincaram todas, ou praticamente todas, as crianças do mundo. A "brincadeira" de médico, todos os pais sabem disso ou o pressentem, é um álibi para a exploração das duas grandes questões ligadas ao impacto do princípio do prazer-desprazer na psique, a questão do sexual e a questão do sofrimento e do cuidado que se deve empregar nele, e a do vínculo entre os dois. Quando Freud se debruça sobre os acontecimentos que puderam presidir sua descoberta da importância do sexual na neurose, lhe vem à memória uma fala do Dr. Schrobach, que, ao sair de uma consulta com uma paciente considerada histérica, propunha escrever-lhe uma receita assim redigida: *"penis normalis, dosim repetatur"*.[1]

---

1 Freud, S. (1914). A história do movimento psicanalítico. *Obras completas* (Vol. 11, P. C. de Souza, trad.). São Paulo: Companhia das Letras, 2012. (N. R.)

É um clichê dizer que as histéricas são "recalcadas" e que elas devem ser tratadas por meio de "repetidas doses de pênis masculino". O teatro de revista é repleto de situações em que uma senhora tem seus "faniquitos", seus "chiliques"... e o senhor... a "consola". É também uma das coisas que a vulgata reteve melhor da psicanálise e da "transferência" que a perpassa: a transferência encontra uma das suas fontes e um dos seus empuxos no amor, e até mesmo no amor sexualizado. Mas há outras "teorias do cuidado" e outros destinos para o processo transferencial.

Transferência e sedução

Se o dispositivo clínico está longe de ser o único "atrator" da transferência, ele é, ao contrário, o único que tende a organizá-la numa forma simbolizável e "analisável"; o único a se organizar em torno da colocação em operação do enigma que o habita; o único a fundamentar sua prática na utilização da transferência para "desconstruí-la".

A disposição de espírito do clínico se fundamenta também no reconhecimento do fato de que não se escapa da questão da transferência e dos seus efeitos, em particular aqueles que se referem ao que se chama de "sedução". Essa observação, que pode chocar, demanda comentário. O que se chama de "sedução" é uma maneira de desencaminhar o processo com o único benefício daquele a quem ele se endereça, perdendo o objetivo primeiro na trajetória – "seduzir", "*seducere*", é desviar do caminho, do bom caminho. Logo, é comum no mundo dos clínicos frisar os perigos da sedução e tentar se organizar contra a tentação do abuso de poder potencial que o fato de tornar-se "objeto transferencial" de um sujeito vulnerabilizado pela sua posição favoreceria. Nós evocamos acima o medo da dependência de certos sujeitos, ela está precisamente ligada a essa ameaça sempre presente quando nos sentimos vulneráveis e na necessidade do outro – logo, precários.

Desnecessário dizer que o clínico deve estar atento a não fazer nada que vá no sentido de uma sedução deliberada e voluntária, que a sua ética fundamental requer que ele esteja vigilante quanto a não favorecer toda e qualquer forma de abuso da sua posição. Mas pensar que assim se resolveu a questão da sedução é da ordem de uma ingenuidade que desconhece a própria natureza do processo transferencial.

Os efeitos de "sedução" dependem, de fato, apenas em parte daquilo que o clínico faz ou diz, pois são inerentes ao próprio processo transferencial, isto é, à posição na qual o sujeito o situa no encontro clínico, e isso só depende muito parcialmente dele. Queira ou não o clínico, a questão da sedução está presente no encontro clínico, em todos os encontros clínicos, pois ela é também um efeito induzido pelo processo transferencial que lhe é consubstancial. O que o clínico diz, faz, deixa de fazer ou dizer é "interpretado" pelo sujeito em função da posição transferencial na qual ele situou o clínico. Como não se escapa da transferência, tampouco se escapa dos efeitos de sedução, de sugestão ou de influência que ela implica. O problema, portanto, não é a sedução – ela é inevitável –; e muito frequentemente, ao querer escapar demais da sedução "libidinal", produz-se uma "sedução superegoica" – e querer escapar a todo custo desta faz, com frequência, com que se caia na "sedução narcísica" etc. Vai-se de mal a pior, desenvolvendo modos de sedução cada vez mais nocivos – posto que cada vez mais difíceis de desmascarar; logo, de ultrapassar. O problema não é a sedução em si, é a sua forma e a sua utilização.

Toda a questão vai ser a de transformar a transferência e os efeitos de sedução que lhe são inerentes numa forma "utilizável" para a prática e para o trabalho de simbolização que a fundamenta; utilizá-la tendo o seu "ultrapassar" (*Aufhebung*) em vista. A questão é, portanto, a da "utilização da sedução para ultrapassar a sedução", a de utilizar a alienação potencial ligada à situação transferencial para ultrapassá-la etc. Todo problema vai ser, então, o da resposta que o clínico vai trazer à transferência sobre ele dessa figura – que a sua função convoca, "atrai" inevitavelmente. Isto é, como é que ele vai fazê-la trabalhar.

Deslocamento da transferência

Frente ao processo transferencial, três alternativas se apresentam ao clínico: *confirmá-lo e aliená-lo* ("eu sou justamente quem você está pensando; tenho a resposta para todas as suas perguntas; 'sei' aquilo de que você precisa para não sofrer mais, para ser amado, para ter sucesso na vida... siga os meus conselhos e tudo vai melhorar"); *desmenti-lo e enquistá-lo* ("eu não sou quem você está pensando; você está abusando ao me dar um poder como esse; ninguém tem um poder assim, a não ser – talvez – você mesmo; é você quem sabe..."); ou, por fim, *deslocá-lo* para fazê-lo trabalhar, para permitir que ele se torne utilizável. É essa terceira saída que o clínico vai privilegiar e tentar colocar em ação, e que iremos comentar agora.

Quais são as "operações", os "operadores" desse deslocamento? Tentaremos acompanhá-los detalhe por detalhe, seguindo o modelo inaugural e fundador que Freud nos legou a partir da sua descoberta do método na histeria, na medida em que ele é arquetípico.

A primeira operação constitutiva do estado de espírito do clínico é a de uma recusa "muda", de uma recusa interna, não formulada: recusa em ocupar a posição daquele que possui as respostas "feitas" para as perguntas do sujeito; recusa em se identificar com a figura transferencial a quem elas se endereçam. A invenção do conceito de transferência por Freud é o que possibilitou essa primeira operação.

Essa recusa é "muda", é uma atitude interna; a recusa formulada remeteria ao que chamamos acima de "desmentido" da transferência. A recusa em ocupar a posição daquele que tem as respostas, do respondente, não é a recusa ao processo transferencial do sujeito, a recusa à transferência. Muito pelo contrário, a transferência é "aceita" e nada é dito ou feito para desmentir, de imediato, a sua pertinência; é por isso que a recusa é muda, mas consubstancial ao estado de espírito do clínico. Freud compreendeu que uma parte da relação que os pacientes mantinham com ele resultava de uma "falsa ligação", da transferência de um personagem histórico para o clínico; ele compreendeu que a transferência resulta do deslocamento de um quinhão da história do sujeito para "a situação atual" (1914a).

Essa recusa primeira implica também a renúncia a toda teoria prévia; não há saber pronto sobre o sujeito, não há resposta "feita" para o pedido ou o apelo do sujeito. Porém, isso não quer dizer que não haja resposta ao apelo do sujeito, pois há, sim, uma resposta – mas ela se formulará em termos de método, de método de exploração.

A recusa ao saber prévio supõe complementarmente uma "clínica da teoria", isto é, uma análise clínica de tudo o que pode se dispor ao clínico como saber pronto, feito.

Uma outra maneira seria dizer que a atitude clínica combina duas operações de fundamento: recusar e não recusar a transferência, deslocá-la para fazer dela uma ferramenta de trabalho, para "escavar" um espaço de simbolização da questão. A primeira operação é, portanto, a de "descartar" a transferência, como se diz em certos jogos de cartas – "passamos", não "pegamos". A segunda é a de abrir a outra face da transferência, aquela que consiste em pensar a transferência como "reminiscência", como uma forma do retorno de acontecimentos ou de momentos oriundos de uma época anterior da história do sujeito, como "memória desconhecida como tal", "memória amnésica" como alguns (C. Janin, 1996; A. Green, 2000a) propuseram chamá-la. É uma memória "inconsciente de ser uma memória" que se dá como um processo "atual", como presente em vez de se dar como lembrança.

Essa segunda operação abre, por sua vez, a possibilidade de um processo totalmente essencial no pensamento clínico. Se a transferência é "reminiscência", se ela é "revivescência", então o sujeito, por sua vez, deve justamente possuir uma forma de "conhecimento" daquilo que se encena e se reencena na transferência; ele deve justamente ter conservado um vestígio daquilo que o afetou; de uma certa maneira, ele pressente aquilo ao qual está sendo novamente confrontado, ainda que "não sabe que sabe". É importante frisar, com efeito, que o clínico considera que o "saber" ou a forma de conhecimento que está em questão são inconscientes; é também isso que permite evitar que se continue preso aos arcanos de uma posição no decurso da qual o sujeito é suspeito de "manipulação", como se não "quisesse" saber, mudar...

O sujeito é "desconhecedor", o "conhecimento" que ele tem das origens e causas daquilo que o aflige é um conhecimento inconsciente. A questão do "suposto saber" volta-se, portanto, para a estratégia clínica; é o sujeito, e somente ele, que "sabe" algo no que se refere ao seu sofrimento, que é "suposto saber", mas o *retorno sobre si mesmo* é acompanhada de uma *negação* que designa o caráter inconsciente do processo e abre a questão do sentido da prática clínica e do método que a organiza. Aí está um ponto fundamental cujo esquecimento sempre ameaça o clínico – e isso sobretudo quando, com a experiência, há por onde começar a pensar que, agora, "ele sabe". O esquecimento desse dado fundamental da posição clínica está na origem de muitos dos desgostos, de muitos dos impasses clínicos: acaba-se esquecendo de que é o sujeito, e somente ele, que "sabe"; acaba-se não o escutando nem ouvindo; acaba-se apenas tentando verificar aquilo que se acredita saber ou ter compreendido, por pensar que o sujeito "resiste" ao nosso suposto saber sobre ele e seu sofrimento ou seus impasses subjetivos.

A questão da prática clínica torna-se, com isso: como permitir ao sujeito acessar esse "conhecimento" inconsciente? É aí, somente aí, que o clínico tem respondente; é aí que ele possui uma competência – isto é, em matéria de método.

O método ou como ter "respondente"?

Como dissemos, descartar não basta; não basta denunciar a transferência para reduzi-la; é preciso poder utilizá-la para o trabalho psíquico; ao apelo deve responder um "saber": um respondente do lado do método.

O clínico vai ser um expert em método para tentar fazer advir o "saber não sabido" do sujeito. E a prática clínica será a da colocação em ação dos métodos que vão permitir a esse sujeito – considerando o seu funcionamento psíquico singular, considerando o contexto do apelo, a sua forma – acessar aquilo dele que o compele de maneira inconsciente, desconhecida, até mesmo ativamente desconhecida.

Digamos o essencial numa formulação: a estratégia fundamental da prática clínica consiste em permitir que a transferência que a organiza possa ser progressivamente deslocada para o método clínico, para o método que permite a análise do saber não sabido do sujeito, do seu "saber" inconsciente.

Como veremos em detalhe mais adiante, o método, o método fundamental, é o da escuta da associatividade do funcionamento psíquico do sujeito, aquele que se exprime pela regra da associação livre. É ela que, de diferentes formas, organiza todos os dispositivos clínicos, ela que é subjacente não só ao encontro clínico "face a face" ou "lado a lado" com os adultos, ela que subjaz às consultas terapêuticas, mas também à utilização do jogo ou do desenho livre com as crianças, do *"squiggle play"*, à utilização de técnicas projetivas, do jogo livre do psicodrama, das diferentes formas de dispositivos utilizando mediações...

Como veremos nos parágrafos seguintes, se há diferentes dispositivos, diferentes metodologias clínicas, só há um método clínico, um método fundamental, ainda que ele admita diversas formas, ainda que ele possa se declinar em diversas variações.

Não há clínica, não há dispositivo sem método de escuta, de recolhimento de signos; mas o método tem suas imposições, ele implica o sujeito e o clínico: imposição daquilo que se diz, para o sujeito; imposição de dizer ou exprimir, imposição a escutar e imposição daquilo que se escuta, para o clínico.

Por meio do método associativo entra em ação a vetorização da escuta clínica: procura-se escutar o que o outro "sabe", sem saber que sabe, referindo ao seu sofrimento; procura-se, entre as e pelas associações que ele produz e a maneira pela qual se organiza o seu funcionamento psíquico, quais vínculos inconscientes as "explicam". O "saber" inconsciente revelado pelo método torna-se o dito não deliberado, que não se quis, o expresso não dizível, o sentido não sentido, o visto não visto... o que está, ao mesmo tempo, presente na cadeia associativa e ausente da consciência do sujeito; o que ele expressa de uma forma ou de outra, sem saber que expressa – logo, para terminar, o que não é refletido.

A transferência da questão do "suposto-saber" para o método transforma os dados. O clínico propõe um enquadre para acolher o enigma em sofrimento, para receber a questão que ele carrega: é o dispositivo clínico. Ele propõe um método para explorá-lo, e o dispositivo contém, portanto, tudo o que é preciso implementar para tornar o método utilizável, tolerável e operante, para colocá-lo em ato, no trabalho. Dessa forma, dispositivo e método devem ser congruentes. O dispositivo prático tenta positivar a negatividade em ação (e a sua modalidade inconsciente de expressão) para torná-la captável, para que ela produza signos, "significantes" apreensíveis – pelo clínico e pelo próprio sujeito (apropriação subjetiva).

Os clínicos são os fiadores de um dispositivo pelo qual o sujeito vai poder se revelar, "dar" a ele próprio aquilo que ele sabe sem saber que sabe, "livremente" e no seu ritmo próprio. O conjunto da prática, da Ética, da deontologia está subordinado a essa tarefa. A intervenção clínica vai visar, com isso, manter as condições de possibilidades da utilização do dispositivo e do método proposto, mas singularmente para esse sujeito.

É preciso agora abordar detalhadamente a questão do método, para além do que habitualmente se retém disso.

A associatividade e a transferência com o método

A associação livre, que define a regra fundamental da psicanálise e, sem dúvida – uma das metas deste parágrafo é mostrar isso –, de toda prática clínica é aparentemente bem conhecida e pode parecer surpreendente consagrar a ela um desenvolvimento consequente. Mas uma exploração um pouco aprofundada da literatura que lhe é consagrada convence bem rapidamente do contrário, dos limites do seu aprofundamento, como se a sua própria evidência tivesse refreado sua exploração detalhada, como se ela fosse tão evidente agora que não houvesse mais necessidade de aprofundar não somente a sua teorização, mas a sua própria descrição.

Em todo caso, embasar na associatividade o conjunto da prática clínica, como projetamos, implica que ela seja suficientemente explorada para que a sua generalização consiga convencer.

A associatividade na clínica psicanalítica de Freud

Comecemos por fazer um primeiro panorama da questão na prática clínica que lhe concedeu seu fundamento, a de Freud, na qual proponho agora um pequeno excurso na medida em que ela me parece exemplar para a prática clínica em geral.

Contanto que se debruce sobre a gênese e o lugar da associatividade no pensamento de Freud, uma primeira distinção se impõe logo de início: a questão da associação está presente em seu pensamento de duas formas. Há a associação livre, considerada a regra fundamental da psicanálise a partir de

1907 e o tratamento do "homem dos ratos", mas há também a associatividade que se apresenta como inerente ao funcionamento psíquico, tanto em seus aspectos psicopatológicos quanto no processo de simbolização.

Para compreender bem a sua origem, pode-se imaginar, é claro, que Freud tem certo conhecimento dos filósofos ditos "associacionistas" do século XIX; e, é claro, pode-se também pensar que o vínculo entre a associação "livre" e a histeria paira nos ares da época – as histéricas são chamadas de "associativas" nos manuais de psicopatologia da segunda metade do XIX, o que significa que sua conversação se dá frequentemente "de pato pra ganso". Mas não estou certo de que esses vínculos sejam os mais pertinentes.

Quando em 1920 ele tenta explicar, Freud evoca o livro de Ludwig Börne *A arte de tornar-se um escritor original em três dias* – livro lido quando ele era adolescente e que deixou nele uma forte impressão desde aquela época. Nesse livro, L. Börne expõe o método da escrita automática – que ele próprio retirara da tradição do magnetismo animal de F. A. Mesmer –, extraído da tradição hipnótica da qual Freud retirou uma parte essencial de sua inspiração para forjar seu dispositivo prático.[2] As teorias embasadas na associação e na associatividade do funcionamento psíquico são correntes, portanto, no caldo cultural no qual Freud se encontra.

Mas é à formação do Freud neurólogo que me parece necessário remeter também um dos elementos determinantes do seu interesse pela associatividade e seus processos. Quando, em 1891, em seu *Sobre a concepção das afasias*, ele tenta modelizar tanto a representação de coisa (ou de objeto) quanto a representação de palavra, é a conjuntos de associações conectadas entre si que ele é levado – e isso nos moldes dos neurônios associados entre si. Lembro (Figura 3.1) que seus esquemas apresentam a representação de palavra como um conjunto fechado de imagens associadas entre si: imagem da palavra ouvida, imagem motora da palavra escrita, imagem visual da palavra lida. A representação de coisa ou de objeto, por sua vez, é então apresentada como um conjunto aberto constituído de imagens, também elas associadas entre si: objeto visto, objeto em movimento, cor do objeto, forma, objeto tal

---

2 Para um estudo detalhado de todos esses pontos, cf. Roussillon, R. (1995). *Du baquet de Mesmer au "baquet" de Freud*. Paris: PUF.

como se dá ao tato etc. Esse conjunto é "aberto", isto é, não fechado e suscetível a desenvolvimentos indefinidos. Também ali Freud antecipa amplamente os trabalhos das neurociências atuais (F. Varela, 1989; A. Berthoz, 2009).

A teoria de Freud da representação é, portanto, uma teoria dos grupos associativos, de grupos formados por elementos perceptivos associados entre si, mas também – o texto dos *Estudos sobre a histeria*, de 1895, fornece muitos exemplos – de grupos de representação. Ninguém duvida que essa teoria deva uma parte da sua motivação aos conhecimentos neurológicos de Freud sobre as associações de neurônios e sobre a teoria do reflexo condicionado.

Em 1895, no *Projeto* (Freud, 1895a), ele proporá, da mesma maneira, uma teoria do eu como conjunto de elementos associados entre si por facilitações, e uma teoria do trauma que toma emprestado da teoria do reflexo condicionado o essencial do seu modelo. Pode-se, aliás, apontar de passagem que ele antecipa e muito, assim, também ali, toda uma parte dos avanços das pesquisas em neurociências atuais – estou pensando nos trabalhos de J. Ledoux (2005) sobre os afetos, que devolve ao modelo do reflexo condicionado o seu lugar, e aos desenvolvimentos atuais sobre a plasticidade neuronal e cerebral [os de P. Magistretti (2004), por exemplo], mas também os que se referem aos agrupamentos de neurônios, de Hebb (1940).

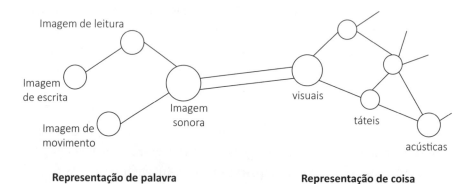

Figura 3.1 *Representações de palavra e de coisa.*

Dito de outro modo, para além dos modelos neurológicos dos quais ele toma emprestado a ideia, a base da teoria do funcionamento psíquico de Freud – tanto no nível da representação quanto no nível da organização do próprio eu – é uma teoria do funcionamento associativo destes. O método chamado de associação livre não passa de uma das consequências desta proposição muito mais fundamental de Freud: o funcionamento psíquico – semelhante, nisso, ao funcionamento neurológico – é um funcionamento associativo.

O método da associação e a associação "focal"

No que se refere à regra da associação, é também interessante sublinhar suas diferentes formas descritas por Freud, na medida em que, como veremos, elas contêm uma grande parte daquelas que as diferentes práticas clínicas utilizam ainda nos dias de hoje.

A primeira forma que ele descreve, e que proponho chamar de "associação focal", está presente nos *Estudos sobre a histeria*, e é com ela que ele inaugura a sua prática da análise. Ela consiste em pedir ao sujeito que ele associe livremente a partir de um indutor específico – fragmento de sonho, sintoma, detalhe clínico –; em pedir que ele se "concentre" num alvo associativo, para associar livremente, em seguida, sobre ele. Ela é, assim, simultaneamente "focalizada" e livre no seio desse foco. Pode-se ressaltar, de passagem, que os testes projetivos atuais utilizam uma regra de associação "focal" como essa: a prancha ou o item servem de indutor e pede-se ao sujeito que ele "associe" a seu respeito – ainda que o termo não seja sempre utilizado –; os métodos associativos utilizados por C. Jung também estão construídos nesses moldes.

Para Freud, o sonho, a cena histórica ou os dados do sintoma estão divididos em sequências, detalhes ou fragmentos, e cada fragmento é então proposto como foco associativo. Depois, as diferentes cadeias associativas assim produzidas se juntam por si sós, convergem; ou, quando não é o caso, o clínico estabelece os vínculos necessários entre os diferentes fragmentos para tornar o conjunto inteligível – ele cumpre uma função de síntese.

Mas esse "método 1894", ele próprio, já é o fruto de uma evolução.

A primeira forma que encontramos em Freud é, com efeito, a da "primeira ideia" que vem; é um método associativo focal, mas "passo a passo", associação por associação. Uma vez obtida a ideia, ou ela desenrola uma cadeia de ideias que conduz a uma lembrança, a uma cena; ou ela fornece o ponto de partida de uma investigação e de uma outra associação. Retornaremos mais adiante à convicção que guia Freud aqui, ela é parte integrante do método. Se necessário, o procedimento será reproduzido, e isso quantas vezes forem necessárias.

Vai ser preciso a Freud, em seguida, a experiência da análise da neurose de compulsão para se assegurar do fato de que ele não tem necessidade de controlar incessantemente o indutor ou o fluxo associativo dos pacientes e dar livre curso a sua liberdade associativa total; e é só em 1907 que a regra da associação livre será formulada a propósito do tratamento do homem dos ratos. Nas *Atas da Sociedade Psicanalítica de Viena* (Freud, 1906-1908, p. 247) ele declara então: "A técnica da análise mudou, na medida em que o psicanalista não busca mais obter o material que interessa a ele próprio, mas permite ao paciente seguir o curso natural e espontâneo dos seus pensamentos..." (sessão de 30 de outubro de 1907).

A ideia de que o fundo do funcionamento psíquico é de natureza associativa, de que ele é fundamentalmente associativo, supõe dois corolários: aquele segundo o qual essa associatividade deve ser regulada e aquele de que uma coerência se esconde por trás das associações que se seguem aparentemente ao acaso.

Regulação da associatividade

Podemos nos perguntar o seguinte: se o funcionamento da psique é fundamentalmente associativo, por que há necessidade de formular uma regra de associação livre, seja ela focal ou não? Essa necessidade está ligada ao fato de que a associatividade é, deve ser, regulada nas situações sociais habituais. A escuta da associatividade permite mergulhar no funcionamento íntimo de um sujeito, o que praticamente não é vislumbrável na vida corrente, pois a fala humana habitual é endereçada a outro sujeito e tem de levar em conta esse outro sujeito. Nós "contamos" ao outro ou nós nos "contamos" a nós mesmos e a nossa fala se organiza em função de uma narratividade suficiente.

Dito de outro modo, nós organizamos a nossa comunicação e, para tanto, exercemos censuras sobre a nossa própria associatividade, censuras de diversas ordens.

A primeira das censuras que colocamos em ação é uma *censura moral*: não dizemos tudo o que nos passa pela cabeça, e até não permitimos que tudo nos passe pela cabeça; nós "civilizamos" a nossa associatividade; censuramos de maneira consciente ou inconsciente certos pensamentos, até mesmo certos afetos, em função dos contextos ou em função da nossa história própria.

Exerce-se também uma forma de censura que eu diria *"social"*: há certos pensamentos ou certos afetos que não nos permitimos sentir ou expressar em certas situações, e isso sem que a moral entre em jogo – trata-se simplesmente de uma forma de tato. Por exemplo, se acho que as meias do meu interlocutor são de "mau gosto" e não combinam com o resto da sua roupa, vou – a maior parte do tempo, a não ser que ele peça a minha opinião – me abster de todo e qualquer tipo de observações desse gênero. "Não faça nem diga ao outro aquilo que você não gostaria que ele lhe dissesse ou fizesse nas mesmas circunstâncias", propunha Ferenczi quando queria circunscrever o tato necessário às relações sociais.

A terceira censura é a *censura lógica*. Não nos deixamos formular falas que julgamos não terem ligações com o tema da conversa, incoerentes ou sem sequência lógica; ou então nós emitimos também um sinal que ressalta termos consciência de que a associação não é "lógica", de que não é lógica no plano manifesto: "sei lá por que estou pensando nisso..." ou, ainda, "isso sem dúvida não tem nada a ver, mas estou pensando em...". Aqui a ameaça seria a de passar por louco ou um ser incoerente. Quando se diz que as histéricas são "associativas", está se designando um tipo de associação assim, "de pato para ganso": duas ideias se seguem sem ligação aparente, mas também sem indício de que o sujeito esteja percebendo essa ruptura lógica ou de continuidade.

Aí estão as principais censuras "sociais", isto é, ligadas às condições habituais do encontro humano. Não são as únicas censuras que se exercem em nossa associatividade de base, há também aquelas que se referem à nossa própria idiossincrasia, à nossa "equação pessoal". Em ligação com certos acontecimentos da nossa história, certas particularidades dos nossos conflitos internos, certos traços da nossa educação ou dos nossos ideais, recusamos certas associações, as quais fazemos com que se calem em nós mesmos, de maneira consciente ou, mais uma vez, inconsciente.

É claro que tais censuras complicam consideravelmente a tarefa de um clínico que zela em tomar conta da associatividade do sujeito; elas subtraem da consciência ou da formulação uma parte das ligações estabelecidas nele próprio – aqueles, o mais frequentemente, que são os mais significativos para a compreensão do que nele se produz. É claro que as censuras inconscientes exercem-se independentemente do sujeito, e que o fato de formular uma regra no encontro clínico tem apenas pouco efeito sobre a sua ação.

A formulação de uma regra visa sobretudo às censuras que o sujeito exerce conscientemente no "curso de seus acontecimentos psíquicos" (Freud, 1911); ela é destinada a facilitar o acompanhamento "passo a passo" dos encadeamentos de pensamento do sujeito, e, em particular, a permitir, ao menos em parte, que suspenda certas censuras que ele exerce sobre os seus pensamentos. A moral "social" não vigora no encontro clínico em que se pode, onde se "deve tudo dizer"; a incoerência das associações tampouco deve deter o sujeito e, assim, o convidamos a se defrontar com a parte da sua "loucura interna" à qual ele pode ter acesso.

Coerência das associações

Mas a suspensão das censuras só tem sentido e só é possível em função de um outro corolário da regra: a hipótese fundamental da coerência das associações.

Retornemos a Freud. Para ele, levantar a questão das outras "lógicas" que habitam o homem, ainda que atormentado por sofrimentos psicopatológicos, passa pela afirmação repetida de que, de um lado, os pacientes não são imorais – e isso mesmo se a análise se aventura pelas ladeiras escabrosas dos pensamentos sexuais recalcados – e de que, do outro, eles obedecem a uma lógica e a uma forma de coerência. O texto dos estudos sobre a histeria mostra Freud muito atento em frisar sua convicção de que as histéricas não são "loucas", de que há relações de causa e efeito bastante lógicas entre as manifestações sintomatológicas dos pacientes e as cenas que elas mascaram. Ele escreve, por exemplo: "O clínico está no direito de exigir de uma histérica associações lógicas, motivações semelhantes às que exigiria de um indivíduo normal. No domínio da neurose, as associações permanecem lógicas" (Freud, 1895b, p. 237).

As associações são, devem ser, "coerentes"; e se as primeiras balizas conferidas pelo método não produzem efeito de coerência, é porque algum elo permanece escondido. É também porque "a inteligência" que se esconde assim por meio das suas manifestações não é em nada inferior à do estado normal.

Essa observação introduz a questão do que há de fundamental na posição clínica de Freud não só nessa época, mas em toda a sua obra – e aí também reside um ponto essencial da prática clínica.

Muito se insistiu, é quase trivial lembrar, a respeito da importância fundadora da regra da associação livre para a psicanálise, como se ela fosse a característica capital da psicanálise e do seu método. Ora, o que Freud mostra – e isso desde os *Estudos sobre a histeria* –, e que eu já estava indicando acima, é que o processo associativo caracteriza o próprio funcionamento psíquico, e não somente o funcionamento psíquico durante a sessão. O que vale aqui para a psicanálise vale para todas as práticas clínicas.

Com isso, a pergunta que se impõe é quanto ao que caracteriza a questão da associatividade no encontro clínico. Não é nas associações que é preciso procurar essa característica, elas caracterizam o próprio funcionamento psíquico. É no modo de escuta do clínico que ela reside, de fato; e, em particular, no postulado – implícito a toda clínica – segundo o qual aquilo que se associa possui um vínculo, manifesto ou latente, e testemunha, deve testemunhar – em todos os casos – uma certa forma de "lógica".

Assim – e aí está o essencial do método clínico – quando o clínico escuta as associações do sujeito e elas não lhe parecem revelar o segredo da intriga subjacente ao que ele expressa, a convicção que o impele a procurar adiante é a de que se deve esperar das sequências associativas uma coerência e que deve haver uma justa medida entre, por exemplo, o efeito de uma cena contada e a importância dos seus efeitos sobre o sujeito. Mas é claro, progressivamente, conforme o sujeito vai descobrindo e compreendendo o modo de escuta utilizado pelo clínico, o seu próprio funcionamento associativo "se ajusta" ao modo de escuta e se inflete em função deste.

Uma metarregra aparece aqui, então, segundo a qual o que se associa possui necessariamente uma ligação e esta remete a uma forma de coerência, a uma lógica. Nesse sentido, o clínico considera que a associatividade também tem uma função "exploratória" das ligações; a associação, quando é suficientemente livre, parte "para a descoberta" das ligações. Em função dessa regra de escuta, não há "não"-associação; o que vem depois de um elemento é sempre uma associação (contudo, esta pode vir acompanhada de um forte coeficiente de resistência à apropriação subjetiva).

Se a ligação entre os pensamentos associados é manifesto, tudo bem; mas se a ligação não aparece de primeira, é porque é preciso procurar a coerência noutro lugar, porque está escondida, inconsciente, e porque a ligação remete, então, a uma cena do passado, a um contexto particular ligado a condições históricas singulares.

A diferença que Freud formulará na oposição processo primário/processo secundário passa por isso: de um lado, o processo primário agindo por contiguidade e simultaneidade remete às ligações que puderam se ligar fortuitamente na história singular do sujeito; do outro, o processo secundário remete, por sua vez, a ligações nas quais não são mais a conjuntura histórica e seus acasos que são determinantes, mas modalidades de ligações mais "lógicas" e, portanto, mais "estruturais", mas também mais "atuais".

Se a associatividade tem alguma chance de entregar a ligação significante procurada, é porque ela própria se construiu de um modo associativo, é justamente porque o próprio funcionamento do processo psíquico é associativo; e as "lógicas" que habitam as profundezas da alma resultam, elas mesmas, de "grupos associativos" que levam uma vida dissociada daquela do eu oficial, uma vida na qual certas ligações foram cortadas ou tornadas irreconhecíveis, e que a liberdade associativa e a escuta que lhe dá sentido têm o encargo de encontrar.

Uma última observação sobre essas questões. A associatividade também está na origem dos sintomas em outro sentido. As cenas traumáticas são conservadas na vida psíquica como corpos estranhos, "*infiltrats*". Mas a vida psíquica tolera mal a presença desses intrusos e tende a "assimilá-los". A associatividade se comporta, então, também como uma poderosa força de integração, ainda que a origem traumática se assinale, frequentemente, por meio de algum traço.

A coassociatividade e a escuta clínica

Evocamos acima o postulado fundamental da escuta clínica: se dois itens se seguem – e estão, portanto, associados um ao outro –, eles têm necessariamente um vínculo. Esse postulado não implica, para o clínico, uma atitude "voluntarista"; ele não "busca" o vínculo a todo custo – ele só conseguiria achatá-lo com as suas teorias próprias ou os *a priori* da sua escuta. A confiança de Freud no processo associativo leva-o a propor uma "técnica" de escuta fundamentada, também ela, na associatividade: "a atenção livremente flutuante", o nivelamento metodológico da escuta – que é, também ela, uma forma "de associação livre". Mas, diferentemente das do sujeito – que encontra sua fonte em seu funcionamento psíquico –, as associações do clínico tomam as associações do sujeito como ponto de origem, como elemento indutor. Ele associa com suas próprias características psíquicas, mas *sobre* as associações do sujeito. Ele tenta colocar seu funcionamento associativo próprio "a serviço" da associatividade do sujeito. Retornaremos mais tarde, em nossa reflexão, ao sentido e aos mecanismos desse "colocar-se a serviço".

Dito de outro modo, os dois protagonistas do encontro clínico "associam" o mais livremente possível, eles "associam" a partir do que sentem no encontro – um a partir do que ali chega a se transferir para ele; o outro a partir da sua própria maneira de sentir a transferência do sujeito: eles se coassociam, portanto, na transferência. A técnica do "*squiggle*", elaborada por D. W. Winnicott, é uma forma de "materialização", de "concretização" arquetípica dessa coassociatividade.

Polimorfismo da associatividade, polifonia da escuta clínica

Outra das características da escuta da associatividade que Freud nos ensina é o seu caráter polimorfo.

Quando se evoca atualmente a regra da associação livre, entende-se regra da associação livre "verbal" – e isso mesmo se, na prática, a escuta da associatividade vai necessariamente muito além da associação de simples significantes verbais. Para Freud, e isso sem dúvida nunca vai se desmentir, a linguagem verbal não passa de um caso particular de linguagem (Freud, 1913b); e ele tende a considerar o conjunto das manifestações – e, singularmente, as manifestações corporais – como linguagens. A sua escuta mescla as mensagens verbais com mensagens não verbais, ela é polifônica na medida em que a associatividade é polimorfa; na medida em que ela mesma mescla às mensagens verbais mensagens não somente afetivas, mas também emprestadas do registro mimo-gesto-postural, até mesmo da "linguagem do ato" ou do comportamento.

Os sintomas histéricos encontrados nos *Estudos sobre a histeria* são frequentemente, um efeito dos sintomas somáticos, sintomas de conversão somática, mas não só. A atitude de Freud a respeito deles é do mais alto interesse para todo clínico; ela é rica de ensinamentos para a prática clínica atual. Os termos que ele utiliza para descrever o modo das suas manifestações falam por si. Ele os considera formas de linguagens que ora "vêm se misturar na conversa", ora "têm sua palavra para dizer" (Freud, 1895b). Dito de outro modo, quando um sintoma, um ato ou uma manifestação corporal se manifestam em sessão, Freud não hesita em considerar que a sua emergência faz parte das associações. Ele chega até a ressaltar que eles trazem, assim, sua colaboração para o trabalho em curso, que eles "se associam" ao sentido da formação de uma associação de trabalho.

A concepção da associatividade na qual Freud parece então se embasar – conforme o que ressaltei de uma teoria do funcionamento associativo da vida psíquica para ele – é a de uma associatividade "polimorfa" que mescla diferentes linguagens, diferentes tipos de linguagens, associadas entre si e compondo uma forma de "narratividade" totalmente original e específica da escuta psicanalítica.

Três linguagens emergem principalmente dos seus textos dos *Estudos sobre a histeria.*

Há, é claro, principalmente a linguagem verbal; e Freud está sempre muito atento à singularidade das palavras e expressões empregadas pelos pacientes.

Há, em seguida, essa forma de linguagem, também bastante central nos diferentes tratamentos, que se referem às formas de expressão do afeto e das suas diferentes formas de conversão. Assim, no tratamento de Elisabeth, que apresenta uma sintomatologia na qual as pernas e as variações de intensidade das sensações de "dor" têm um lugar relevante, Freud está à escuta disso como uma bússola. A passagem vale a pena de ser citada *in extenso*:

> *Além disso, suas pernas doloridas começaram a "participar da conversa" durante nossas sessões de análise. [...] em geral, a paciente estava sem dor quando começávamos a trabalhar. Se então, por meio de uma pergunta ou pela pressão na sua cabeça, eu despertava uma lembrança, surgia uma sensação de dor [...] [que] alcançava seu clímax quando ela estava no ato de me contar a parte essencial e decisiva [...] Com o tempo, passei a utilizar essas dores como uma bússola para minha orientação: quando a moça parava de falar, mas admitia ainda estar sentindo dor, eu sabia que ela não me havia contado tudo [...].* (Freud, 1895b, pp. 162-163)

Aqui o afeto de dor "fala" com Freud, diz a ele *a verdade* do processo em curso; ele funciona como um índice clínico que permite que se assegure da proximidade do material mais *"essencial e decisivo"*. Conforme Freud, por meio das suas perguntas, vai se aproximando dos conteúdos recalcados e das cenas que os comportam, a dor se manifesta como que para "dizer" a sua dor ou a dos seus conteúdos, como que para informá-lo a respeito da proximidade da sua investigação, como no jogo de esconde-esconde – quando se supõe que aquele que procura "esquente", e depois "queime" com a aproximação do objetivo. Uma proposição como essa já supõe uma teoria da "atualização" transferencial durante a sessão, atualização necessária à "liquidação" dos afetos entravados e das representações psíquicas em sofrimento de expressão.

Mas a função das manifestações corporais e somáticas não pode ser reduzida a essa função de "porta-voz", pois o corpo, seu gestual, suas mímicas, suas posturas, isto é, seus modos de expressão mais ou menos "sob controle" do sujeito, servem também à "narratividade" associativa. Freud antecipa em grande parte, assim, o que ele descreverá mais tarde (1907-1909), por exemplo, a propósito do ataque histérico. As pantomimas e os atos aparentemente desprovidos de organização e de sentido exprimem, de fato, a maneira pela qual um sujeito tenta "mostrar" a cena que ele não pode dizer; pela qual um sujeito tenta "contar" um acidente da sua vida subjetiva que ele não pode assumir plenamente de uma forma plenamente subjetivada. Contudo, diferença bastante essencial em relação à expressão verbal assumida, essa narratividade só o é e só assume o seu valor na medida em que é entendida como tal, na medida em que o clínico debruçado sobre o seu sentido a entende em seu valor potencial de mensagem. As linguagens não verbais só o são se forem entendidas como tais, se o sentido potencial que elas represam for liberado por uma maneira específica de escuta do seu lugar e do seu valor no cerne da associatividade. Como comecei a indicar acima, Freud sublinhará diversas vezes o quanto as diversas manifestações da vida psíquica inconsciente testemunham uma inteligência que não deixa nada a desejar com relação à que se exprime nas manifestações mais "oficiais" da vida psíquica.

Portanto, sobressai nitidamente do conjunto dessas considerações que a associatividade é polimórfica e que a escuta clínica deve ser polifônica; que ela traz o problema da escuta das associações comportando objetos heteromorfos, heteróclitos, que misturam diferentes tipos de linguagens tanto verbais quanto não verbais... Pois, de uma maneira geral, as associações só comportam vínculos entre objetos de mesmo nível ou de mesma natureza; elas, o mais frequentemente, associam um afeto a palavras – mas também a sensações, atos, significantes não verbais, imagens visuais (para as crianças: os desenhos, as modelagens) etc.

Observação sobre a formação para a escuta clínica

Antes de chegar ao vínculo estreito que liga associatividade e transferência, gostaria de introduzir uma observação para além do que Freud destaca dessa questão em relação às condições de possibilidade de uma escuta polifônica da polimorfia associativa. Nosso "processo civilizatório" pessoal repousa no fato de não escutar o que o outro não "quer" dizer, não ver o que ele não "quer" nos mostrar e não sentir o que o outro não "quer" fazer com que sintamos. Ou pelo menos, como desenvolveremos adiante, porque escutamos, vemos e sentimos justamente o que o outro nos comunica – ainda que ele não "queira" necessariamente e deliberadamente nos comunicar –, mas não damos corda para isso e, frequentemente, até acabamos não percebendo que percebemos. É a maneira como respeitamos o envelope psíquico do "Eu consciente" do outro.

Mas nós "aprendemos" a só procurar considerar o outro a partir do que ele "quer" expressar e a querer ser considerado a partir do que nós "queremos" expressar. Assim – isso resulta da INB sobre a qual nos debruçamos no capítulo anterior –, nós escutamos, vemos, sentimos mais do que queremos expressar ou podemos manifestar, e isso desde a origem. Há toda uma comunicação que se estabelece num nível "subliminar" e que nós não percebemos que percebemos. Daí o empuxo à famosa "comunicação de inconsciente a inconsciente" que ocupou Freud e Ferenczi em sua correspondência dos anos 1920. O outro também se expressa por um conjunto de mímicas, gestos, posturas; por um conjunto de sinais discretos, muito rápidos e "subliminares" – logo, em grande parte inconscientes e não percebidos como percebidos; que a maior parte do tempo ele não sabe que emite tanto quanto nós não sabemos que os recebemos.

Mas nós regulamos também as nossas trocas inter-humanas em função desses sinais discretos que nos servem para "calcular" o outro, o seu grau de verdade ou de desconhecimento dele próprio, a sua credibilidade etc., e todas as características de que precisamos nessas trocas. A análise das comunicações precoces, análises realizadas a partir de filmes repassados imagem por imagem – e, portanto, para além do nível subliminar –, mostra que os bebês são, de imediato, sensíveis a essas mensagens percebidas de maneira não consciente e que eles reagem em função daquilo que decodificam das mensagens assim endereçadas. Uma grande parte da comunicação primitiva se baseia nesses "cálculos" recíprocos amplamente inconscientes, como mostram os trabalhos de D. Stern (1985) sobre a sintonia primeira. O que quer dizer que os bebês estão sob influência relativamente mais direta das formas de expressão dos movimentos inconscientes da mãe e que eles se regulam – ou desregulam – com base neles e com base no sentido que podem atribuir a eles. É apenas progressivamente – o que F. Pasche bem percebeu em sua análise do "escudo de Perseu"[3] e da sua função na psicose – que interpomos, entre

---

3   Pasche, F. (1971). Le bouclier de Persée, ou psychose et réalité. *Revue Française de Psychanalyse, 35*(5-6), 859-870. (N. R.)

nós e essa percepção direta das mensagens do outro, um "crivo" que exerce uma função de desconhecimento ativo daquilo que percebemos sem saber que estávamos percebendo. Aprendemos progressivamente a escutar do outro apenas o que ele "quer" nos dizer, mostrar ou fazer sentir; "desconhecemos" uma grande parte do que percebemos, assim, do outro e das suas mensagens. Nos bons casos, aquilo que "desconhecemos" conscientemente integramos, em todo caso, em nossas decisões e sistemas relacionais, em nosso "cálculo inconsciente" do outro, mas sem saber muito por que – o que fragiliza potencialmente as nossas "intuições" e pode nos dar uma certa "ingenuidade" relacional quando desconhecemos demais as mensagens implícitas do outro.

Essas reflexões têm uma incidência na formação para o trabalho clínico, na medida em que uma grande parte dela consiste em parar de desconhecer ativamente aquilo que percebemos do outro – poderíamos reformular a questão da análise da contratransferência nesses termos – e, ao contrário, em dar valor aos sinais discretos que ele nos dá da sua atividade inconsciente e aos quais a análise pessoal do clínico lhe concedeu, teoricamente, acesso. Poder escutar a polimorfia da associatividade é também suspender essa função de desconhecimento ativo e aceitar recomeçar a perceber aquilo que aprendemos a desconhecer.

A *associatividade e a transferência*

Retornaremos, no próximo capítulo, à extrema importância das nossas observações sobre a associatividade polimorfa e a escuta polifônica para a prática clínica contemporânea, mas ainda nos é preciso extrair do pensamento freudiano um vínculo totalmente essencial da associatividade com a transferência.

Desde as suas primeiras análises do funcionamento da associação livre, Freud de fato a articula com a transferência. Citemos aqui, *in extenso*, uma passagem de *A interpretação dos sonhos* – uma vez que ela é amplamente desconhecida, mas inaugura a questão da transferência:

> *[...] aprendemos que uma representação inconsciente, como tal, é inteiramente incapaz de penetrar no pré-consciente, e que só pode*

exercer ali algum efeito estabelecendo um vínculo com uma representação inocente que já pertença ao pré-consciente, transferindo para ela sua intensidade e fazendo-se "encobrir" por ela. Aí temos o fato da "transferência", que fornece uma explicação para inúmeros fenômenos notáveis da vida anímica dos neuróticos. A representação pré-consciente, que assim adquire imerecido grau de intensidade, pode ser deixada inalterada pela transferência ou ver-se forçada a uma modificação derivada do conteúdo da representação que efetua a transferência. (Freud, 1900, p. 479)

Como é manifesto no texto, a transferência está estritamente ligada, para Freud, à associatividade e às censuras que comandam a sua regulação e a sua inibição. Temos aí um exemplo completamente impressionante do fato de que os conceitos fundamentais da prática clínica são solidários entre si: não se pode adotar o método da associação e a teoria da associatividade e não aderir ao conceito de transferência – um implica o outro; a hipótese da transferência também faz parte do método clínico, ela também faz parte do que organiza a escuta clínica. Aprofundaremos a questão da transferência num próximo capítulo, pois ela é essencial, e seremos então conduzidos a retomar detalhadamente essas observações.

Resta-nos um último ponto a evocar, referente à importância da associatividade e da regra da associação livre: o método, a liberação da associatividade, por si só já "trata"; ele tem a sua eficácia própria; ele é o caminho, o meio, mas é também o "objetivo". Tornar-se capaz de associar livremente – isto é, de recuperar o conjunto de ligações que existem em nós – também pode representar a própria questão do encontro clínico, na medida em que, como veremos, ele também é o processo fundamental da atividade de simbolização.

Associatividade e simbolização

Quando nós começamos o levantamento, em Freud, das etapas da teorização do funcionamento associativo da vida psíquica, ressaltamos que a teoria que Freud propõe da representação psíquica, desde 1891, é uma teoria "associativa" da representação: ela é formada por itens perceptivos conectados entre si, e isso tanto para a representação de palavra quanto para a representação de coisa. Tive a oportunidade de frisar, noutro momento, que o modelo do afeto também era um modelo "associativo".[4] Considerações como essa introduzem a ideia de que os diferentes modos de representância pulsionais são "associativos".

Podemos dar um passo a mais, acrescentando que a teoria da simbolização implicada por essa teoria da representância é também uma teoria associativa. O símbolo é uma representação que se "sabe" representação, "simples" representação; é uma representação "refletida", uma representação "reflexiva". Pude formular a hipótese de que as representações tornavam-se "reflexivas" – logo, "simbólicas" – quando atingiam certo nível de complexidade, isto é, quando religavam entre si diferentes aspectos do objeto.

Se tenho uma representação suficientemente complexa da minha mãe, não fico mais tentado a considerar que um único traço dela a define ou a circunscreve; não fico mais tentado a identificar um dos seus traços particulares com a sua totalidade – e, com isso, todo traço singular pode simbolizá-la sem que o símbolo seja identificado à própria mãe. Não posso mais identificá-la a uma representação perceptiva, à representação oriunda de um momento perceptivo particular. De maneira geral, as representações oriundas de situações traumáticas ou fortemente conflituosas – logo, as representações que causam problema para a vida psíquica de um sujeito – são representações que carecem de complexidade; elas ficam fixadas, fechadas por essa falta de complexidade. A possibilidade de "jogar" com a representação, isto é, de explorar diferentes facetas dessas, permite captá-la como representação e sair da superposição da representação com a própria coisa. No linguajar da psicanálise freudiana, passa-se da "identidade" de percepção, que designa o objeto por meio da sua representação perceptiva, à "identidade de pensamento", que designa o objeto por meio de um conceito complexo.

---

4   Para um desenvolvimento mais consequente dessa questão, cf. Roussillon, R. (2007). La représentance et l'actualisation pulsionnelle. *Revue Française de Psychanalyse, 71*(2), 340-357.

Formas da associação livre

É por isso que uma forma de "regra" da associação livre se deixa perceber por trás de todas as atividades de simbolização, e isso desde a origem.

"A atividade livre espontânea" dos bebês, descrita por E. Pikler, sem dúvida é a sua primeira forma observável, e isso desde muito cedo. E. Pikler frisa a sua importância para a boa saúde psíquica dos bebês e o valor contradepressivo para os bebês abandonados em abrigos.

Em seguida vêm os jogos livres das crianças, o que D. W. Winnicott chamou de *"play"* – jogo sem regra aparente, que evolui proporcionalmente ao processo psíquico da criança, proporcionalmente às necessidades do momento da sua psique, de maneira associativa. Com efeito, não é um acaso as psicoterapias infantis utilizarem o jogo ou o desenho livre: essas atividades são "associativas", são formas de associações livres não verbais.

Mas há também as formas "naturais" de "coassociatividade", como começamos a evocar a propósito da atenção flutuante, das quais as conversações de um tema a outro – uma forma de *"play"* para o adulto –, estejam elas restritas à relação dual ou sejam elas "grupais", são os exemplos mais significativos. O jogo social do "cadáver invulgar [*cadavre exquis*]" dos surrealistas representa uma outra ilustração disso.

Agora é preciso chegar a outro conceito fundamental do método clínico; outro conceito identitário desse método que já fomos inevitavelmente levados a evocar aqui ou acolá em nossos desenvolvimentos anteriores – o conceito de transferência –, e tentar recompor uma visão conjunta daquilo que ele implica.

4. Complexidade e paradoxos da transferência na prática clínica

O conceito de transferência é, com efeito, um dos conceitos fundamentais da prática clínica; ele é emblemático da referência a ela – e, talvez, até da teoria do funcionamento psíquico proposta pelo pensamento clínico psicanalítico. Nesse sentido, é o conceito da prática clínica que permite circunscrever e definir o pensamento clínico psicanalítico e diferenciá-lo de todas as outras formas de psicoterapias: ele comporta, então, questões identitárias para a clínica psicanalítica.

Contudo, se o conceito é muito difundido no conjunto da cultura "psi", esse sucesso bem poderia mascarar os paradoxos e complexidades que o atravessam – como frequentemente ocorre com conceitos cuja referência se tornou tão corrente que acabou perdendo a sua eficácia. O interesse da minha presente reflexão será, talvez, menos o de propor novidades no *front* da teorização da transferência do que de recordar as principais características quando elas se aplicam às práticas clínicas.

Nesse sentido, talvez não seja inútil começar recordando a articulação com a teoria do funcionamento psíquico que a gerou, ainda que tenhamos começado a evocá-la no capítulo anterior.

Transferência e associatividade

O termo vem, em francês, nos escritos de Freud, desde os primeiros textos consagrados à hipnose; ele então designava a "transferência [*transfert*] de sentidos" – isto é, a passagem de um modo de sensorialidade em outro –, cuja descrição encontra suas raízes nos tratados de hipnose que se sucedem ao longo do século XIX e que tentam circunscrever, assim, que algo parece se deslocar na vida anímica.

Mas muito rapidamente, em Freud – e isso desde as primeiras análises do funcionamento do aparelho psíquico e de seu trabalho em *A interpretação dos sonhos* –, o seu sentido se inflete e começa a se articular com o funcionamento psíquico e, em particular, com o funcionamento associativo deste. Lembremos aqui, *in extenso*, uma passagem do livro de 1900, que já citamos, uma vez que inaugura a questão da transferência na prática clínica:

> [...] *aprendemos que uma representação inconsciente, como tal, é inteiramente incapaz de penetrar no pré-consciente, e que só pode exercer ali algum efeito estabelecendo um vínculo com uma representação inocente que já pertença ao pré-consciente, transferindo para ela sua intensidade e fazendo-se "encobrir" por ela. Aí temos o fato da "transferência", que fornece uma explicação para inúmeros fenômenos notáveis da vida anímica dos neuróticos. A representação pré-consciente, que assim adquire imerecido grau de intensidade, pode ser deixada inalterada pela transferência ou ver-se forçada a uma modificação derivada do conteúdo da representação que efetua a transferência.* (Freud, 1900/2001, p. 479)

A articulação da transferência e da associatividade psíquica é frequentemente, nos dias de hoje, esquecida e desconhecida; e, no entanto, o vínculo que ela cria entre os dois conceitos fundamentais da prática psicanalítica, e entre estes e a relação do sujeito com a sua história, é totalmente essencial na compreensão do seu lugar central na prática clínica.

O processo subjacente à transferência é um processo psíquico comum, corrente, que se observa no funcionamento psíquico de todo sujeito – e isso independentemente do fato de ele ser observável no encontro clínico, como se destaca no texto de Freud. Em contrapartida, quando a associação ocorre durante um encontro clínico, o clínico faz parte dos pensamentos pré-conscientes, dos pensamentos latentes do sujeito, e a transferência intrapsíquica vai retirar suas associações da relação do clínico e da situação clínica. É assim que se passa do mecanismo geral do funcionamento psíquico associativo para a transferência no encontro clínico. A transferência é, portanto, em todos os casos, "falsa" associação.

Por outro lado, a presença do clínico – e, portanto, a questão da transferência – modifica a associatividade; esta, devendo ser formulada ao clínico, é então também submetida, pelas necessidades do seu endereçamento, a imperativos de narratividade. Portanto, no encontro clínico é o par associatividade/transferência que é o par de referência, e, por conseguinte, o par associatividade/narratividade.

No artigo de 1913 – que ele consagra à descrição e à explicação da transferência – S. Ferenczi insiste também na atividade dos pensamentos inconscientes em busca de representantes e de representações atuais que tendem, portanto, a se enganchar (a se agarrar) às que estão presentes na situação clínica.

Na origem e no fundamento do conceito de transferência há, pois, uma ligação essencial, uma ligação fundamental entre o método clínico fundamental da associação livre e a transferência: esta é um efeito daquela – a transferência decorre da associação, da associatividade do funcionamento psíquico; ela é um efeito, e é particularmente solicitada quando a associação é ativada.

Transferência, recalque e história

Em 1914, Freud esclarece sua concepção de uma transferência que se dá entre os representantes (-representações) da "situação histórica" ativa e ativada em análise e os da "situação atual" do paciente. Notaremos que "a situação atual" do sujeito se refere ao fato de que ele está engajado no encontro com o clínico, mas não se reduz à relação com o clínico e à situação clínica – ela designa o conjunto da atualidade do sujeito e, portanto, também aquilo que se (re)encena em sua vida atual. Só se pensa bem a transferência em relação ao estatuto das representações da situação histórica e de seu recalque; ou melhor, só se pensa bem a transferência em relação às tentativas de retorno desse recalcado na atualidade do sujeito e às transformações e transposições que ele implica.

Com efeito, é na lógica do retorno do recalcado (e veremos modos de retorno do que foi negativado por outras modalidades que não o recalque) que a transferência assume seu lugar, e numa lógica que implica fundamentalmente a dimensão do inconsciente. O que se transfere é oriundo da vida psíquica inconsciente, é sua emanação disfarçada. A transferência não se refere, então, ao conjunto da relação ou da conjuntura atual com o clínico ou com a "situação atual", mas fundamentalmente ao que, a partir da vida psíquica inconsciente, neles se infiltra. Refere-se ao que, dessa vida psíquica inconsciente, tende a se "misturar na conversa" (Freud) atual; ao que, do passado, procura se fazer representar no presente; ao que, desconhecido, procura se fazer reconhecer no presente.

Ainda em 1914, Freud vai acrescentar a essa definição de base a ideia de que a representação recalcada, a "lembrança recalcada", não só vai retornar e se deslocar para a representação atual, mas que o acréscimo de intensidade assim conferido a ela vai produzir um efeito de agir, isto é, de atualização quase alucinatória: encontramos, aqui, a tendência ao *agieren*, o agir transferencial, que caracteriza a definição clássica dos processos transferenciais. A lembrança retorna "em ato", e não em representação; ela não retorna na forma de uma lembrança recuperada como tal, retorna como se a situação histórica fosse sempre atual, como se a situação histórica se atualizasse no presente, se misturando e se amalgamando a ele.

O fato decorre da teoria psicanalítica da memória: essa última se efetua com ajuda de um processo alucinatório de atualização; "lembrar" é, então, reviver. Quando tudo corre bem, esse processo é moderado por um "exame da atualidade" (Freud, 1915b), que dá à atualização um estatuto subjetivo de simples representação. Mas quando a lembrança é recalcada ou é mal integrada nas cadeias mnésicas e associativas, o exame da atualidade vai mal e a evocação da lembrança é vivida como uma atualização em uma confusão dos tempos. É o que permite compreender por que a transferência pode produzir formas de *"agieren"*, por que ela é uma maneira de se lembrar "em ato", e, talvez, experiências precedendo a emergência de uma representação da representação, e até mesmo a emergência do aparecimento da linguagem verbal.

A transferência tem, portanto, uma dupla face:

- uma face passada, ligada a um quinhão da história esquecida ou mal integrada e que tende a se reatualizar;
- uma face atual, ligada às condições presentes do sujeito nas quais esse fragmento do passado procura se "alojar", se enganchar e se prender – mas também se "disfarçar" (Freud, 1937).

Ela é *"agieren"*, ela é oriunda da atuação do passado vindo em lugar da rememoração, ela é "penetração agida" do passado na situação clínica – e é por isso que a análise da transferência será a segunda "via régia" da clínica psicanalítica (J.-L. Donnet, 2005). Inversamente, mesmo a partir da constatação de que "ninguém pode ser morto *in absentia* ou *in effigie*", a transferência é requerida para que a intervenção clínica seja eficaz, ela testemunha o que é atual e/ou atualizado nas questões psíquicas do sujeito. Ela é, então, a bússola que orienta o trabalho clínico eficaz, isto é, aquele que volta sua ação para as questões atuais ou atualizadas.

Sua análise supõe que ela possa ser tratada "fragmento por fragmento" ou "detalhe por detalhe", para que possa ser descondensado o que ela deve ao passado e o que ela deve às condições atuais ou de atualização – o que conduz a formular a pergunta quanto à analisabilidade da transferência, do lugar dessa analisabilidade na especificidade da transferência na clínica.

Antes de encarar frontalmente essa questão, é necessária uma última observação. Pudemos vincular intimamente transferência e elaboração psíquica. A matéria-prima psíquica, como vimos, é hipercomplexa, é enigmática, não pode ser metabolizada e integrada diretamente – como também já ressaltamos. Ela fica, portanto, em busca de mediador para sua elaboração e para a descondensação da sua hipercomplexidade.

Logo, primeiro argumento, nada pode ser liquidado "*in absentia* ou *in effigie*"; mas também, segundo argumento complementar, "não há nada no pensamento que não tenha estado primeiro nos sentidos", como Freud adora recordar – a mediatização da realidade psíquica passa por sua transferência para um objeto ou um objeto externo. É por isso que a transferência vai, pouco a pouco, aparecendo como um processo necessário ao processo de simbolização; como uma necessidade para a metabolização da realidade psíquica, seja ela pós-traumática ou não.

Mas se ela aparece como correlato dos processos de transformação psíquica, também é dependente da forma e da diversidade desses processos – o que é preciso examinar rapidamente agora.

Os processos de transformação e a transferência

Como evocamos acima, o primeiro processo constitutivo da transferência descrito por Freud é o deslocamento. Em seu relato de 1952, D. Lagache faz dele o processo fundamental da transferência. Na situação clínica, o retorno do recalcado se efetua tomando emprestado a sua forma atual da situação na qual ele se efetua. Conforme a regra de associação e o jogo da perlaboração das resistências a essa última vão cumprindo suas tarefas, a intensidade do recalque vai ruindo e são produzidas ramificações que vêm se "misturar na conversa" clínica em curso, emprestando dela por onde se fazer representar – logo, utilizando-a como cena de deslocamento da cena histórica.

Mas, na sequência, puderam ser descritos outros mecanismos constitutivos da vida psíquica inconsciente que complicaram singularmente o quadro dos processos que contribuem para a transferência. As descrições da negação, da clivagem, da foraclusão ou da projeção trouxeram sua contribuição à identificação dos processos que participam da organização da configuração transferencial como um todo.

Ao lado das formas do retorno do recalcado, pude descrever (Roussillon, 1995) as formas do "retorno do clivado", e o trabalho pode ser estendido na mesma via para o retorno do recusado, do forcluído ou do projetado. Mas, diferentemente das modalidades do retorno do recalcado, que se efetua sempre na forma de uma representação psíquica deslocada ou convertida – e, portanto, determina um campo globalmente organizado pelas formas da ilusão psíquica (Freud, 1926) –, os modos de retorno do conteúdo das outras formas de negatividade não convocam mais o campo da ilusão, e sim formas de convicção potencialmente quase delirantes ou de crença primária. Com isso, diferentes formas da transferência puderam ser descritas em função do processo que organiza a relação da "situação histórica" com a "situação atual". Pudemos, assim, descrever a reação terapêutica negativa (Freud) – forma de transferência paradoxal (D. Anzieu, 1975b) na qual os processos de dessimbolização tomam a frente da cena transferencial –, ou ainda formas de transferência autística ou passionais (R. Roussillon, 1983), ou ainda delirantes (M. Little, 2001); formas de transferências narcísicas (H. Kohut, 2004) etc.

Propus a hipótese (Roussillon, 1988, 1991, 1999) – seguindo uma indicação de Freud de 1915, segundo a qual os primeiros mecanismos de transformação e de transposição utilizados pela psique, antes que recalque e deslocamento se instalem, eram construídos nos moldes do retorno – da existência de uma forma de transferência fundada no retorno: a "transferência por retorno". Os processos de retorno descritos por Freud em 1915 são, conservando o termo "retorno" para os três, o retorno ao seu contrário, o retorno contra si e o retorno ativo-passivo. Em 1920, Freud acrescenta – mas é um mecanismo estrutural de outra amplitude e cuja descrição testemunha a evolução de sua concepção do funcionamento da psique – o retorno passivo-ativo. O que o sujeito sofreu passivamente deve retornar de forma ativa para poder começar a subjetivá-lo: é o primeiro processo de transformação, o mais elementar; ele muda a polaridade psíquica sem mudar o conteúdo. Esse mecanismo não se junta aos três descritos em 1915; ele se dialetiza com eles, em particular nos estados pós-traumáticos.

Os processos de retorno acompanham os processos de neutralização energética e de congelamento (forma do contrainvestimento [Freud, 1920]) instalados nos estados pós-traumáticos; eles representam simultaneamente a forma complementar e a forma de ultrapassar e de transformação. A transferência por retorno acompanha os processos de "descongelamento" dos procedimentos de contrainvestimento, ou de redução de clivagens; ela significa o retomar da elaboração das conjunturas traumáticas pelos mais elementares processos de transformação.

Nestes, o motor essencial do processo é tentar encontrar ou reencontrar o controle da situação traumática sofrida passivamente:

- seja reproduzindo-a "contra si";
- seja retornando o afeto de "ruim: evitar" em "bom: reproduzir" numa linha geral chamada – mas o termo convém verdadeiramente – "masoquista";
- seja, por fim, fazendo com que outro sofra o que o sujeito não pôde integrar; logo, num processo de retorno passivo-ativo de si em direção ao outro. Esse processo pode ser aparentado ao mecanismo de identificação projetiva descrito por M. Klein e seus sucessores.

Especificidade da transferência no encontro clínico

Como acabamos de ressaltar diversas vezes, a transferência é um processo geral do funcionamento da psique e do modo de retorno de um determinado número de conteúdos que só chegam à atualidade do sujeito por esse viés.

Com isso, impõe-se a questão da especificidade da transferência no seio do encontro clínico. Pôde-se aventar a partir do modelo psicanalítico que ela estava ligada à organização de uma neurose de transferência, sendo esta um efeito da duração da relação analítica e da intensificação dos processos transferenciais ligada à atitude técnica do analista, sendo o modelo (S. Lebovici, 1980) o seguinte: na situação psicanalítica, a neurose clínica é transformada em neurose de transferência que dá acesso à neurose infantil.

Contudo, um modelo como esse convoca observações e complementos.

Todo processo transferencial que se produz numa situação duradoura e fortemente investida dá lugar a uma forma de "neurose de transferência". O exemplo dado por Freud (1921) é o das relações entre a neurose obsessiva e a instituição religiosa: a forte pertença a uma comunidade religiosa evita o desenvolvimento de uma neurose obsessiva, que, inversamente, aparece como uma religião privada. A neurose de transferência, portanto, não é específica da situação clínica; ela é específica do deslocamento e do intrincamento da transferência numa situação institucionalizada.

É necessário, então, precisar o efeito específico da situação na qual a transferência se organiza para bem descrevê-la. Em análise, é num enquadre "em prol" da análise, um enquadre para tornar analisável aquilo que aí se desenrola, que a transferência é produzida. A particularidade seria, então, a de organizar uma "neurose de transferência analisável", ou potencialmente analisável, o que não é o caso da neurose obsessiva ou de sua forma transferida no seio da instituição religiosa. No conjunto das situações clínicas, a questão será a de uma formação transferencial que vem alimentar o trabalho de simbolização e de apropriação subjetiva, que é o horizonte do processo implementado pelo clínico.

A segunda observação incide no nome de "neurose" dado à transferência. São muitos os clínicos da análise que fizeram com que se observasse que a prática atual frequentemente se confrontava com sujeitos "não neuróticos" e que essa nomeação era demasiado restritiva. Além do mais, mesmo os sujeitos neuróticos também são outra coisa além de "neuróticos".

A ideia, com isso, é sobretudo a de falar de uma "configuração transferencial" (H. Faimberg, 1993b) ou de uma "constelação" (Freud, 1938) transferencial que respeita mais a definição de Freud (1914) – a de uma transposição da "situação histórica para a situação atual" que supõe, como veremos, uma complexidade que a ideia de configuração ou de constelação reflete melhor. Avento, então, que a especificidade da transferência no encontro clínico é a de se organizar segundo uma "configuração transferencial utilizável para a análise". O que nos conduz a uma reflexão a respeito das condições da utilização da transferência no encontro clínico.

A utilização clínica da configuração transferencial

É quando se coloca não mais apenas a questão da compreensão do processo de transferência, mas a da sua utilização clínica, que as dificuldades – até mesmo os paradoxos – começam a aparecer.

Paradoxo da transferência induzida-espontânea

Laplanche ressaltou, na sequência dos trabalhos de D. Lagache e de I. MacAlpine, que o enquadre "produz" a transferência, ou contribui para produzi-la; ele abre, assim, a questão do paradoxo da sua utilização. Não se pode "pular a própria sombra" (S. Viderman, 1970; J.-L. Donnet, 1995) e analisar o que se produziu ou induziu; a análise da transferência supõe que ela apareça de modo "espontâneo" (Freud, 1914).

Mas, como acabamos de ver no pensamento de Freud, a transferência é um efeito do funcionamento psíquico que não se reduz à situação clínica, o que Laplanche parece esquecer em sua argumentação. Ela é também um mecanismo "espontâneo" que se produz fora da situação psicanalítica. Como acabamos de ver acima, não é a transferência que especifica a situação clínica, e sim o seu modo de organização e sua utilização. Que a situação clínica seja vivida como algo que "produz" a transferência é uma coisa, uma coisa que significa a infiltração do encontro pela questão da sedução/sugestão/influência, mas não é uma característica intrínseca dessa própria situação.

Propus, nesse contexto, considerar que a transferência era "espontânea-induzida" nos moldes do encontrado/criado proposto por D. W. Winnicott: o que é espontâneo é aquilo que Freud chama de "disposição para a transferência"; o que é induzido é a organização das condições de sua utilização clínica.

Analisar, simbolizar

É claro que a dificuldade capital da utilização da transferência provém do fato de que, se o conceito de transferência tem um sentido, o que o clínico diz ou faz é tomado "na transferência", é escutado "na transferência" pelo sujeito. E, logo, que a interpretação da transferência está, também ela, na transferência! É para evitar ficar preso em tais paradoxos e numa circularidade como essa que a ênfase foi sendo deslocada, aos poucos, "do trabalho de análise" (que supõe uma verdade por descobrir ou produzir, uma verdade que preexiste) em direção a um trabalho de utilização da transferência para a transformação, a simbolização e a subjetivação dos seus conteúdos e processos.

A questão se torna, então, a da evolução do que significa "analisar" quando o trabalho de simbolização passa para o primeiro plano. Não é mais possível se ater à mera ideia de que a análise é do foro de uma decomposição, nem que ela visa à decomposição. Quando reflete sobre essa questão, Freud (1918) observa que a análise feita em sessão é seguida de um trabalho de recomposição, e que quando não há lugar para tanto, a situação torna-se "embaraçosa" e fica sob a ameaça de uma reação terapêutica negativa. É, em particular, o que nos ensinam as situações-limite, nas quais a questão da síntese se vê em apuros; o trabalho clínico não se limita somente a um trabalho de análise, só acontecerá isso caso isolemos clínico e sujeito um do outro, o trabalho de um e o do outro.

O trabalho clínico é um trabalho de análise/síntese, de decomposição/recomposição; é um trabalho de metaforização/desmetaforização, de construção/desconstrução, de identificação/desidentificação etc. Ele só pode ser pensado na articulação e na dialética de dois movimentos – um de desligamento, outro de religamento – que produzem, no fim das contas, um efeito de simbolização e de atribuição de sentido da experiência subjetiva. A simbolização supõe tanto um movimento de separação (a divisão primeira do "caco arqueológico" dos gregos) quanto um trabalho de reunião diverso (*sum/ballein* = [re]colocar junto).

O enquadre, com isso, "simboliza a simbolização"; ele simboliza a atividade de simbolização; materializa-a em cada um dos seus componentes; encarna a sua estrutura, as suas condições de possibilidade, a sua potencialidade. É, no mínimo, aquilo que embasa a sua organização e a sua manutenção. Voltaremos ao que isso implica; mas veremos também, ulteriormente, que então é também preciso definir uma "transferência para o enquadre-dispositivo" (R. Roussillon, 1977).

Mas antes de chegar a isso, e para dar sequência ao estado da argumentação presente, isso significa que, se a transferência é transferência "da situação histórica para a situação presente", ela manifesta também uma tendência potencial da psique para a simbolização.

Propus considerar, desde 1988 (cf. também R. Roussillon 1991, 1995, 2001), a partir de indicações implícitas no pensamento de Winnicott, e em trabalhos tardios (1938) de Freud, que a compulsão à repetição, descrita por

Freud em 1920, era também uma compulsão à integração, isto é, à representação e à simbolização; e que ela marcava o impacto de um imperativo de apropriação subjetiva.

A tendência à atualização na origem da transferência é tanto uma maneira de evitar a apropriação subjetiva quanto uma maneira de possibilitá-la; tanto uma evitação da simbolização quanto uma das condições do seu impulsionamento. Cabe ao trabalho clínico fazer a balança pender para a apropriação subjetiva, e é justamente por isso que o processo do trabalho clínico só pode ser pensado na correspondência do funcionamento psíquico do sujeito com o do clínico – necessariamente comprometido com o trabalho do qual se encarregou.

Transferência histórica, transferência estrutural

Na transferência e na compulsão à repetição que ela manifesta, portanto, encontra-se também uma compulsão à simbolização. Dito de outro modo, se a transferência comporta uma dimensão histórica ligada às particularidades da própria situação histórica, ela comporta também uma dimensão estrutural ligada a esse imperativo de simbolização e às resistências que ele mobiliza ("resistência do Eu, resistência do Isso, resistência do Supereu", segundo Freud, 1926).[1]

A dimensão estrutural da transferência, parece-me ser preciso situá-la em torno do fato ressaltado por Lacan de que a figura do Sujeito Suposto (Saber, Escutar, Sentir, Ver, Refletir etc.) era a figura complementar provocada pela existência de um ponto de sofrimento enigmático para o analisante, ligada ao quinhão do passado não integrado que tende a vir se reencenar na cena clínica. Ao sofrimento histórico enigmático corresponde (isto é, responde) a figura do clínico suposto escutar, sentir, ver aquilo que o sujeito não pôde escutar, sentir, ver dele próprio; e ajudar a integrar, graças ao trabalho de simbolização, vetor da prática clínica.

---

1 Para um desenvolvimento desse ponto, cf. Roussillon, R. (2008). La perlaboration e ses modèles. *Revue Française de Psychanalyse, 72*(3), 855-867.

Dito de outro modo, um componente da transferência se refere ao investimento do clínico como "respondente" simbólico, como "respondente da simbolização", em congruência com o investimento da situação clínica concebida como algo que simboliza a simbolização. Esse componente da transferência, eu o defini como "estrutural" para diferenciá-lo da dimensão histórica da transferência, que se refere às formas e contingências particulares que uma história singular vai conferir a essa função simboligênica. Isso forma a trama do que propus chamar de "contrato simbólico" da clínica.

Pode-se, então, imaginar a transferência efetiva como se situando na interseção dos dois, ali onde a história encontra ou encontrou um dado estrutural; ali onde o acontecimento encontra ou encontrou o advento do fato estrutural; ali onde um acontecimento particular encontra ou encontrou uma condição da simbolização – ou, ao contrário, a sua ausência, a sua falta.

Outro paradoxo na utilização da transferência

Outra dificuldade capital da utilização clínica da transferência reside no paradoxo que ela comporta e em sua gestão intrapsíquica e intersubjetiva. Essa questão esteve no centro da controvérsia que opôs Freud a Rank e a Ferenczi em seus textos de 1923-1924. É um caso particular da questão de saber como a utilização clínica da transferência está, ela própria, ameaçada de ser pega na própria transferência.

De um lado, existe a necessidade da atualização do fragmento de passado reminiscente para que o trabalho clínico possa produzir uma convicção suficiente; que ninguém pode ser morto *in absentia* ou *in effigie* é um imperativo de "presentificação", um imperativo de atualização – aquilo que a tradição chamou de "rememoração agida" e que está no centro da controvérsia de 1923 evocada acima.

Do outro lado, essa atualização tende a produzir uma confusão entre o passado e o presente e torna particularmente difícil a análise ou a utilização clínica dessa confusão. Por exemplo, o amor de transferência carrega a marca dos amores infantis; mas como diferenciar o amor (de transferência) do amor secular habitual, que carrega, também ele, a marca dos amores infantis? Como diferenciar o afeto de amor produzido na situação clínica do amor produzido na vida? Qual é a diferença entre um gato...? – diz a piada. É claro que ela não existe, exceto com relação à questão da utilização do amor de transferência – o que levou certo tempo para ser reconhecido; e houve épocas em que os clínicos tentavam estabelecer a diferença entre um gato de qualquer outro amor, sob o risco de desqualificarem o valor do amor de transferência e, mais geralmente, dos afetos de transferência.

Sabe-se que, em maior ou menor escala, toda análise ou utilização clínica da transferência amorosa (ou odiosa, aliás) encontra essa questão; que ela é frequentemente crucial em diversas análises; que ela é também um ponto de discordância da análise em geral. Não há diferença entre o amor de transferência e o secular. A diferença – se é que ela existe – está no fato de que o primeiro se produz no e com auxílio do encontro clínico e, portanto, na resposta do analista de que é preciso buscá-lo, de que é preciso produzi-lo. A saída dos paradoxos não está no próprio paradoxo, mas em seu futuro, isto é, na resposta que ele produz ou que se traz para ele, em seu modo de utilização intersubjetiva.

A questão não é, portanto, a da atualização transferencial – há atualização transferencial em diversos setores da vida –; a questão é a de saber como se pode criar e conservar uma conjuntura relacional na qual o afeto produzido pode ser utilizado no seio da prática clínica. Quanto mais o processo se aproxima da forma "ilusão", mais essa conjuntura é vislumbrável; quanto mais ele se aproxima da forma "convicção delirante" da transferência delirante (M. Little, 1981) – a diferença entre a apresentação primeira e a re-presentação sendo então reduzida à porção exata –, mais é difícil implementá-la.

A "solução" passa por um aprofundamento das questões da transferência e, em particular, da maneira pela qual ela é referida no próprio enquadre da situação clínica. Para poder simbolizar a transferência é preciso um enquadre-dispositivo, mas este pode ser, ele próprio, objeto de transferência – novo paradoxo.

Formas e questões da transferência na prática clínica

Transferência sobre o enquadre

O que frisamos no que se refere à transferência estrutural supõe que uma primeira forma fundamental da transferência se refere à relação do dispositivo clínico com o próprio encontro clínico – a transferência com "a clínica", com o dispositivo analisante como dispositivo simbolizante. Pode-se considerá-la, como indica Freud, como uma forma deslocada da transferência dita "central" com o clínico, mas contanto que se tenha em mente que é na medida em que ele representa e encarna a função de simbolização.

Em 1977, num estudo sobre o paradoxo das situações analisantes e a partir de uma reflexão sobre as proposições de J. Bleger (1967), propus considerar que havia uma especificidade da transferência para o dispositivo-enquadre. Sobre o dispositivo tende a se transferir especificamente a história da relação do sujeito com a função simbolizante, a história das suas conquistas, mas também das suas vicissitudes na tarefa de subjetivação das condições da simbolização.

Assim, portanto, para além daquilo que frequentemente se chama – um pouco apressadamente – de "ataque ao enquadre", proponho considerar que a relação com o dispositivo carrega as marcas da história da relação do sujeito com a simbolização e com seus traumas específicos; que estes tendem a se reproduzir e a se transferir especificamente ao redor do enquadre; que eles significam, então, uma tentativa de "simbolizar a dessimbolização". É pela reconstrução daquilo que se reencena da história traumática ao redor da própria situação clínica, e pela explicitação das questões simbolizantes do dispositivo, que se pode esperar manter ou restabelecer as condições do trabalho clínico; mas o atravessamento de uma "situação-limite" é então inevitável. Em seus *Principes d'analyse transitionnelle en psychanalyse individuelle* [Princípios de análise transicional em psicanálise individual], D. Anzieu (1979, 2007) tenta então precisar quais inflexões a técnica psicanalítica – e, de modo mais amplo, toda prática clínica – deve sofrer para se ajustar a essas conjunturas particulares.

Mas é claro que a história da relação do sujeito com a simbolização cruza a história do encontro do sujeito com as pessoas que encarnaram para ele essa função simbolizante – ou melhor, a questão dessa função simbolizante.

Transferência paterna, transferência materna: transferência conforme o objeto

Pode-se então definir também uma "transferência paterna" e uma "transferência materna" a partir da maneira singular com que se repete, na situação e no encontro clínicos, a forma como os pais encarnaram a parte da função simbolizante que lhes cabe, ou falharam em encarnar essa função.

Aí seria preciso, mais uma vez, diferenciar a questão da simbolização da relação com o pai ou com a mãe – na medida em que são objetos investidos pulsionalmente; logo, na medida em que são "objetos" para a vida pulsional e que foram os atores da educação e do desenvolvimento do sujeito – e a da maneira como, por meio da infância e dessas mesmas tarefas, eles foram os portadores e a encarnação de uma parte da função simbolizante. A questão se redobra em saber como a relação com o pai ou com a mãe pôde ser simbolizada com o próprio pai ou a própria mãe: simbolizar o objeto com esse mesmo objeto, ou simbolizar o objeto com outro objeto em relação com o objeto a ser simbolizado.

É por isso que é preciso não confundir o que *expressamos* através das cadeias associativas e da sua narratividade (logo, o conteúdo das associações) com o que *se expressa* através dela (sua função atual). Por exemplo, um sujeito fala da mãe e da sua relação com a mãe, mas com quem ele fala através do clínico? Com a própria mãe (simbolização do objeto com o próprio objeto, o que supõe uma boa diferenciação do objeto *por* simbolizar e do objeto *para* simbolizar)? Com o pai (o que mantém uma diferença entre o objeto *por* simbolizar e um objeto *para* simbolizar)? Com um terceiro, tomado como testemunha do que foi essa mãe? Retornaremos, adiante, a essa questão, a partir da questão da transferência *por* desconstruir *versus* transferência *para* construir.

A configuração transferencial coloca então em cena a simbolização da relação com o pai ou mãe efetuando-se com base na mãe ou no pai. Concebe-se que a relação entre os dois pais esteja, com isso, no horizonte desse trabalho.

Estamos pensando, é claro, no lugar totalmente essencial da Cena Primitiva nessa configuração: ela articula o sexual e a problemática separação (*sexion*[2])/reunião (coito) que ela põe em cena, assim como o problemático desligamento/ligamento próprio à simbolização. A sexualidade é "mensageira", ela diz "de corpo presente" a simbolização, a *générativité* simbolizante.

Transferência positiva, transferência negativa

A partir dessas considerações, é preciso retomar a questão da transferência dita positiva e da transferência dita negativa para complexificá-las. Acostumou-se a chamar de "transferência positiva" os momentos em que a relação com o clínico e a situação clínica é marcada, sobretudo, pelos afetos ditos "positivos" – amor, ternura, estima etc. –, isto é, o investimento positivo do clínico e da situação analisante; e de "transferência negativa" os momentos em que, ao contrário, são afetos de hostilidade, de cólera – até mesmo de ódio – que dominam o quadro clínico da transferência.

Claro, pode-se pensar que, conforme o tipo e a qualidade dos afetos investidos na relação com o clínico, esta se desenrola com diferentes níveis de resistência à elaboração. Há uma aliança potencial entre os afetos ditos "positivos" e a perlaboração clínica. E, inversamente, a hostilidade manifesta para com o clínico deve refrear a exploração psíquica.

Mas também é preciso estar atento às derivas potenciais de formulações como essa, que contêm implicitamente que seria "positivo" aquilo que "ama" o clínico e negativo aquilo que não o "ama". Aquilo que "ama" o clínico não é necessariamente aquilo que "ama" o trabalho clínico. E, inversamente, a capacidade de o sujeito se opor ao clínico – até mesmo ao trabalho clínico – é, sem dúvida, uma condição de possibilidade desse trabalho. A integração da transferência dita "negativa" é igualmente essencial ao trabalho clínico de simbolização e de subjetivação quanto à transferência dita "positiva".

Ademais, certas formas de transferência aparentemente "positiva", como a transferência amorosa, podem ser freios para o trabalho clínico (Freud,

---

2   Termo que define sexo separado em dois como se fosse a diferenciação de sexos. (N. R.)

1914), seja pela idealização que elas conservam, seja por sua implicação sexual de caráter potencialmente passional.

De fato, essas denominações se referem frequentemente apenas ao plano manifesto da transferência, e o que importa aqui – como em outros lugares – são as questões latentes e inconscientes, as questões de simbolização e de apropriação subjetiva – as únicas que merecem verdadeiramente o nome de fenômenos de "transferência".

A rigor, o positivo e o negativo deveriam se referir apenas à questão da sua "utilização" para o trabalho clínico. Nessa direção, J.-L. Donnet pôde propor – em se tratando da prática psicanalítica – uma distinção mais heurística e menos comprometedora. Ele distingue a transferência "para" analisar – isto é, aquilo de que a análise necessita, sua condição de possibilidade – e a transferência "por" analisar – aquilo cuja infiltração representa um freio para a análise. Com isso, saímos da oposição primária do bom e do mau, do positivo e do negativo, para passar para uma oposição centrada no processo analítico. Essa distinção me parece dever ser estendida ao conjunto do trabalho clínico.

Transferência conforme o tempo de referência da "situação histórica"

Mas a relação com as figuras que encarnaram historicamente uma parte da função simbolizante deve também ser avaliada com base nas "necessidades do Eu" (D. W. Winnicott, R. Roussillon)[3] correspondendo aos diferentes tempos de construção dessa última. Não se têm sempre as mesmas "necessidades do Eu" em função da idade e das situações atravessadas, e não são requeridos os mesmos aportes simboligênicos da parte das figuras parentais.

Também se pode, então, definir uma transferência "arcaica", infantil ou adolescente, conforme as especificidades da relação com a simbolização correspondente a cada um desses períodos da organização da subjetividade; ou melhor, porque todas as dimensões estão presentes de uma só vez, conforme as dominantes e os organizadores do momento transferencial.

---

3 Cf. o capítulo que lhes é consagrado no presente volume.

O modelo clínico supõe, de um lado, a importância da diferenciação dos tempos da subjetivação e da simbolização – a configuração transferencial não se apresentando da mesma maneira caso a diferenciação eu/não eu esteja no primeiro plano ou caso a questão da diferença dos sexos ou das gerações seja a organizadora; ou, ainda, caso a questão da sexualidade infantil *versus* sexualidade adulta tome a dianteira.

Mas ele supõe também, por outro lado, que os diferentes tempos da integração do jogo da diferença estejam todos ali ao mesmo tempo e estejam articulados entre si. A configuração transferencial atual implica sempre os três tempos estruturais e históricos; ela se caracteriza por uma modalidade particular de articulação desses três tempos, por dominantes de uma ou outra das formas evocadas acima.

Complexidade da transferência: a constelação transferencial

Para terminar e introduzir a questão da complexidade da transferência, é preciso ressaltar a que ponto ela está ligada à evolução das nossas concepções atuais do funcionamento psíquico. A evolução da teorização psicanalítica da psique tende a considerar a psique não mais como uma unidade de um bloco comandada por uma dada organização estrutural, mas, ao contrário, como uma complexidade feita da articulação de diferentes processos e de diferentes partes – e isso ainda que haja aspectos dominantes de organização. Bion pôde descrever a parte psicótica e a parte não psicótica da personalidade; Green, estados de loucura privada...

A experiência dos tratamentos conduzidos por um tempo suficientemente longo evidencia a pluralidade das inscrições psíquicas da experiência subjetiva (Freud, 1896, 1915) e a complexidade dos processos de simbolização destas. Uma evolução como essa da nossa concepção torna muito mais relativas noções como "retorno do recalcado" ou "retorno do clivado", elas se afiguram como aproximações em relação à complexidade dos processos. Imagina-se o efeito dessa evolução para a teoria da transferência. Levar em conta, na organização psíquica, diferentes níveis de complexidade faz com que se considere que a transferência não se organiza apenas num só e único modelo, ainda que, num dado momento, uma organização prevalente se configure.

Vimos acima, por exemplo, que a transferência não pode ser meramente pensada como transferência paterna ou materna, mas que ela é os dois ao mesmo tempo e que se refere, de fato, ao modo de relação das duas personagens significativas da história infantil do sujeito; que ela é transferência de um modo relacional e, ademais, avaliada com base em seu lugar no processo de simbolização e de subjetivação. E, uma vez mais, isso só tem cabimento – ou só é válido, ou só aparece – nas conjunturas psíquicas simples, pois frequentemente a fratria, os avós, um tio, uma tia, um grupo, uma turma, uma cultura, tiveram um papel significativo na organização psíquica do sujeito e na organização das suas modalidades de simbolização, e isso se encontra na configuração transferencial. Eles trazem sua contribuição para a organização da configuração transferencial global.

Esses diferentes componentes da organização da constelação transferencial singular de um sujeito podem ser articulados, até mesmo encaixados uns nos outros. Não se pode pensar o impacto do par parental sem encarar também a presença e o modo de relação da fratria, o papel dos avós, da cultura, da religião destes... Mas por vezes – e está longe de ser raro –, para preservar certas capacidades de simbolização o sujeito teve de isolar uma parte das suas influências significativas para protegê-las de ataques provenientes de outros objetos investidos. Os processos de isolamento por vezes mostram-se insuficientes, e o sujeito pode, com isso, recorrer a verdadeiros mecanismos de clivagem.

Em certas conjunturas transferenciais observadas no tratamento de sujeitos nos quais estava implicado um sofrimento narcísico-identitário importante, pude assim descrever (Roussillon, 1991, 1999, 2001) uma "clivagem da transferência". Um quinhão da transferência é organizado classicamente a partir de processos de deslocamento, mas, e de maneira clivada, uma segunda modalidade transferencial – nos moldes do retorno, por exemplo – opera clandestinamente ou ao lado da outra.

Diversos autores também descreveram a simultaneidade de uma pluralidade de processos transferenciais coorganizando a relação com a situação psicanalítica: transferência de base (C. Parat, 1995), dupla corrente da transferência (J. Godfrind, 1992) etc.

Parece pertinente, então, no momento atual, encarar a transferência, em todos os casos, como uma "constelação" (Freud, 1938) transferencial complexa por desconstruir ou por deixar se desenvolver "fragmento por fragmento" ou "detalhe por detalhe", para que ela possa liberar as suas potencialidades simbolizantes. A questão da constelação transferencial leva naturalmente a dizer algumas palavras sobre a "grupalidade" da transferência e da transferência nos grupos.

Grupalidade da transferência

Em 1971, A. Bejarano descreve, no artigo "Le clivage du transfert dans les groupes" [A clivagem da transferência nos grupos], um processo de clivagem da transferência nos grupos entre quatro objetos de transferência: o monitor, os outros, o grupo e o mundo externo. Ele descreve, assim, uma configuração transferencial complexa, uma "constelação transferencial" que ele apresenta como específica dos grupos. Em seguida a ele, diferentes autores – dentre os quais, R. Kaës (2000) – puderam descrever processos de difração da transferência nos grupos, apresentando-os como específicos da situação grupal. Esse trabalho representa um avanço importante na abordagem da transferência, na medida em que formula – numa época em que essa ideia não era evidente – de maneira clara que a transferência se apresenta como uma configuração complexa formada por diversos objetos. É um dos interesses das modalidades de encontro clínico diferentes do colóquio singular do encontro clínico individual; as particularidades do seu dispositivo permitem evidenciar mais facilmente processos que se desenrolam também noutros lugares, mas de maneira menos nítida ou menos localizável. É assim com o grupo, mas também com a clínica de crianças ou de adolescentes, a dos dispositivos psicodramatistas ou a dos dispositivos para as situações extremas com que nos depararemos adiante – ou, ainda, a dos dispositivos familiares. Cada uma das "excursões" da clínica psicanalítica para fora de seus dispositivos mais clássicos traz a sua remessa de noções ou de conceitos ao edifício clínico global.

Uma das vantagens do trabalho com os grupos é, assim, que ele torna sensível uma dimensão da transferência que se observa em todas as situações transferenciais. A transferência se efetua com a situação analisante, quer ela se desenvolva num grupo, numa situação de cuidado institucional ou num encontro clínico individual; ela não visa a um único objeto, mas a um conjunto de objetos que comportam vínculos inconscientes uns com os outros; em todos os casos a transferência é "grupal", no sentido em que ela se desenvolve sempre com uma pluralidade de objetos conectados inconscientemente entre si. Às vezes é preciso anos para aqueles que J. Guillaumin chamou de "contrabandistas da transferência" aceitarem se mostrar e mostrar os vínculos que eles mantêm em segredo com outros objetos de transferência mais manifestos – pelo menos em sua identificação, ainda que não seja em sua função. A transferência não se dá com um objeto, mas sempre com uma pluralidade; ela se dá também com o clínico, e ele nem sempre é tão "central" quanto frequentemente se diz; o essencial pode se dar, por vezes, noutro lugar – o encontro com o clínico, considerando seu modo de resposta específico, não sendo outra coisa além do momento em que ele pode ser interrogado em sua relação com a história passada da qual ele é uma forma de reminiscência.

Um outro interesse da abordagem grupal dos processos transferenciais – além do fato de que ela oferece uma cena para o seu desenrolar e, portanto, a sua localização – é que uma parte da transferência esbarra na "resistência" dos membros do grupo: eles "respondem" à transferência enquanto sujeito, e não como clínico instituído como tal. Com isso, transferência e "resposta" à transferência observam-se *in vivo*, e observam-se também os engrenamentos hipercomplexos que podem então se produzir e as formações conscientes e inconscientes que disso resultam. O grupo, como a família ou a análise institucional, permite que se observe o futuro da transferência nas situações em que ela se depara com formas de respostas que não são necessariamente as do clínico; logo, permitem pensar *in vivo* processos que são os da vida corrente, permitem observá-los e tentar resolvê-los.

Agora é preciso chegar à questão dos dispositivos clínicos sem os quais nada da transferência teria serventia "para a análise", como indicamos *passim*. Mas essa questão é complexa e comporta diferentes dimensões a partir do momento em que não nos atemos apenas aos dispositivos clínicos *standard*, mas procuramos pensar uma clínica dos dispositivos centrada na questão de sua adequação "sob medida" às necessidades da clínica e das clínicas das problemáticas narcísico-identitárias, às quais um grande número de clínicos que trabalham em serviço público (e não simplesmente em consultório particular) são confrontados.

5. As questões do dispositivo clínico

Ressaltamos, num capítulo precedente, que aquilo que constitui o essencial da posição clínica é uma "disposição de espírito" particular que consiste numa forma de atenção voltada para o funcionamento associativo da psique e para aquilo que dele se transfere e se atualiza no seu presente. Só tem cabimento o clínico implementar essa posição e essa atenção se as condições de um encontro clínico estão presentes, isto é, se uma forma de apelo ao "respondente" potencial que é o clínico for localizável.

Pode-se observar em minha formulação que não digo "um pedido". Com efeito, se um pedido é formulado e endereçado, as condições são as mais favoráveis; mas nas problemáticas clínicas sobre as quais se debruçam muitos clínicos no momento atual, um pedido não é sempre formulável como tal. Que se pense em todas as problemáticas clínicas da primeira infância ou da infância, mas também em todas as que são do foro de situações-limite ou extremas da subjetivação nas quais, seja qual for o seu sofrimento, o sujeito não está em condições de formular um pedido e recorre a outras formas de apelo (ato de provocação, sintomas antissociais, sinais somáticos etc.). É evidente que o fato de responder com uma metodologia clínica quando não há pedido explícito não é simples e pode abrir alas para formas de abuso. Inversamente, não "responder" quando se é confrontado ao desamparo de certos sujeitos, que não estão em condição de formular um pedido, é da ordem da "omissão de socorro". Não há resposta pronta para a dificuldade dessa questão;

ela é do foro da apreciação do clínico, e esta depende da qualidade da sua formação e da sua ética pessoal.

Como veremos em detalhe mais adiante neste capítulo, mesmo quando um pedido é claramente formulado, o desenvolvimento de um encontro clínico pode levantar muitas ambiguidades e paradoxos (como o de saber qual a diferença entre os afetos experimentados "na transferência" e os afetos *in vivo*). Uma maneira de tentar simplificar o seu tratamento – pelo menos em parte, pois certas ambiguidades e certos paradoxos são consubstanciais à própria posição clínica – é organizar um dispositivo clínico que ajude a tornar o encontro mais confortável. A clínica, e *a fortiori* a clínica das problemáticas narcísico-identitárias, é de uma grande dificuldade, e tudo o que pode trazer certo conforto de trabalho ao sujeito e ao clínico é bem-vindo – sobretudo se isso não prejudicar as questões em jogo no encontro; sobretudo se, ademais, elas se encontrarem bem sustentadas. O conforto de trabalho é importante contanto que, com efeito, o crime compense e que o conforto obtido pela implementação de um dispositivo clínico não entrave o próprio tratamento. O primeiro motivo que Freud ressalta quando se debruça, em 1912, sobre as "razões" do enquadre psicanalítico é, precisamente, o conforto que ele retira do fato de não estar sob o olhar do paciente. É claro que essa razão, por si só, não seria determinante caso não houvesse motivos mais diretamente vinculados ao "bom andamento" do tratamento e, em particular, nesse caso, o fato de que ele possa subtrair, assim, da vigilância do sujeito as mensagens visuais denunciando os efeitos contratransferenciais que sua fala produz.

A ideia do conforto vai mais longe que um simples conforto corporal; o dispositivo deve ser concebido para dar esteio aos diferentes aspectos do trabalho clínico, ele deve poder acompanhá-lo em todas as etapas em que sinta necessidade, em todas as dificuldades das quais o trabalho clínico é repleto. Como dissemos, o trabalho clínico é difícil e custoso, a atenção para o conjunto de modalidades da associatividade psíquica requer que certo número de variáveis seja "imobilizado" o máximo possível para que a atenção clínica possa se concentrar no processo transferencial. J. Bleger (1967) formulou isso de uma maneira muito elegante, encenando precisamente a oposição entre o que é "processo" e o que é "não processo". Ele propõe a ideia de que o enquadre – logo, o dispositivo, segundo a nossa formulação – é um "não processo" que torna o processo psíquico "observável". Se tudo varia junto e o tempo todo, a observação do que é significante torna-se, com efeito, bem mais complexa do que numa situação em que se pode "bloquear" certos sistemas de variação.

Acrescentarei a essa proposição de Bleger simplesmente a ideia de que o fato de decidir o "bloqueio" ou a imobilização de certas variáveis no e pelo enquadre faz parte da estratégia do encontro clínico, de certos encontros clínicos para os quais é possível. Dito de outro modo, como tentarei mostrar adiante, o não processo é um processo que se decidiu por imobilizar, não é um "em si"; o enquadre resulta de um processo de "enquadre", e este pode variar conforme as situações clínicas – e até mesmo, sem dúvida, em determinadas circunstâncias, conforme os momentos do encontro. Em certas situações clínicas "extramuros" – como veremos adiante, no encontro clínico com os moradores de rua ou os "garotos de periferia" –, nessas práticas clínicas em que se trata primeiramente de "cativar" o contato, indo até os próprios lugares em que estão os sujeitos em dificuldade ou em situação de abandono, não se pode estabelecer um "enquadre" fixo, pois este é imediatamente rechaçado pelas próprias condições do encontro, pelo menos no princípio. É apenas progressivamente e à medida que certas formas de apego começam a tornar um vínculo e uma transferência organizáveis, e sobretudo toleráveis, que um esboço de dispositivo estável torna-se possível. Antes mesmo, a "estabilidade" necessária é essencialmente trazida pelo clínico, é ele quem tenta introduzir – por exemplo, "tomando conta" regularmente das sarjetas onde "mora" o indivíduo em situação de rua, ou da viela ou da parte de cidade em que fica o adolescente – a estabilidade do vínculo indispensável a um encontro clínico eficiente. É a estabilidade do vínculo que possibilita progressivamente a organização de um dispositivo estável; e, uma vez mais, este é ainda muito frequentemente "importunado" nos momentos difíceis. Nessas situações, de certa maneira, o essencial do processo clínico é permitir que um dispositivo seja instaurado. E aí nos encontramos, portanto, em conjunturas em que a proposição de Bleger deve ser invertida: é o processo do encontro clínico que possibilita o dispositivo como "não processo" progressivamente conquistado.

Uma das maiores dificuldades da reflexão sobre os dispositivos para o nosso projeto de teoria geral das práticas clínicas começa a surgir com a nossa última observação. Se tomamos a situação psicanalítica como modelo, o que é frequentemente o caso nas práticas clínicas, podemos nos beneficiar de toda a teoria do dispositivo que foi elaborada ao longo dos anos a partir da análise daquilo que se passa em torno dos seus principais "dados". Mas a situação psicanalítica em questão repousa num certo número de pressupostos que estão ausentes num grande número de situações clínicas correntes – em prática pública, por exemplo. É preciso, então, que adotemos uma atitude intermediária, retomar da teoria do enquadre psicanalítico aquilo que tem um valor geral, um valor para todos os dispositivos clínicos, mas tentar produzir suas condições de generalização para todos os dispositivos clínicos.

Isso redunda, de fato, em elaborar uma "metateoria" dos dispositivos clínicos e dos dispositivos simbolizantes dos quais eles fazem parte. E aquilo de que se precisa, a partir do momento em que se aceita o lugar essencial dos processos de simbolização na prática clínica, é de uma teorização desses dispositivos centrada na função simbolizante, ou sua contribuição para a função simbolizante. Logo, antes de arriscar um determinado número de proposições "para uma teoria geral dos dispositivos clínicos", somos confrontados a uma série de pré-requisitos, em particular a uma reflexão sobre os dispositivos simbolizantes, e à história da maneira pela qual a psicanálise – e, com ela, a clínica psicanalítica – se deparou com certas dificuldades para tentar tirar delas uma "lição" sobre os dispositivos clínicos.

Os dispositivos-simbolizantes

Todos os sistemas sociais humanos são, de fato, confrontados à questão essencial e fundadora da simbolização, isto é, eles devem levar em conta – de maneira mais ou menos central, de maneira mais ou menos eficaz – a questão do sentido das trocas humanas e de suas condições de produção. Desse ponto de vista, o que diferencia os sistemas sociais é o lugar que eles dão ao processo de simbolização e a maneira como a tratam.

Pode-se, assim, definir três tipos de dispositivos simbolizantes e subjetivantes, em função da maneira como eles tratam a questão da sua relação com a simbolização e o tipo de modalidades de simbolização que desenvolvem.

Para ir logo ao essencial do que nos ocupa, pode-se adiantar que esses três tipos se referem aos dispositivos institucionais ou sociais, aos dispositivos artísticos ou artesanais e, por fim, aos dispositivos analisantes.

Os dispositivos institucionais ou sociais

Nesses dispositivos, trata-se de organizar a possibilidade de um trabalho de simbolização a partir de uma produção não simbólica em si mesma. A organização do dispositivo não é centrada na simbolização, mas tem ou pode ter efeitos "simbolizantes", como rebote ou como efeito colateral. À simbolização se mesclam, portanto, outras questões, outras "realidades" (produção de bens de consumo, autoconservação corporal etc.) que interferem, subjazendo ou conflitando com o trabalho de atribuição de sentido.

O seu maior embasamento se efetua bastante amplamente na "secundaridade" e nos sistemas de simbolização secundária; as modalidades de simbolização primária são mantidas "recalcadas" tanto quanto possível em seu modo de funcionamento ou, quando muito, "sublimadas"; a organização é "feita" para manter recalcada a atividade fantasística, ou para canalizá-la e derivá-la em função da tarefa primária da instituição.

A função da maior parte dos dispositivos sociais foi trabalhada em particular nas pesquisas de E. Jacques (1955), que mostrou seu valor na regulação das angústias identitárias e na problemática da mudança. Para aprofundar mais a esse respeito, uma vez que não posso me delongar aqui, remeto aos artigos que escrevi sobre essa função na regulação psíquica e, em particular, na gestão das angústias identitárias.[1] Eles se referem aos clínicos diretamente, nas modalidades de encontro clínico e de prática clínica em meio comunitário – como na associação Santé Mentale et Communauté [Saúde Mental e Comunidade] (psiquiatria comunitária), em Lyon. Contudo, de fato, eles subjazem várias problemáticas clínicas nas práticas clínicas em serviço público das quais fornecem o "metaenquadre".

---

1   Cf. R. Roussillon (1977, 1983a, 1987, 1998).

Mas, ainda mais além, estão sempre em segundo plano em relação aos outros dispositivos – o que se marca, por exemplo, nos problemas encontrados pelas práticas clínicas nos países "totalitários". De fato, uma teoria geral dos dispositivos deveria se engajar numa reflexão geral sobre os encaixes de enquadres e de dispositivos, para prolongar aquilo que alguns, como G. Mendel, tentaram, principalmente na França, na grande época da psicoterapia institucional (Daumezon, Lapassade, Loureau, Oury, Guattari etc. constituem suas principais figuras; ou ainda, numa outra direção, M. Enriquez, C. Castoriadis e alguns aspectos dos trabalhos de R. Kaës).

Os dispositivos artísticos e artesanais

Todas as sociedades e todas as culturas organizam em seu cerne espaços particulares nos quais uma parte da secundaridade vai ser convencionalmente "suspensa" para tornar possível e tolerável uma "abertura" para a expressão dos processos primários. São os dispositivos artísticos e "artesanais": eles utilizam, de igual maneira, diferentes tipos de meio – pintura, colagem, fotografia, argila, teatro, música etc. – para possibilitar uma forma de "transicionalidade" da sociedade.

Esses dispositivos estão centrados na produção de objetos simbólicos ou simbolizantes, eles representam um caso particular dos dispositivos sociais que descrevemos acima, mas com a particularidade de que a sua "produção" diz respeito diretamente à simbolização.

Nesses dispositivos, a interferência dos níveis de realidade (social, grupal, individual, material, psíquica etc.) existe, mas ela é atenuada pela centralização na produção sobre os objetos simbólicos. A diferença entre realidade material e realidade psíquica é transicionalmente suspensa; a realidade material produz objetos "simbólicos", logo, portadores de um quinhão da realidade psíquica do sujeito.

Diferentemente dos dispositivos analisantes que iremos descrever adiante, eles encontram seu fim em si mesmos, eles são autotélicos. Que se pense no preceito da "arte pela arte": analogicamente será possível acrescentar "a simbolização pela simbolização" ou, ainda, "o prazer pelo prazer" – seu único "fim" é a produção de representações pelo "prazer" de se colocar em forma representativa, simbólica.

Na prática no seio desses dispositivos não procuramos destacar as questões de realidade psíquica engajadas e simbolizadas nos objetos produzidos. A questão da realidade psíquica se mostra, simultaneamente, central e não destacada como tal; ela fica em suspenso, posta entre parênteses. Algo se simboliza, mas sem procurar destacá-las das questões específicas, sem procurar se apropriar subjetivamente.

A simbolização "primária" (a que produz as representações de coisas e as represent-ações) está, frequentemente, em primeiro plano. O trabalho produzido é um trabalho de colocar em forma, colocar em representação, de figuração, mas o problema da apropriação subjetiva das questões latentes não se coloca como tal, ele não é engajado diretamente – ele será, quando muito, lateral.

Os dispositivos analisantes/subjetivantes

É, de novo, um caso particular dos anteriores: eles também se inscrevem no âmbito social "transicional" que evocamos a propósito dos dispositivos artísticos e artesanais; também estão, portanto, centrados na produção de representações, de símbolos, de figurações, mas diferem dos anteriores por suas questões e seus objetivos.

A produção de objetos simbólicos ordena-se aqui, com efeito, para uma outra questão mais fundamental, mais essencial: a de destacar as questões conscientes e inconscientes das representações e das figurações produzidas. Por esse viés, a apropriação subjetiva das questões do trabalho de simbolização passa para o primeiro plano.

Os dispositivos analisantes apoiam-se nos dispositivos artísticos ou artesanais, mas deles se destacam com diferentes "fins". Eles refletem o trabalho de simbolização, refletem as condições do trabalho de simbolização, refletem a própria simbolização; eles "simbolizam a simbolização" para possibilitar um trabalho de apropriação subjetiva. Eles se ordenam para uma tarefa fundamental: transformar o que chega a se encenar ou reencenar, o que chega a se colocar em cena.

Os dispositivos dos clínicos repartem-se nos três tipos de dispositivos descritos, mas são vetorizados pelo terceiro. Eles tendem a "simbolizar a simbolização" para otimizar a apropriação subjetiva. Quanto mais se aproxima da forma dos dispositivos analisantes, mais a simbolização passa para o centro, mais ela se depura, mais ela tende a se refletir e a visar à apropriação subjetiva.

Três funções do dispositivo

Como evocamos anteriormente, os dispositivos dos clínicos tendem a visar a um conforto de trabalho, um conforto do desvencilhar-se da realidade psíquica e das suas questões. Esse conforto passa por um trabalho de desparasitagem da prática pela relação com outras ordens de realidade (material e biológica) necessariamente sempre implicadas. Mas é um plano ideal, as outras ordens de realidade não podem ser completamente postas entre parênteses, mesmo no protótipo dos dispositivos: o dispositivo psicanalítico.

Para apoiar da melhor maneira possível o encontro clínico, eles devem assegurar três funções, três tarefas, três "tempos" do processo de metabolização da experiência subjetiva: a primeira delas é a função *fórica* ou função de continência, de "sustentação", de "manutenção"; a segunda é a função *semaforizante* – ela se refere à inscrição do fluxo associativo em signos –; a terceira é a função *metaforizante* – seu trabalho é o da colocação em cena, o do engendramento de sentido.

Agora iremos precisar essas três funções e o lugar que elas ocupam no encontro clínico; e, para tanto, retomaremos uma reflexão de fundo sobre a história da questão da teoria do dispositivo clínico psicanalítico e das diferentes problemáticas que ela encontrou e em torno das quais ela se constituiu.

Com efeito, os conceitos com os quais a situação clínica é pensada têm uma história; eles variam em função da representação e das teorias do processo do encontro clínico que são elaboradas para dar conta da sua eficácia.

Quando se espera que a situação otimize a "tomada de consciência" de um conjunto de representações psíquicas já "formadas" e meramente recalcadas, não se teoriza o dispositivo do encontro clínico da mesma maneira que quando se pensa que ele tem não só de acolher representações já depositadas num espaço psíquico pouco acessível, inconsciente, mas também de "produzir" representações nunca formadas anteriormente, de possibilitar um trabalho de simbolização e de criação. E caso se acrescente – como acontece na clínica contemporânea – o imperativo segundo o qual a simbolização da experiência subjetiva deve vir acompanhada de um trabalho de apropriação subjetiva, de subjetivação, a teoria do dispositivo clínico se modifica também na mesma proporção.

Retomemos um quinhão da história da análise do dispositivo na psicanálise – análise que é a mais avançada de que dispomos –, para ver o que ela pode nos ensinar no que se refere à prática clínica em geral, para examinar como, pouco a pouco, uma desconstrução do dispositivo *standard* tornou-se vislumbrável e como uma teoria geral dos dispositivos clínicos "psicanalíticos" se perfila.

A análise do dispositivo

Como dissemos, a situação psicanalítica, para Freud, é sobretudo concebida como um dispositivo que deve assegurar um conforto de escuta do analista – condição de uma boa "atenção flutuante" – e uma situação suficientemente neutralizada para que a transferência e a "neurose de transferência" espontânea que aí se desenvolve possam se tornar analisáveis. É apenas no pós-guerra – e, portanto, após a sua morte – que o problema daquilo que a situação pode induzir ou "sugerir" começará a ser levado em conta (I. MacAlpine, D. Lagache), que se começa a se atentar para o fato de que a situação "produz", "induz" a criação da neurose de transferência e que ela não se contenta com tornar analisáveis as suas formas "espontâneas". Começa-se, então, a pensar que a situação clínica tem um impacto no processo que nela se desenrola. As formas específicas da transferência que aí se manifesta aparecem como o produto da maneira como a relação e o espaço estão organizados e enquadrados por um certo número de regras, pela própria organização do dispositivo. Em contrapartida, para ser analisável, ele deve aparecer de modo "espontâneo", oriundo apenas das produções psíquicas do analisante (S. Freud, "Sobre o início do tratamento", 1913). O que implica que aquilo que o enquadre "induz" não seja percebido como tal, que seja atenuada a sua influência na "produção" daquilo que nele se desenrola.

O dispositivo estrutura, portanto, uma situação na qual a transferência – ou, antes mesmo, a neurose de transferência interpretável – torna-se uma formação "paradoxal", "transicional", uma formação que deve aparecer como encontrada-criada, que resulta tanto das idiossincrasias específicas do analisante quanto da maneira pela qual estas são "transformadas" pelo enquadre e a técnica analisante.

O local produz uma situação fundamentada na análise da transferência que nele se desenrola; ele deve ser pensado como um processo de *holding*, de sustentação e de enquadre do trabalho de simbolização que ali se desenvolve, assim como um processo de "produção" de sentido, de produção de signos e do seu engendramento de sentido, da sua emanação simbólica.

A partir do momento em que o processo clínico é superposto ao trabalho da simbolização e da apropriação subjetiva que o acompanha, a teorização do local deverá se infletir e se dialetizar nas teorias da produção simbólica; ela deverá buscar sua articulação teórica com as teorias do signo e do sentido, com as teorias de sua produção, de suas condições de possibilidades.

Função metaforizante do dispositivo

A evolução atual da modelização do local vai nesse sentido. A situação psicanalítica – e, de uma maneira mais geral, o espaço analisante – surge para os modernos como uma situação que "simboliza a simbolização" (J.-L. Donnet, 1995; R. Roussillon, 1991), um dispositivo que coage o funcionamento psíquico no decorrer da sessão a encontrar o caminho de uma suspensão perceptiva e de um motor próprio para ativar a produção de representação – elas mesmas coercitivas, por efeito de regra e de enquadre –, a se transferir para o aparelho de linguagem. O dispositivo divã-poltrona instala a ausência, a ilusão perceptiva de ausência, no centro do processo que ele induz e provoca etc. A motricidade e a pulsão são, assim, convidadas ou coagidas a se transformar e a transferir seu movimento para um funcionamento em pensamento imagético, num modo de funcionamento que situa as representações de coisas "visuais" no cerne do processo. A representação de coisa assim obtida é, em seguida, coagida pela regra a se transferir, por sua vez, para o aparelho de linguagem verbal, a tomar a linguagem como objeto. Esse processo descreve o que se pode chamar de processo de metaforização, do qual se espera que ele forneça as condições propícias para que as potencialidades reflexivas do aparelho de linguagem verbal encontrem por onde se desenrolar e – por meio do registro analítico destas, e a partir deste – apropriar-se subjetivamente.

Idealmente, a transferência para o aparelho de linguagem verbal – e aquilo que, do funcionamento pulsional e dos seus sistemas de representância, ela torna passível de reflexão e metaforização – permite ao sujeito reaver aquilo que ele não sentia, não via ou não escutava mais de si. Uma teoria da analítica situacional, da sua eficácia, disso então se deduz; uma teoria cuja escuta daquilo que se metaforiza – pelo aparelho de linguagem verbal; pelas suas capacidades retóricas, pragmáticas, prosódicas; pelas virtudes anfibológicas que ele apresenta – encontra seu sentido pleno.

O apoio nas pesquisas e conceitos do semioticista C. Sanders Peirce fornece então aos psicanalistas o conceito de "terceiridade" necessário para pensar o exercício dessa função metafórica e metaforizante. Ela permite fazer a ponte semântica entre tudo o que a psicanálise havia desenvolvido anteriormente no que se refere à função do terceiro, à função paterna, à organização triangulada da "cena primitiva" e às condições do processo de simbolização.

Função fórica

Contudo, esse esquema não representa nada além de uma forma relativamente feliz das conjunturas transferenciais às quais o dispositivo clínico se encontra confrontado. Ele supõe que as transferências intrassistêmicas efetuam-se por si sós, que a função metaforizante possa se exercer "naturalmente", graças apenas às virtudes da pressão simboligênica do local e da sustentação bem temperada das intervenções do clínico. Ela supõe que a situação e a transferência que ela induz "peguem", que o sujeito possa utilizar a situação proposta para simbolizar suas formas próprias de simbolização, que ele possa construir como "signos endereçados a um outro" aquilo que procura – inconsciente nele – trilhar para si um caminho por meio do funcionamento de sua psique no encontro clínico.

Ela supõe uma psique que "contém" ou liga suficientemente bem as tensões e excitações pulsionais que a percorrem no seio do dispositivo proposto, e as contém de tal forma que possam sofrer as transformações necessárias ao seu trabalho de metaforização verbal. A confrontação com conjunturas clínicas nas quais está em xeque essa "contenção", essa "domesticação" primeira, ou que produzem formas alternativas de simbolização, atraiu a reflexão dos clínicos para as funções "fóricas" do dispositivo, para a maneira singular pela qual "contém" e "comporta" a psique, mas também pela qual ele fracassa em parte, em certos modos de funcionamento, nessa tarefa. Ela levou a distinguir mais finamente aquilo que enquadra a situação e o processo que ela torna observável e interpretável. Assim começou um trabalho paradoxal que se entregou a tentar "analisar o próprio enquadramento da análise", a abrir a possibilidade de uma "clínica" do próprio dispositivo clínico.

Esse trabalho esbarrou, de imediato, num paradoxo formulado nos seguintes termos: "pode-se pular por cima da própria sombra?" – isto é, analisar o enquadre que permite a análise. Em que outros paradoxos arrisca-se a cair? Que "situações-limite" vão ser, assim, geradas e produzidas pelo anseio de ultrapassar, de dentro, os limites impostos pela própria forma da situação? Essa questão deteve certo número de clínicos persuadidos de que a utilização do dispositivo *standard* marcava o limite da clínica psicanalítica e de que esta não era mais vislumbrável sem esse dispositivo. Fora da situação psicanalítica *standard*, nada de salvação, nada de trabalho clínico "psicanalítico" possível, somente formas "bastardas" marcadas pela influência e a sugestão!

Outros, persuadidos de que a clínica psicanalítica representava a única resposta possível para certas formas de sofrimento psíquico – a única ou a melhor –, tentaram destacar novas direções de trabalho, trilhar saídas para o paradoxo e a paradoxalidade na qual ela esbarrava, contornar o paradoxo modificando a situação. Uma primeira direção de pesquisa rumou, então, para certa reprocessualização do dispositivo, para um arranjo da situação clínica, sua colocação em movimento, para torná-la mais utilizável para os sujeitos com dificuldade na utilização do dispositivo *standard*. A pertinência e os efeitos de arranjos localizados do dispositivo foram então vislumbrados, e com eles nasceu toda uma reflexão a respeito disso de que a psique é portadora e a respeito disso que pode comportá-la ou ajudá-la a se conter.

Assim se restabeleceu a visão e a possibilidade de acompanhar a fala de mensagens "visuais" em certas formas de trabalho clínico "face a face" ou "lado a lado"; assim certas formas de motricidade e de mensagem sensório-motoras são utilizadas na dramatização, na psicodramatização, do trabalho de colocação em signos e colocação em sentido que possibilita a simbolização. A linguagem não verbal conquistou assim, pouco a pouco, tanto direito de cidadania quanto de análise.

Mas se cada arranjo do dispositivo possibilita determinado processo, ao mesmo tempo ele exclui a atenção voltada para outros quinhões da psique: se nos apoiamos nas mensagens oriundas da percepção visual e na sensório-motricidade para simbolizar, no que é que se vai apoiar para compreender como percepção e motricidade entravam o desenvolvimento de outras formas de simbolização fundamentadas, por sua vez, apenas na "nobreza" da linguagem verbal? O paradoxo se desloca, as novas formas de arranjo propostas desembocam numa ameaça de relativa desqualificação do trabalho clínico. Propõe-se diferenciar a psicanálise da "mera" psicoterapia, e a prática clínica encontra-se potencialmente esquartejada entre as suas formas e os seus dispositivos.

Felizmente outra direção de trabalho oferecia-se àqueles que recusam essa forma de discriminação. Essa posição repousava na observação segundo a qual processo e não processo podem ser pensados em sua relação recíproca, em sua articulação singular, em sua báscula possível de um a outro, em sua permutação, sua interseção. Cada dispositivo "produz" um processo que lhe é específico, que ele torna simbolizável, mas possui os limites daquilo que ele possibilita; ele introduz, por sua própria forma, uma limitação que marca o modo de presença de uma forma da "incompletude do simbólico" que ele encarna. Um ponto "não simbolizável" é, portanto, inevitável; ele é consubstancial à própria possibilidade da simbolização; ele só pode ser reconhecido e tolerado.

Uma outra linha de trabalho se perfila, com isso, para tentar desconstruir aquilo que o paradoxo da análise do enquadre sutura, para tentar ir além.

Uma vez reconhecido o limite da simbolização do enquadre, uma vez ratificada a aceitação do equivalente psicanalítico do "teorema da prova" de K. Gödel, abria-se a questão da natureza da "sombra" que não se podia pular, sobre a natureza daquilo que a sombra "comportava" em sua obscuridade própria. A psique que o dispositivo comporta podia comportar, ela própria, "sombras" inesperadas; ela mesma podia ser carregada por "sombras" desconhecidas, inconscientes, feitas – pela "sombra do objeto" assimilada a si, narcisicamente; de um objeto confundido com o enquadre que a comporta. A sombra que seria preciso poder "pular" revelava uma complexidade, uma composição complexa, uma história mesclada com a história do outro, com a da contratransferência do analista, mas também com a de objetos mantidos à sombra de sua função fórica, em identificações fantasmáticas mantidas secretas, em identificações "narcísicas" nas quais eu e objeto são confundidos.

Se o fundo do enquadre permanece inanalisável, a sua concepção começa a se desdobrar entre ele próprio e aquilo de que ele é portador no processo transferencial; não se pode "analisar o enquadre", mas, ao contrário, aquilo que da "sombra dos objetos" veio ali se alojar, se confundir, podia ser esclarecido pela análise e pela construção. Se o enquadre "simboliza a simbolização" e, como tal, praticamente não é interpretável sem paradoxo, ele é também portador de uma transferência que lhe é específica – portador da sombra da história da simbolização, das condições e precondições que carrega. Ele é portador da história dos seus êxitos e reveses, da história dos seus incidentes e traumatismos específicos, da história do encontro com os objetos "simbolizantes" ou potencialmente simbolizantes, daqueles com os quais essa história ganhou sentido e forma.

O dispositivo se desdobra, ele pode libertar a forma dos fantasmas que o habitam e assombram a maneira singular como é vivido e apreendido pelo analisante; nesse sentido, ele se torna analisável. Ao enquadre que possibilita o desenvolvimento da transferência superpõe-se uma "transferência" com o enquadre, transferência que possui sua especificidade vinculada à relação do sujeito com a própria atividade de simbolização, vinculada à sua "teoria própria" da simbolização e das formas que ela vai assumir. Nós retornaremos a esse ponto: nós não simbolizamos todos da mesma maneira, e nem sempre da mesma maneira conforme as épocas da vida e os contextos no seio dos quais estamos imersos. Se o enquadre simboliza a simbolização, esta é plural; portanto, diferentes dispositivos podem começar a se tornar vislumbráveis, sem discriminação nem desqualificação. Basta que se tenha conhecido diferentes dispositivos clínicos (por exemplo, com uma formação em psicodrama, em trabalho psicanalítico com crianças em análise de grupo, além da experiência de um tratamento de psicanálise *standard*) para saber que não são os mesmos quinhões da nossa vida psíquica que são atualizados nos diferentes dispositivos; ou, se são as mesmas problemáticas, elas não são aclaradas da mesma maneira – os modos de intervenção clínica também variam de maneira significativa.

A função fórica do dispositivo "semaforiza" potencialmente a história do encontro com os objetos portadores de uma função simbólica para o sujeito, a história da maneira como ocuparam ou não essa função; sua análise abre para a metaforização possível dessa história. Logo, a relação com o dispositivo clínico é, também ela, portadora de signos, de significantes, de significantes da relação que o sujeito mantém com o próprio significante, com a própria função simbolizante.

A clínica psicanalítica progride não tanto melhorando o seu dispositivo ou por meio dos seus desenvolvimentos teóricos; ela também progride assim, mas sobretudo constituindo como signo, como significante, aquilo que ela própria tratava anteriormente como escória, como obstáculo à atribuição de sentido, como exterior ao enquadre – aquilo que ela excluía do seu enquadre. Sendo assim, não se trata tudo ao mesmo tempo, e nem da mesma maneira; as condições do encontro clínico, em todos os casos, têm efeitos sobre aquilo que é mobilizável transferencialmente.

Função semaforizante dos dispositivos analisantes e da atenção clínica

É ao refletir sobre a sua própria história, ao pensar como, depois de ter começado se dando conta das formações psíquicas primeiramente consideradas insignificantes – até mesmo antissignificantes (o lapso, o ato falho, o sonho, o sintoma histérico de A a Z etc.) – para descobrir, em seguida, seu valor simbólico, que a clínica psicanalítica revela da melhor maneira o seu valor semaforizante. Ela é, por excelência, a prática da transformação em signo, mensagem e linguagem daquilo que só se dá como dejeto, ou mera rebarba do sentido – rebotalho, insensata por si só –, da produção deste.

É também por isso que – após ter alçado à nobreza de formações significantes os "fiascos" do funcionamento psíquico; após lhes ter concedido a sua função metafórica; após ter, em seguida, visitado as alcovas do enquadre da produção significante, visitado os sótãos do seu próprio dispositivo de simbolização para identificar aquilo que, à sombra, lhes permitia significar, produzir significante – ela se entrega, agora, à questão da "criação" do próprio signo, a suas etapas, a suas pré-formas, até mesmo a suas diferentes formas. O que obriga a um desvio pela questão do comportamento e a da interação.

Por muito tempo o comportamento foi considerado pelos clínicos a antítese do sentido, uma maneira de tratar de outro modo que não pela psique aquilo que não encontrava estatuto representativo para o sujeito. Ele designava aquilo que, no humano, recusava-se ao trabalho de atribuição de sentido; aquilo que só valia pela sua economia, pelo seu escoamento, pela sua ação. O comportamento torna-se até o emblema daquilo que se opõe à clínica psicanalítica; daquilo que propõe uma alternativa à psique, que a coloca numa "caixa-preta"; daquilo que pretende se livrar do lento cortejo da produção do sentido para satisfazer-se com a pragmática de uma ação sobre a outra. O comportamento torna-se a pedra angular das terapias alternativas àquelas que se fundamentam na simbolização. Nada de inconsciente no comportamento; ou melhor: a inconsciência e a saturação são tamanhas que um sentido apropriável não podia aceitar o desafio de se produzir ali de maneira utilizável.

Retomemos um pouco a história. No espaço do encontro clínico, o comportamento ocultava uma fantasmática tão incrustada que ela não podia mais ser clinicamente restituída ou testemunhava o fracasso tão radical desta em se tornar significável que desencorajava toda e qualquer tentativa efetiva. Recomendava-se abster-se: as neuroses ditas de comportamento eram más indicações de tratamento de psicanálise; ou proibiam-se os pacientes, por serem abstinentes (cf. S. Ferenczi, em torno de 1922, na época em que se dedica a isso), de se "comportarem" em sessão. Mas a proibição ia de mal a pior, ela mobilizava formas de oposição que complicavam consideravelmente um quadro por si só já bem complexo. Os opositores à psicologia clínica das profundezas pegaram carona numa abordagem alternativa, mas seus resultados não foram em nada probatórios – sua ação era drasticamente limitada.

Uma vez que a conexão do comportamento com a fantasia não produzia nada além de pouco material clinicamente utilizável, o comportamento foi em seguida referido à ação, à interação, à ação sobre o outro, à influência sobre o outro, à evacuação no outro daquilo que não encontrava lugar em si.

Mas a ação, também ela, tinha má fama; ela também era potencialmente emblemática de uma oposição à clínica, à psique e ao seu jogo de representações, ao jogo do sentido. A ação, também ela, parecia supor um escoamento do psíquico, uma evacuação das tensões necessárias à sua produção; ela só aparecia como passagem ao ato, mais do que passagem pelo ato; ela parecia opor-se, nisso, ao pensamento, à reflexão e a tudo aquilo que a clínica tentava iluminar; ela era considerada apenas uma forma particular do comportamento. A ação e o ato eram considerados defesas contra o sofrimento e a sua elaboração, contra a conscientização e a apropriação. Como tal o ato e a ação eram – pelo menos implicitamente – condenados; é na sua suspensão que incidia o dispositivo para desenvolver o universo representativo.

Ali também ação e interação estavam ameaçadas de abandono às terapias alternativas, às terapias ditas "sistêmicas", interacionais; elas reuniam o comportamento com o ostracismo teórico que as excluía do campo da clínica "analisável". Assim como todo um quinhão do funcionamento da subjetividade – este, paradoxal –, do ponto em que ela parece desvanecer, desbotar, retirar-se de seu campo. Todo este parágrafo está escrito no passado, mas ele ainda é muito frequentemente "atual" para vários psicanalistas.

Porém, toda uma parte da psicopatologia, aquela que se afasta da análise dos estados "neuróticos" para confrontar-se com os "estados-limite" da subjetividade, ou até os "estados psicóticos ou autísticos" – aqueles que chamo pelo nome genérico de "problemáticas narcísico-identitárias" –, depara-se com o comportamento e o ato de maneira central, de maneira crucial. Acaso ela deve ser tomada fora do campo da clínica psicanalítica, fora da órbita de definição da teoria e da prática da abordagem clínica da psique e da subjetividade?

O que parece não poder se inscrever numa abordagem do sentido, da representação verbal significante e da sua organização em fantasia, por um processo de metaforização, testemunha, contudo, a presença de um modo de processos inconscientes – o engajamento subjetivo de moções pulsionais – e, até mesmo, sem dúvida, de um modo de "linguagem" não verbais. Um ponto de vista econômico pode, apesar disso, lhe ser aplicado e começar a inscrevê-los numa metapsicologia, caso esta aceite os modos de ligação e de significância não simbólica ou competindo a outros modos de linguagem e de simbolização; caso ela aceite alternar, como recomenda Freud (1938), a análise "dos fragmentos do isso" com a dos "fragmentos do eu" e da subjetividade nascente.

A clínica psicanalítica e seus derivados tradicionais, produzindo as diferentes formas dos dispositivos analisantes "estandardizados", não podiam manter permanentemente a sua prática no nível de uma semiótica; era preciso que eles aceitassem se tornar "semanálise", análise do mero signo, análise da produção do signo, das condições da produção do signo. Antes de simbolizar a simbolização, antes de desenvolver sua função metaforizante, é preciso que o espaço clínico aceite reconhecer-se, mais modestamente, como um espaço semaforizante, como um lugar produtor de signos, de signos enigmáticos em seu sentido, mas potencialmente significante. É preciso que o local analítico aceite considerar-se um espaço produtor de transformação, de uma transformação da "matéria-prima do psiquismo" (Freud, 1900) em signo, em forma, em "significante formal" (D. Anzieu), em ideograma (W. Bion), em pictograma (P. Aulagnier, 1975, 1989); que ele aceite modificar os cânones primevos do seu exercício para integrar, na definição que ele se dá de si mesmo, os modos de intervenção que tornam vislumbrável a transformação primeira da matéria psíquica em signo, antes de exigir que ela produza sentido e representação simbólica.

A repetição não deve mais simplesmente ser considerada o testemunho garantido que uma fantasia de desejo procura fazer com que se reconheça; a clínica deve também incluir a hipótese de que a repetição pode carregar o vestígio de uma moção pulsional que ainda escapa ao universo simbólico, ao universo de um sujeito "dono" das suas escolhas – nem que seja próximo da consciência. Antes de ser uma forma do retorno do desejo recalcado – ou, antes mesmo, em paralelo –, a repetição deve também aparecer como o sintoma de uma experiência subjetiva nunca apropriada, nunca completamente simbolizada, e que conserva, nesse sentido, um valor traumático. Entre a pulsão e o desejo insinua-se uma distância subjetiva essencial, distância graças à qual um processo de simbolização pode ganhar lugar, pode ser encarado a partir do restabelecimento da sua falta.

O comportamento, o ato e a ação podem, com isso, não ser mais simplesmente considerados defesas contra a psique; podem, também, aparecer como "sinais" em busca de reconhecimento, como processos "semaforizantes". Uma nova vetorização do trabalho analítico torna-se vislumbrável.

O comportamento – cujo único valor "autossubjetivo" era reconhecido por seu interesse na economia pulsional do sujeito – pode começar a ser pensado como um signo que "perdeu" seu valor de endereçamento subjetivo, seu valor de signo para o outro. Pode-se, então, vislumbrar inserir num jogo de interação no seio do encontro clínico que lhe restituiria seu valor de signo para o outro, a partir do restabelecimento do seu valor de signo agindo sobre o outro. Uma transformação da forma "autistizada" do comportamento, num processo em que seu valor de interação seria identificável, torna-se vislumbrável; ela ganha o sentido de uma transformação necessária da concepção do comportamento para fazer com que ele entre na arena dos espaços e dispositivo analisantes. Ocorre ao clínico operar essa transformação, encontrar o meio de operá-la tomando sua própria subjetividade como apoio, apoiando-se no que esse comportamento "produz" nele, sobre ele. O alargamento da concepção da associatividade para além das formas verbais – a reflexão sobre os modos de comunicação não verbais, sobre as formas de linguagem que eles supõem e suas particularidades – aparece como a pedra angular dessa extensão da competência da atenção clínica e do vértice que a organiza.

Assim reconhecida a interação, resta a tensão intersubjetiva – a tensão transferencial – que ela induz. O outro, aquele sobre quem se exerce a ação, é também um outro-sujeito; ele não teria como ser o receptáculo passivo daquilo que se externaliza nele; a interação é uma forma particular da intersubjetividade que deve também poder reconhecer, em longo prazo, em que o outro-sujeito é um duplo desconhecido do sujeito, um duplo desconhecido que possui suas diferenças e aspirações próprias, um outro si-mesmo marcado por um jogo de diferenças. O outro deve ser descoberto como um sujeito; um sujeito, ainda que espelho da subjetividade, espelho daquilo da subjetividade que é desconhecido na interação: ele é espelho do que aspira potencialmente à subjetivação. Logo, a interação é, ela própria, o signo de que uma parte do sujeito sofrendo por integração e procura endereçar-se a um outro para ser refletido, na mesma medida em que ela desconhece a natureza desse outro como a das suas questões, mantidas frequentemente inconscientes; ela procura, no endereçamento ao outro, o reflexo daquilo que ela desconhece. A interação é busca desconhecida, ativamente desconhecida, de um reflexo do desconhecido e repudiado em si; busca de um reflexo por meio de um duplo ignorado como tal, mas, apesar disso, secretamente esperado.

Quando um comportamento, uma interação são reconhecidos como mensagem para o outro – reconhecidos como mensagem agida, signo para o outro –, liga-se uma interação que se torna intersubjetiva quando o outro é também reconhecido como um outro-sujeito, semelhante e diferente de si; quando ele se faz reconhecer como outro-sujeito duplo e diferenciado. Ao insistir demasiado e unicamente no jogo da diferença, das diferenças significativas da simbolização, o valor de signo do comportamento e da interação endereçados a um duplo potencial corre o risco de se perder no caminho; o valor intersubjetivo do signo alienado corre o risco de não ser reconhecido. O outro deve, primeiro, tornar-se um semelhante, antes de ser tomado em sua diferença. Ele deve, primeiro, ser "construído" como um espelho de si, construído como um espelho capaz de refletir o sujeito, antes de ser apreendido e discriminado pelo jogo da diferença.

É quando o signo pode ser, simultaneamente, percebido como um signo endereçado a um outro-sujeito e refletido como tal por esse outro-sujeito – então duplo de si –, que ele pode começar a ser portador de um deslocamento, a fazer com que se reconheça que uma diferença o habita e o constitui; que ele pode começar a tornar-se simples "metáfora" da ação; que ele deixa seu valor semaforizante para assumir um valor metaforizante.

Contudo, o desenrolar da relação intersubjetiva, da transferência suscetível de ser reconhecida como tal, não é o ponto de conclusão das séries de transformações que afetam a semiose específica da situação analítica e das suas potencialidades simbolizantes. Ele não passa do ponto de passagem obrigatório de toda apreensão autossubjetiva, intrassubjetiva; de toda apropriação subjetiva verdadeira.

Para que a báscula do intersubjetivo ao intrassubjetivo possa se efetuar, uma dupla operação é requerida, uma dupla condição se impõe.

A primeira é a que acabamos de evocar: o outro deve tornar-se um outro-sujeito, um sujeito semelhante, um duplo de si. É a condição para que o sujeito encontre, na resposta do outro, um reflexo de si. O afeto partilhado, a empatia estão nessa conta; eles enquadram o trabalho da inteligibilidade que condiciona a atribuição de sentido daquilo que, do sujeito, endereça-se e está em sofrimento de apropriação subjetiva. Mas essa primeira condição não consegue ser suficiente.

Para que nasça a consciência intrassubjetiva, é necessário que o sujeito possa reconhecer, no que lhe é refletido, aquilo que se refere especificamente a ele, aquilo que o diferencia do outro-sujeito. À similitude que possibilita o reconhecimento deve se acrescentar a diferença que o torna específico, que o ajusta a si, que permite que ele especifique a si mesmo na relação com o outro-mesmo. É isso que, na relação intersubjetiva, permite encontrar a diferença; que abre o campo "autossubjetivo", o campo "intrassubjetivo". Ele é o horizonte elaborativo de tudo o que se inscreve e se transfere no encontro clínico, de tudo o que se presta ao processo simbolizante.

Dialética da atenção clínica e do dispositivo

Assim se perfila, então, uma série de transformações que constituem o processo simbolizante: transformação do comportamento em comportamento significante; daí, deste em interação; daí, da interação em relação intersubjetiva; e então, restabelecimento do valor intrassubjetivo desta.

Passa-se do insignificante ao signo; do signo à mensagem, ao signo endereçado, à mensagem agindo sobre o outro, interagindo com ele. Este descobre, em seguida, que é mensagem transferida para um outro-sujeito; que é mensagem deslocada de um sujeito a um outro; que se torna forma de linguagem; que adquire sentido intersubjetivo nesse endereçamento específico que o reflete. Mas para se reconhecer assim deslocado em direção a um outro-sujeito que reverbera os seus efeitos e formas – e por esse próprio reflexo –, ele adquire sentido suscetível de ser refletido em sua diferença e subjetivamente apropriável.

O que se transforma é a maneira pela qual a matéria psíquica é representada, é captada progressivamente como representação desconhecida em sua natureza; daí, em seu conteúdo; por fim, em seu sujeito, seu agente. O que muda são as condições de apreensão pelo clínico daquilo que se transfere: elas retroagem, por sua vez, sobre as condições de apreensão daquilo que se transfere pelo sujeito etc. É nessa dialética que se constrói progressivamente a simbolização, primária e secundária, daquilo que está engajado no espaço clínico.

Da mesma maneira, funções fórica, semafórica e metafórica definem, em sua interação dinâmica, a matriz do processo de simbolização que os espaços analisantes estruturam.

Pois o bom funcionamento da função metafórica "contém", por sua vez, o processo; permite, assim, novos desenrolamentos semafóricos que, por sua vez, oferecem novas capacidades "fóricas" à situação etc. As funções fórica, semafórica e metafórica não devem ser consideradas dados intrínsecos encarnados nesse ou naquele aspecto da situação analítica, ainda que se expressem, por vezes de maneira privilegiada, nesse ou naquele parâmetro da situação clínica; são "produções" da função simbolizante que caracteriza os dispositivos analisantes, são as formas que esta é levada a assumir, no meio do caminho, ao longo do seu processo.

Os dispositivos clínicos possuem justamente algumas especificidades, mas estas não liberam suas funções a não ser pela utilização que deles será feita, a não ser pelo sentido que o processo será conduzido a assumir ao longo do percurso, a não ser na maneira pela qual o processo descobrirá progressivamente as suas potencialidades. O espaço analítico é um espaço potencial, é um espaço por descobrir, é um espaço que só se tornará "analisante" se for descoberto nas potencialidades que esconde e carrega em germe.

É assim com todos os espaços e dispositivos analisantes ou simbolizantes: eles dependem tanto da sua própria forma quanto da utilização que clínico e sujeito farão dela. Eles estão "por interpretar" – como quando se diz, de um músico, que ele "interpreta" uma partitura – para liberar suas potencialidades específicas. Eles estão por encontrar-criar, por reencontrar, para serem criativos.

6. Teoria do dispositivo clínico

Estamos agora em condições de aventar uma série de proposições para uma teoria geral dos dispositivos clínicos, útil para "*bricoler*"[1] um dispositivo clínico *ad hoc* às variedades de situações clínicas e aos tipos de encontros clínicos que elas impõem. Uma teoria como essa visa permitir aos clínicos pensar os dispositivos que eles foram levados a organizar por conta das particularidades dos sujeitos aos quais são confrontados. Uma teoria como essa não permite inventar qual dispositivo é *ad hoc* para qual sujeito, mas permite tentar compreender qual "linguagem" o dispositivo sustenta para o sujeito que ele acolhe, e permite pensar as características do dispositivo proposto, ao oferecer alguns princípios "analisadores" dos aspectos determinantes dos dispositivos clínicos. Em outros termos, um dispositivo, para ser "clínico", deve respeitar certas condições; sua construção e sua instauração implicam certo número de regras, de "meta"-regras.

Um dispositivo atrator, condensador, revelador

A construção – ou melhor, o "*bricolage*" – de um dispositivo clínico deve obedecer a certo número de imperativos que definem não somente a sua

---
[1] *Bricolage* são os pequenos trabalhos, normalmente reparos, feitos por um amador com poucos conhecimentos e sem ferramentas profissionais. *Bricoleur* é aquele que faz *bricolage*. (N. R.)

função, mas também a sua heurística. Um "bom" dispositivo é, primeiramente, um dispositivo que – o mais próximo possível da adequação "sob medida" a um sujeito dado – deve preencher determinado número de funções destinadas a facilitar o trabalho clínico e sua apropriação subjetiva.

Nós frisamos a importância, na prática clínica, da necessidade de que a realidade psíquica que sofre por integração possa se transferir para o seio da atualidade do encontro clínico. Uma necessidade como essa implica que o dispositivo clínico que organiza as condições do encontro apresente certas particularidades e certas qualidades relativas a essas funções.

Ele deve, primeiro, ser um *atrator* da transferência da realidade psíquica em sofrimento de apropriação subjetiva, e, para tanto, apresentar-se como suficientemente neutro para não comportar indução demasiado específica, a não ser a de ser um espaço-tempo de acolhida para ela. Ele supõe, então, pela regra que o fundamenta e que ele deve garantir ao longo do seu ofício, que os mecanismos de defesa que protegem o sujeito dos sofrimentos e dificuldades ligados à não integração desse ou daquele quinhão da sua vida psíquica possam ser progressivamente suspensos. Uma condição como essa só é possível se, além das regras evidentes de confidencialidade e de confiabilidade, ele se dê como um espaço de "segurança subjetiva".

Se há poucos trabalhos referindo-se à "necessidade de segurança" – termo que não é uma "entrada" dos dicionários de psicanálise ou de clínica psicanalítica –, é porque sem dúvida esta é tão evidente que não vem facilmente à cabeça evocá-la: e, no entanto, trata-se justamente de uma condição fundamental do encontro clínico.

Contudo, a "segurança" não se decreta, ela se conquista progressivamente e à medida que é provada nas e pelas respostas do clínico àquilo que o sujeito investe no encontro. Ela se conquista em diferentes "colocações à prova", tanto dela quanto da sua profundidade, por meio do que o prosseguimento do encontro clínico vai ser regularmente balizado. Pois há diferentes níveis de "segurança", conforme a importância e o caráter mais ou menos "vital" para o sujeito daquilo que ele investe. Não há razão alguma *a priori* para atribuir uma confiança total a um clínico que se acabou de conhecer – e isso mesmo que certa confiança prévia seja provável, ou mesmo que o pressuposto de todo engajamento clínico, para começar, seja uma confiança prévia. Mais exatamente, se há certo nível de confiança *consciente*, esta é em grande parte atacada pelas questões inconscientes em jogo, as quais se mesclam inevitavelmente no encontro clínico. Essas últimas apenas serão elaboradas por "questões de confiança" mais ou menos conscientemente implementadas ao longo do encontro e que passam por "colocações à prova" regularmente repetidas desta e da sensação de segurança que é intrinsecamente ligada a ela.

Mas, não obstante, uma parte do dispositivo deve concorrer para tentar significar, de imediato, o cuidado com essa segurança, e não pode ser empreendido nada que possa ameaçá-la. A questão da segurança se apresenta, então, como um dado da situação, um de seus fundamentos – ou, até mesmo, como um de seus imperativos categóricos.

A questão mostra-se particularmente crucial nas instituições de cuidado que comportam, por vezes, em seu contexto global de funcionamento, certas tomadas de decisão referindo-se ao sujeito (hospitalização, autorização de saída, acompanhamento judiciário etc.). Pode ser determinante, aliás, em certas situações (por exemplo, nas prescrições de cuidados judiciários), recordar o que pode e o que não pode ser garantido da confidencialidade.

Mas fundamentalmente a questão da segurança é, primeiro, questão de relação intersubjetiva; ela se refere ao cumprimento de um "contrato simbólico" que supõe – em primeiro lugar, mas não somente, é claro – o fato de ser escutado sem juízo de valor, sem *a priori ideológico ou outro*; de ser escutado sobre um fundo de empatia e de benevolência suficiente. Retornaremos ao "contrato simbólico" adiante.

Mas é preciso também que o restabelecimento do valor transferencial do processo investido, a sua "simbolização", acarrete os efeitos de convicção necessários à mudança e à apropriação subjetiva, e isso supõe que o dispositivo possibilite uma intensidade suficiente dos fenômenos transferenciais. O dispositivo deve, então, ser também um *condensador* dos processos transferenciais, de modo que lhes permita atingir uma intensidade suficiente para convencer o sujeito da importância dos processos colocados em jogo. Pôde-se dizer, assim, que o dispositivo clínico era uma forma de "caldeirão" para os processos de transferência; que ele visava intensificá-los para lhes dar a consistência necessária à experiência subjetiva do "verdadeiro".

Contudo, não basta que o dispositivo seja um atrator e um condensador da transferência; é também preciso que ele contribua para ser seu *revelador*, o revelador da sua dimensão "inatual", isto é, precisamente transferencial. Isso supõe que ele seja organizado não somente de forma a acolher as manifestações da transferência, mas que possa contribuir para colocá-las em evidência, para desmentir sua atualidade, isto é, não entrar em conivência objetiva com ele. Para tanto, ele deve ser organizado de tal forma que o processo transferencial apareça como tal, isto é, como reprodução, nova edição, na situação clínica, de uma situação passada. Isso supõe certo número de condições que iremos descrever abaixo, em particular que o dispositivo não seja demasiado indutor de uma forma específica de processo transferencial; ou, ao menos, que o tipo de indução produzido seja suficientemente localizado e, em caso de necessidade, explicitado em função da lógica clínica da situação.

Antes de começar a propor um determinado número de "analisadores" dos dispositivos clínicos, algumas questões precisam ser "postas" a um dispositivo para analisá-lo ou fazer *bricolage* com ele, algumas advertências parecem indispensáveis.

Nota sobre as condições do encontro

A existência de um ponto de sofrimento, de um quinhão da realidade psíquica do sujeito "que sofre" por apropriação subjetiva e de simbolização, que está na origem do encontro clínico, convoca um Sujeito Suposto Saber (J. Lacan, 1966) ou escutar (A. Green, 2002); ou, ainda, ver, sentir, compreender, compartilhar aquilo que chamamos acima de "respondente".

Essa é, como já vimos, a primeira forma do apelo transferencial. Ela condiciona a maneira pela qual a "resposta" e todas as intervenções e manifestações do clínico vão ser escutadas. Elas são escutadas "na transferência", isto é, sobre o fundo da pergunta feita ao clínico e da rede de esperas conscientes e inconscientes que lhe são subjacentes, e com isso o clínico nada pode – pois isso não depende dele, mas da transferência do sujeito. Isso define o fundo de sugestão (sedução, influência) inevitável do encontro clínico ligada à existência da transferência.

A existência da identificação narcísica de base (INB) do clínico vai constituir o fundo da sua resposta, a maneira pela qual ele também está sob "a sugestão, a sedução ou a influência" do sujeito. Mais uma vez isso não depende dele, mas das condições do encontro e do endereçamento, do pedido ou do apelo.

O futuro da transferência e da resposta do clínico à transferência, pelo contrário, vão depender da maneira que o encontro vai ser organizado, isto é, também da organização do dispositivo clínico.

A proposição do dispositivo clínico é a primeira "resposta", a mais fundamental; ela comporta, então, uma "mensagem" endereçada ao sujeito referindo-se à transferência potencial. Essa "mensagem" é a seguinte: o clínico tende a se retirar[2] da dianteira da cena para propor um "método", o método clínico e o dispositivo aferente, mas a resposta pelo dispositivo "diz" em "coisa", em "ato", lá onde a regra diz em palavra.

Agora tentemos ir mais longe para "fazer falar" o dispositivo, como ele se apresenta nos encontros clínicos *standard* ou "clássicos".

A "resposta" do clínico comporta duas proposições expressas em linguagens diferentes: por um lado, o método da associação livre formulado em palavras e que "diz", de uma maneira ou de outra, que o sujeito pode expressar *"tudo o que lhe vem à cabeça, sem censura moral ou social, mas também sem censura lógica"* ou todas as variantes aparentadas inventadas, de mesmo feitio, dos dispositivos clínicos concretos e da sua forma. Veremos adiante que esse enunciado é acompanhado de um projeto de transformação do funcionamento do aparelho psíquico e que ele comporta aspectos de "sugestão, sedução e influência" – precisamente, primeiro, pela prescrição de uma suspensão das censuras e defesas –; que ele inverte as condições da sedução num prescritivo superegoico com o qual o clínico e o sujeito deverão compor.

Mas a regra diz também como o sujeito será escutado/visto/sentido: a "regra" implica que, se duas ideias ou itens não verbais se seguem, eles têm necessariamente um vínculo (cf. o vínculo associatividade/transferência já

---

2 Ao menos nos dispositivos em que isso é possível. Veremos que nos dispositivos "limítrofes" a questão se coloca de outra forma – em que o clínico deve aceitar estar, ali, "em 1ª pessoa", segundo a fórmula proposta por D. Anzieu.

evocado). Aqui também isso não significa que o analista quer seduzir, sugerir ou influenciar o sujeito, mas que a existência da transferência comporta inevitavelmente essa dimensão e que o clínico não pode se dizer simplesmente "inocente" com relação a esse aspecto do encontro; a existência da transferência "compromete" (J. Laplanche, 1987) os enunciados do clínico.

Do outro lado, o método formulado em "coisa", em "fato", na proposição de um dispositivo particular. O dispositivo "fala", ele sustenta uma linguagem que é a das representações de coisas, das "represent-ações" (J.-D. Vincent, 1986); ou, antes mesmo, é inevitavelmente interpretado como carregando uma mensagem. Ele "representa" o encontro clínico por efeitos de posição, de "postura", por meio do que facilita ou interdita "de fato". Mas da mesma maneira que a regra pode ser entendida como regra da associação "livre", ou como forma da sedução, pela retirada do proibido e das censuras, a "linguagem do enquadre" abre-se para ambiguidades – ela se abre para a necessidade de uma simbolização e, portanto, de uma interpretação, tanto pelo sujeito quanto pelo clínico. Retornaremos também a esse ponto mais adiante.

Recordo aquilo que havia adiantado acima: o encontro clínico caracteriza-se pela ativação e pela intensificação do investimento da realidade psíquica para o sujeito: é o seu "direito à transferência". Sua contraparte é a intensificação da sensibilidade e da receptividade à INB do lado do clínico e o efeito rebote dessa intensificação sobre a relação. Toda a questão da prática clínica vai se desenrolar nos sistemas de regulação alternativos que será preciso implementar como substitutos dos sistemas de regulação sociais habituais. Em particular a mutação da questão da reciprocidade na da reflexividade por meio da simbolização.

O objetivo do encontro clínico pode, então, se formular assim: *a especificidade da "resposta" clínica ao investimento da realidade na transferência – e, portanto, à INB que ali se desenvolve – vai ser ajudar o sujeito a desenvolver a reflexividade e os processos autometa: sentir-se, ver-se, escutar-se, e isso pelo viés do desenvolvimento dos processos de simbolização.*

Mas um objetivo como esse supõe um "contrato simbólico" particular do qual o dispositivo clínico dá uma primeira abordagem (a segunda é dada pela disposição de espírito específica do clínico que nós examinamos num capítulo anterior). O dispositivo clínico é a estrutura de "enquadre" da INB (e do "contrato narcísico" e "simbólico" que ela implica), específico da situação clínica; ele é a estrutura proposta para vir sustentar o trabalho de simbolização proposto como modalidade principal de regulação da INB no encontro clínico.

Proponho, agora, uma primeira abordagem dos dados e particularidades do "contrato simbólico" que organiza o encontro, a partir de algumas proposições fundamentais que retomam, de maneira um pouco sistematizada, o essencial das proposições que elaboramos em nossas reflexões precedentes.

O enquadre simboliza a simbolização, ele "deve" simbolizar a simbolização

O dispositivo deve, então, encarnar a elaboração e a simbolização, mostrá-la, convidá-la. Ele deve apresentar, de fato, as condições de possibilidade, os meios e ferramentas que ele propõe, e especificar, por meio da "apresentação" deles, os objetos ou disposições graças aos quais ela poderá se dar. Ele coloca em ato a disposição de espírito que comanda sua instauração, é "um fato expresso" para a metabolização simbólica das experiências subjetivas, isto é, sua simbolização. Tudo no dispositivo deve ser construído e ordenado para esse uso: dizer em "coisa" a simbolização e suas condições nesse encontro clínico, dizê-la "em fato", "em ato".

Contudo, ele deve dizer a simbolização *para esse sujeito* e, portanto, implica um "sob medida" para ele, o que abre a questão dos eventuais arranjos; ele deve ser – conforme uma metáfora que esclareceremos em seguida – "em domicílio". Isso quer dizer que, em certas circunstâncias, e segundo as necessidades psíquicas do sujeito (cf., adiante, o capítulo sobre as necessidades do Eu), pode-se introduzir mediações facilitadoras do processo de simbolização, até mesmo das suas primeiras formas sensório-motoras de emergência; que pode haver pré-requisitos, o que se chama de "arranjos" e que são, de fato, formas de acordo (D. Stern, 1983), formas de ajuste às especificidades do sujeito.

Se tudo é ordenado conforme a tarefa primária do local – a simbolização como condição da apropriação subjetiva –, esta é o horizonte da organização do dispositivo, o que quer dizer que ela não está sempre, de imediato, no encontro e que ela vai, às vezes, dever ser progressivamente introduzida, até mesmo "produzida". Sabe-se da experiência, na clínica dos limites – até mesmo dos extremos –, que o caminho pode ser longo para que um trabalho de simbolização apropriável possa, de fato, ser posto em ação. O importante é que esse horizonte, cujo caminho não está todo traçado de antemão, permanece o vetor da organização concreta do dispositivo.

Teoria da simbolização

Uma primeira consequência dessa afirmação identitária é que o dispositivo contém uma "teoria" da simbolização materializada, concretizada, posta "em ato" nas condições materiais do seu exercício. O dispositivo e as regras que organizam seu uso "impõem", assim, a um modo de simbolização que ele privilegia. Ele "ensina", de fato, qual simbolização é aceitável ou desejada no dispositivo; qual material é "significante", isto é, considerado "mensagem", "signo" – assim, ele fabrica signo, ele "semaforiza", como propusemos anteriormente.

Por exemplo, na clínica psicanalítica "divã/poltrona" o dispositivo indica que, no encontro psicanalítico, simboliza-se ao falar – e somente ao falar –, o que implica uma restrição da motricidade e da percepção, encarnada na posição reclinada do analisante. Ele indica certa maneira de tratar a ausência, posta em ato na posição "recuada" do analista etc.; e o dispositivo "diz" tudo isso pela sua própria estrutura.

Mas não simbolizamos todos da mesma maneira, nem da mesma forma conforme a idade. E, por exemplo, para as crianças, a motricidade e a percepção são necessárias e não podem ser suspensas como com certos adultos ou adolescentes. Com as crianças muito novas (cf. a prática de S. Lebovici ou de D. W. Winnicott), às vezes é preciso até mesmo prever a presença de um pai ou de uma pessoa significativa para a criança; a unidade de simbolização, seu "campo", não é o bebê, mas o par mãe/bebê. Ou ainda, nos dispositivos "face a face", simboliza-se apoiando-se na presença do espelho visual do outro e

com o auxílio de sistemas de mensagens não verbais, visuais, mimo-gesto-
-posturais – isto é, sistemas de simbolização não verbais. Veremos no capítulo
seguinte que, com a população em situação de rua ou determinados adolescentes, certa intolerância à imobilização motora aparece, a qual não é mais
uma facilitação do processo de simbolização, mas, pelo contrário, um entrave
a este; e é preciso, então, entrever modos de trabalho que possibilitam uma
motricidade suficiente. Ou melhor, é preciso encarar que certas formas de
motricidade permitem a expressão ou a formatação de mensagens que não
podem se manifestar por outro viés que não esse. Com sujeitos que sofrem de
problemáticas psicossomáticas, autismo ou estados psicóticos é frequentemente a partir da sensório-motricidade, e de sensório-motricidades partilhadas,
que o trabalho de simbolização vai poder se iniciar, e submeter tais sujeitos a
modelos da simbolização que eles não podem habitar criativamente provoca,
frequentemente, mais processos de reação ou de rejeição de um dispositivo
que sentem como inadequado para eles do que de mobilização elaborativa.
Tudo isso vai se esclarecer melhor, a seguir, no capítulo de exemplos.

Salientam-se assim diferentes "teorias" ou modalidades da simbolização
conforme a idade e os níveis de capacidades simbolizantes atingidos pelo sujeito,
até as idiossincrasias individuais e, logo, diferentes tipos de dispositivos-simbolizantes inevitavelmente implicados. É justamente o que obriga a uma teoria
geral dos dispositivos-simbolizantes e analisantes para além do enquadre do tratamento típico e dos dispositivos tradicionais da prática clínica psicanalítica.

A simbolização do dispositivo e seus três níveis de simbolização

Uma vez instaurado, o dispositivo também vai ser "simbolizado" e significado – conforme vai ser apresentado, escutado ou interpretado – de diferentes maneiras.

Do lado do clínico, ele diz, ele "quer" dizer, um dispositivo cômodo para
o trabalho de simbolização e de apropriação subjetivo; ele "quer" dizer as
condições de possibilidade destas, e também o seu cuidado de ajuste à problemática própria do sujeito.

- A maior parte do tempo, e sempre que pode, o clínico se faz discreto; ele se retira da frente da cena, coloca-se de lado ou se propõe como simples espelho dos estados do sujeito; ele significa, por meio de uma relativa neutralidade, o seu desejo de não influenciar a fala do sujeito com as suas mímicas, suas posturas, seu gestual e todos os modos de comunicação "visual" e corporal. O clínico se ausenta da cena, deve encontrar um jeito bom de ausentar-se da cena – que não signifique demasiadamente abandono – para cavar um espaço de receptividade para o que vem do sujeito. Ele tende a comunicar que "deseja" ausentar sua alteridade singular para dar lugar, todo lugar possível, para o sujeito: o encontro clínico está a serviço do sujeito e o clínico não está ali para influenciá-lo seja lá como for... Mas ele também fala, se faz presente e atento; ele "diz", assim, que a simbolização é também um certo modo de presença, de presença reflexiva, que passa pela expressão de si – seja ela falada, dramatizada de uma maneira ou de outra, desenhada, modelada etc.

- Para além disso, o clínico, por meio do dispositivo, "diz" as condições da simbolização; ele "diz" os limites a ela necessários; "diz" os seus vetores privilegiados de expressão, as suas passagens obrigatórias, as suas imposições indispensáveis: imposições de tempo, de duração, de alternância de momentos de encontro e momentos de ausência.

Por fim, para o clínico, o dispositivo também "conta" uma história que é tanto individual (a da sua própria formação pessoal e da maneira pela qual ele se beneficiou dos seus efeitos ou padeceu dos seus arcanos) quanto coletiva (a do lugar do dispositivo na história da clínica e da sua função identitária nos agrupamentos de clínicos). Se se trata aqui de "razões do enquadre", ligadas a um nível de simbolização secundário, de fato elas também têm implicações "primárias" em sua encenação ou atuação.

De sua parte, o sujeito também deverá simbolizar e "fazer o dispositivo falar"; ele vai escutar a "linguagem do enquadre"[3] em função de seus próprios processos de simbolização tanto primários quanto secundários.

---

3   Cf. R. Roussillon (2008).

Estes não são exatamente os mesmos para o analista. O que "quer" dizer o enquadre para o sujeito?

- Isso depende, é claro, do seu funcionamento psíquico e daquilo que ele transfere para o enquadre. Por exemplo, o número de encontros propostos tem um sentido? Acaso isso "quer" dizer que o clínico considera o sujeito "bem doente", ou "ama-o" bastante e quer vê-lo com frequência, regularmente, que ele se interessa por ele? Ou, ao contrário, que ele o detesta tanto que quer vê-lo sofrer e "se revirando" nas suas velhas questões e no seu desamparo; que ele quer exercer um controle total sobre ele etc.?

- De certa maneira, também, para o sujeito, o "enquadre tem suas razões". Elas também são secundárias: o clínico é um "amigo" que quer ajudá-lo, um aliado em seu sofrimento, um profissional que sabe o que faz, um psi "formado", ele "sabe" o que lhe é preciso...

Mas são também razões "que a própria razão desconhece"...

Um exemplo clínico permitirá explicitar a dialética que se dá em torno da simbolização do dispositivo; eu o tomo emprestado da psicanálise de um caso célebre de Freud particularmente explícito nesse plano: o caso da análise do "*Homem dos ratos*", e das primeiras sessões. A análise do *Homem dos ratos* é uma análise preciosa, na medida em que temos o detalhe das sessões em seu passo a passo. Pode-se, assim, seguir as associações do *homem dos ratos* em função da maneira pela qual ele tenta simbolizar a situação e o enquadre psicanalítico.

De imediato, desde a primeira sessão, a situação está ameaçada de sedução. O paciente evoca um Dr. Levi, que se apresentou a ele como um amigo com a finalidade de seduzir a sua irmã; ele prossegue evocando uma série de situações de sedução em que diferentes governantas deixaram-no explorar suas intimidades, mas, por fim, para humilhá-lo ou considerá-lo apenas um moleque castrado. Tudo isso se escuta "na transferência", como se diz – isto é, como a maneira pela qual o *homem dos ratos* vive e tenta significar a situação que Freud lhe propõe.

Quando da segunda sessão, assim introduzida e contextualizada pelas associações da primeira, o paciente tenta evocar o famigerado suplício dos ratos. Ele não consegue colocar o suplício em palavras, a representação interna do suplício obriga-o a se levantar do divã tomado por uma intensa emoção. Se o suplício – um homem é sentado num recipiente que contém um rato faminto que só consegue sair da armadilha se metendo no ânus do supliciado e devorando-o, assim, por dentro – produz tamanho efeito sobre o *homem dos ratos*, é em razão da sua proximidade com a fantasia inconsciente do paciente em sessão, isto é, com a sua representação inconsciente da situação psicanalítica.

O recipiente do *homem dos ratos* "é" o enquadre, o rato "é" Freud – que, por trás, quer se meter nele e "devorá-lo" por dentro por meio da análise etc.:

- entre o nível de simbolização secundário (o *homem dos ratos* vem atrás de uma análise destinada a ajudá-lo com as suas dificuldades; logo, Freud é um "amigo" que vai ajudá-lo etc.)
- e o nível de simbolização primário (Freud é um rato que quer, com violência, apoderar-se dele por dentro)
- há um hiato, uma distância, uma hiância, um campo de tensão entre os dois tipos de simbolização e o sentido que eles veiculam.

A análise e o encontro clínico vão se desenrolar, nesse entremeio, como redução progressiva da tensão essencial entre os dois níveis de simbolização. Por atenuação da simbolização secundária e complexificação progressiva desta, por elaboração progressiva da simbolização primária, o hiato vai progressivamente ser reduzido e as condições de uma "simbolização terciária", intermediária, transicional, vão se desenvolver – o que permitirá ao sujeito não estar mais dilacerado entre dois níveis de representações conflitantes e inconciliáveis.

O processo terapêutico se passa nesse entremeio e como redução desse entremeio, dessas duas maneiras de simbolizar o enquadre e a situação clínica.

Mas a necessidade de "simbolizar o dispositivo" está presente em todos os encontros clínicos, e não somente na situação analítica ou nas situações analisantes. Eu me lembro de um sujeito que, na prancha 10 do Rorschach – quando havia acabado de terminar o seu "percurso de pranchas" e sabia disso –, evoca, designando um pontinho amarelo na prancha: *L. Armstrong chegando, como herói, na Champs-Élysées no final do Tour de France*. Ele simbolizava a si mesmo, bem como à sua própria sensação de proeza por ter atravessado o teste projetivo.

O dispositivo "contém" uma história

Na maior parte do tempo, ora mais, ora menos, ele é o produto de uma história coletiva – como pude mostrar, em 1995, para o enquadre da situação psicanalítica a partir do enquadre da hipnose e da "tina de F.A. Mesmer" (R. Roussillon, 1995) – e ele é a emanação de uma identidade coletiva encarnada pelas sociedades e agrupamentos de clínicos, transmitida pelas formações clínicas. A simbolização se apoia nos grupos sociais.

Mas essa história "coletiva" é sempre sobredeterminada ou "interpretada" por uma história individual (identificações profissionais e pessoais do analista; referência ao terceiro e a suas particularidades para esse sujeito, ao pai originário, à mãe originária dos clínicos e dos seus formadores).

Há também uma história do próprio encontro clínico, da maneira que ela é instaurada, e do sentido que essa ou aquela das suas particularidades pôde assumir num momento dessa história.

Essa história individual, específica, encarna-se na maneira que o enquadre é utilizado pelo clínico, mas também nos diferentes objetos que formam o entorno não analítico do encontro clínico (escolha de objetos, disposição de lugares...).

Algumas notas da história das concepções do enquadre psicanalítico e da sua relação com a sedução

A existência de uma modalidade de simbolização primária da situação psicanalítica, percebida cedo na história da psicanálise e da invenção do enquadre, é inseparável da questão da sedução e das suas formas na história da clínica psicanalítica. Como pude frisar em diferentes momentos desde os meus primeiros trabalhos sobre o enquadre (1988, 1991, 1995), toda a organização do enquadre será tentar precaver-se contra os efeitos de sedução, de sugestão ou de influência do dispositivo – e, assim, tomar distâncias com relação às práticas de sugestão e de hipnose.

Num primeiro momento, pôde-se dizer que o enquadre havia sido uma maneira de reduzir as potencialidades sedutoras do "mostrar" histérico e de sua dramatização, obrigando-a a funcionar apenas pela fala – insistiu-se na sedução libidinal do "mostrar" e do histrionismo.

Então, o encontro com a questão da sedução superegoica, em particular na neurose dita "de compulsão", conduziu às modificações da regra para sair dos aspectos impostos da primeira forma do método – o paciente associa conforme a solicitação do analista e a partir dos focos que este lhe propõe: a associação é "focal" (cf. meus desenvolvimentos acima sobre as formas da associatividade) – para inaugurar a questão da associação "livre". O caso do *homem dos ratos*, que acabamos de evocar, é o primeiro caso conduzido com a regra da associação livre (cf. Atas da Sociedade de Viena de 1907).

Mas o próprio exemplo do *homem dos ratos* mostra um novo aspecto da situação psicanalítica no qual o debate deverá se engajar. O único aparelho de linguagem utilizável em psicanálise será transformado em aparelho de ação. E ali onde a clínica psicanalítica havia tentado evitar a sedução libidinal pela construção do dispositivo; ali onde ela havia tentado evitar a sedução superegoica, inaugurando uma regra de liberdade associativa; ali onde, portanto, o enquadre foi organizado para lutar contra a sedução (D. Lagache, 1952), a sugestão (I. MacAlpine, 1950; Stones, 1953) e a hipnose (R. Roussillon, 1995), ela vai esbarrar numa outra forma de sedução na qual terá dificuldade de pensar – aquilo que propus chamar, em 1978, de "sedução narcísica".

As problemáticas da transferência narcísica, a reação terapêutica negativa (RTN) e todos os problemas clínicos contemporâneos ligados às problemáticas narcísico-identitárias sobre os quais a clínica ainda se interroga estão ligados à maneira que os sujeitos sentem a situação clínica como uma situação que tende a modificar seu funcionamento psíquico e à maneira como reagem a essa modificação vivida no modo da sedução, da sugestão ou da influência.

A problemática da sedução narcísica no encontro clínico só é plenamente inteligível (para além das questões que competem à contratransferência) caso se admita que o enquadre e o investimento transferencial no encontro clínico produzem modificações do funcionamento da psique – modificações e transformações necessárias à sua transferência.

Podemos captá-las, por exemplo, na metáfora que Freud utiliza para fazer com que o paciente compreenda aquilo que espera dele. Ela é muito explícita quanto a essas diferentes transformações. Ele apresenta a regra fundamental da seguinte maneira: *"Imagine – diz ele ao sujeito – que você está num trem em movimento; você olha a paisagem que passa diante dos seus olhos e a descreve a alguém que não a vê"*.

Uma formulação como essa descreve uma série de transformações que não seria inútil desenvolver novamente.

Primeiramente, o trem está em movimento: tudo parte de um movimento que é o da vida pulsional, das "emoções pulsionais", que é o movimento daquilo que o sujeito investe na transferência. É o primeiro tempo, a prévia. Em seguida, o movimento "anima" a paisagem interior do sujeito e produz, então, uma transformação do movimento pulsional numa representação visual; a pulsão é representada na forma de representações de coisas "visuais", ela produz um pensamento como imagem (modelo do sonho), como fantasia. Ela desenvolve o *insight*, o "olhar" sobre as paisagens interiores.

É justamente para que esse trabalho possa se efetuar que a situação restringe a motricidade e o olhar ao analista na situação psicanalítica, ou que o clínico se mostra neutro e discreto em outros dispositivos clínicos; é justamente para que a suspensão da motricidade e da percepção "produzam" um jogo de imagens interiores, transfiram-se e transformem-se nessa dinâmica interna de imagens e fantasias e de sua transferência para o aparelho de linguagem verbal.

Pois o que foi assim representado como coisas visuais deverá, em seguida, ser "traduzido" (Freud, Laplanche) em representações de palavras, transferido para o aparelho de linguagem e endereçado ao analista.

Ora, tudo isso supõe que o analisante dispõe da possibilidade de efetuar essas transferências intrapsíquicas, de uma capacidade para esse modo de transformações. Quando não é esse o caso, a situação não é vivida como um apoio para a simbolização, mas como uma ameaça para o funcionamento psíquico, uma colocação em xeque deste, como uma forma de influência que ameaça a sua identidade, por menos que as intervenções do clínico não levem em conta esse efeito induzido pelo enquadre.

Freud cessa a descrição das transformações nessa fase, mas seus sucessores prolongaram sua reflexão para além, e isso de maneira essencial.

Green frisou que havia uma transferência para a linguagem que assim se efetuava, na medida em que tudo deve passar pela palavra. Mas pude fazer com que se observasse (1995) que a transferência para a palavra e a linguagem modificava também o estatuto da palavra – e que a palavra tendia, então, a se tornar o agente de um aparelho de ação, de ação na e para a linguagem.

No enquadre psicanalítico e nas situações clínicas aparentadas, o fato de que a palavra seja o único meio da comunicação confere a ela um valor particular e exacerba algumas das suas potencialidades. A transferência é uma forma de ação pela palavra: ela é *agieren*, como diz o alemão; ela é colocação da história em ato (pode-se também, sobre esse último ponto, referir-se ao livro de J.-L. Donnet: *La situation analisante* [A situação analisante]).

Em outros dispositivos clínicos, outros meios vão ser propostos e vão fornecer matéria a outras formas de transferência. Ali onde, na situação psicanalítica tradicional, a transformação do campo motor em imagens visuais, em "pensamento em imagem", efetua-se na intimidade da psique do sujeito; ali, portanto, onde ela é evidente e está entregue ao processo interno do sujeito com base na hipótese de que ele pode levá-lo a bom termo, que o seu funcionamento psíquico a torna possível, outras conjunturas transferenciais vão impor a realização de um acompanhamento desse processo com auxílio de meios como o desenho, a pintura, até de certas formas de "dramática mimo-gesto-postural" com valor de encenação (cf., por exemplo, o exemplo – analisado acima – da pantomima histérica), ou de toda forma de "represent-ação" visual ou motora.

Por fim, poderíamos aventar que o trabalho clínico será, em seguida, o de tentar transformar essa ação, esse *agieren*, numa forma de jogo suscetível de restabelecer ou de liberar as potencialidades simbolizantes deste, e assim permitir o trabalho de atribuição de sentido necessário à apropriação subjetiva. A última transformação seria a do aparelho de jogo assim desenvolvido numa forma de aparelho ou, melhor dizendo, de "função reflexiva".

Pode-se, então, descrever a série de transformações implicadas pelo processo analisante:

> Aparelho motor → Aparelho de figuração visual dinâmica → Aparelho de linguagem e, para além de Freud: → Aparelho de ação → Aparelho de jogo → Aparelho de sentido (metajogo) e de apropriação.

Transferência e "utilização" do dispositivo-enquadre

A hipótese fundamental que subjaz aos nossos diferentes desenvolvimentos e, em particular, aquela que propomos a respeito das transformações do funcionamento psíquico implicadas pelo dispositivo, é a de uma transferência do espaço interno da simbolização para o dispositivo necessário à sua utilização.

D. Anzieu (1975) propôs a hipótese de uma tópica projetada no espaço analisante, mas E. Erickson (1960) já havia evocado uma hipótese como essa a propósito do jogo da criança considerado um desenvolvimento analógico de processos psíquicos – e isso como prolongamento das hipóteses de Freud sobre o jogo do carretel, mas também sobre o animismo infantil (Freud, 1913). Todos esses trabalhos concorrem no preparo da hipótese de uma transferência do funcionamento do aparelho psíquico para o dispositivo, para os diferentes componentes do dispositivo têmporo-espacial – transferência que tende a "materializar" certos processos que vêm "animar" o encontro clínico (no sentido do animismo primevo).

Uma das consequências desse processo é que o lugar do encontro clínico torna-se "sagrado": fragmentos da psique do sujeito se "mesclam" simbolicamente a objetos ou particularidades do dispositivo que, com isso, os "representam" no decorrer do encontro. É esse processo que torna potencialmente "sagrados" os objetos ou particularidades do dispositivo; é também o que explica certas vivências catastróficas quando há modificações que afetam o dispositivo na materialidade (cf. J. Bleger, 1967).

O que quer dizer, inversamente, que, como indicamos, o dispositivo deve exercer uma "atração" da simbolização, uma "sedução" dos seus processos pelo dispositivo. Por suas propriedades ele deve permitir uma condensação da simbolização, graças à qual tudo se torna "mensagem" endereçada na situação clínica, tudo é entendido como "sofrimento" ou à espera de simbolização.

Minhas últimas considerações convidam a propor, agora, uma observação geral sobre aquilo que se passa na relação com o dispositivo.

O enquadre, o dispositivo instaurado em vínculo com a consideração de uma determinada psicopatologia tende, quer mais, quer menos, a testemunhar características do objeto ao qual ele se dirige – devemos essa observação a J. Bleger (1967). Há uma "penetração agida" (J.-L. Donnet) do objeto e da sua forma que se efetua sobre o próprio enquadre e dentro dele; há aquilo que propus chamar de uma "transferência para o enquadre" (1977, 1991, 1995, 2008), que condiciona a maneira em que o enquadre acolhe essa transferência, mas também pela qual é por ela afetado e, por vezes, atacado ou reduzido à impotência.

A transferência – diz Freud em 1914, como vimos – é transposição "da situação histórica para a situação atual"; ela não se refere, com efeito, segundo essa definição, apenas à relação com o clínico, ela se refere a todos os aspectos da "situação atual", isto é, também ao relacionamento ou à relação com o dispositivo (mas também, retornaremos a este ponto, a elementos "exteriores à análise"). Há uma especificidade da dimensão da transferência "para" o dispositivo que explicaria a difícil relação que certos sujeitos mantêm com a situação clínica; que nos explicaria, ao menos em parte, a intolerância de certos pacientes com a situação destinada a ajudá-los e a aliviar seu sofrimento.

Essas reflexões conduzem a uma hipótese que diz respeito à especificidade disso que se transfere para o próprio dispositivo. Se o enquadre "simboliza a simbolização", então podemos aventar que, em torno da relação com o enquadre, virá se reencenar a história dos sujeitos em sua relação com a própria atividade de simbolização, a história dos seus acasos e particularidades – dos seus êxitos, mas também a história dos seus traumatismos.

Isso significa que a relação que o sujeito mantém com o dispositivo poderia ser considerada um "analisador" da história – menos um símbolo particular ou uma fantasia particular do que a relação com a própria atividade de simbolização. É também em função dessa hipótese que a questão dos arranjamentos do dispositivo deve poder ser pensada. Não se pode impedir que, no seio do dispositivo, venha se reencenar um quinhão da história traumática do sujeito, o que quereria dizer um impedimento à transferência e teria como efeito a sideração ou o congelamento do trabalho clínico; mas uma reprodução "com uma fidelidade indesejável" (Freud) torna, por sua vez, muito difícil a circulação daquilo que assim se reencena. São assim reunidas as condições de uma dupla imposição: repetir suficientemente para que o processo "pegue", e que ele possa abrir a via para uma retomada fecunda e integradora, mas não repetir demais "exatamente" aquilo que entravaria consideravelmente a possibilidade dessa integração.

Formas e modalidades da transferência

Como indicamos em nosso capítulo sobre a transferência, há primeiro a transferência para o psicanalista – história da transferência dos objetos-simbolizantes – das particularidades idiossincráticas desses objetos, a qual se acrescenta aos processos específicos dessa transferência: por deslocamento e metaforização, por retorno. Mas também uma transferência para o meio (R. Roussillon): transferência para a linguagem (A. Green), para o jogo, o desenho e todas as formas de meio propostas pelo *setting*.

Por fim, descrevi também (1977) uma transferência para o dispositivo, que comporta a história da relação com a simbolização, história dos seus êxitos, dos seus reveses, dos seus contextos etc.

Paradoxo do dispositivo

O que é dito e vivido é experimentado "como verdadeiro" (atualizado no encontro).

Mas o que é trazido "vale" como re-presentação (retomada, reedição da história). O dispositivo "significa" a retomada re-presentativa; ele significa que aquilo que se passa vale como representação, e não como a própria coisa; ele "representa" o espaço da representação do dito, do mostrado e do vivido.

Quando uma coisa é inscrita na situação, ela "significa" a sua representação; significa ela mesma e outra coisa que ela simboliza. Ela "representa" o espaço da representação do dito, do mostrado e do vivido.

O dispositivo trata assim o paradoxo da impossível diferença entre a própria coisa (ou o afeto) e a coisa ou o afeto tomado como, tratado como, uma representação, um signo, um sinal; entre o atual e a atualização e a re-presentação; entre a forma passional e a forma "sinal", mensageira (exemplo: a dessimbolização no enquadre deve ser considerada vestígio histórico – tentativa de representação – das experiências de dessimbolização).

7. Inventar/pensar um dispositivo nas situações-limite e extremas

O "cuidado" das clínicas e patologias da "sobrevivência" e das patologias narcísico-identitárias

Gostaria de estender essas reflexões sobre os dispositivos com algumas observações complementares a respeito das dificuldades específicas da posição clínica quando ela encontra a questão das clínicas das patologias narcísico-identitárias e das estratégias de sobrevivência psíquica que estas frequentemente implicam. A prática corrente dos clínicos neste início do século XXI frequentemente os conduz, com efeito, a se defrontar com problemáticas clínicas que estão muito distantes dos dispositivos *standard* mais clássicos. A questão de uma clínica psicanalítica é então, também ela, levada ao seu limite e levanta uma grande quantidade de questões tanto no que se refere ao "dispositivo" – se esse termo ainda faz sentido aqui – quanto à própria posição clínica. Entretanto, o clínico não pode recuar frente ao fato que se impõe a todo prático engajado nesses terrenos e nessas problemáticas: se a posição clínica esbarra em várias dificuldades na sua implementação e na sua manutenção, a experiência mostra que ela é, não obstante, o único recurso possível. Não há escolha: apenas os clínicos nutridos pela clínica psicanalítica dispõem das práticas e dos conceitos necessários à abordagem dos sujeitos implicados e do modo de sofrimento que os caracteriza.

O enquadre geral da minha reflexão sobre a posição clínica nas situações-limite ou extremas é o conceito, proposto por Winnicott, de "necessidade do eu". Winnicott não definiu verdadeiramente as "necessidades do eu", e teremos de retornar adiante detalhadamente sobre esse conceito e sobre as questões que ele levanta; mas me parece que por ora seria lógico defini-lo, e avançar, como se referindo a "tudo aquilo de que o sujeito tem necessidade para fazer o trabalho de integração e de simbolização da sua história vivida, a qual lhe cabe".

Clínica das "situações extremas"

A clínica das situações extremas se refere menos ao registro do desejo – que encontra o seu máximo de pertinência quando a economia psíquica é claramente organizada sob o primado do princípio do prazer – do que ao da necessidade que sobressai quando, para além do princípio do prazer, o clínico é confrontado à questão dos efeitos deletérios da pulsão de morte, do desaparecimento da diferença entre coisa e representação da coisa.

A primeira questão que encontramos, por exemplo, na abordagem clínica da população em situação de rua ou dos "garotos de periferia" ou de "bairro" – e não é a menor – é a de saber até onde é pertinente defrontar-se com as clínicas do extremo e das economias de sobrevivência psíquica. O clínico se depara com a questão de saber se o que ele pode oferecer é "superior" ao que o próprio sujeito implementou, se o remédio não é pior que o mal. De uma maneira geral, enquanto as estratégias de sobrevivência "funcionam bem" ou suficientemente bem, pode-se constatar que os sujeitos não pedem nada; em todo caso, não pedem cuidado psíquico e, salvo exceção, o clínico não é levado a encontrá-los. Mas existem também situações em que elas não "funcionam mais" em razão das quais o clínico pode ser levado a intervir, apesar da ausência de pedido. A existência de um pedido, como adiantamos, não é uma condição *sine qua non* do encontro clínico, e encontramos cada vez mais formas de sofrimento manifestas em sujeitos que não podem organizar um pedido e que, entretanto, poderiam se beneficiar de um acompanhamento psicoterápico.

Mas tampouco podemos nos apoiar tranquilamente na hipótese de uma agonia psíquica subjacente ao modo de organização dos sujeitos que somos levados a encontrar, para decidir que eles têm "necessidade" de um acompanhamento – isso sobretudo se não estamos prontos para endossar os acasos do trabalho psíquico então implicado. Recordo-me de um filme de Jean Renoir, *Boudu, salvo das águas*, no qual um bom burguês salva do afogamento suicida um pobre maltrapilho, interpretado por Michel Simon, que havia decidido acabar com a vida. O filme coloca muito bem em cena o peso de responsabilidade que o salvador contrai em relação ao "salvado", se se trata de restituir-lhe o gosto pela vida. Não se trata somente de ajudar os sujeitos a saírem da sua economia de sobrevivência, mas também de acompanhá-los, em seguida, rumo à redescoberta com a experiência das agonias subjacentes – e, então, continuar a assegurar os cuidados psíquicos necessários.

É, portanto, primeiramente, a clínica e a nossa empatia com aquilo que o sujeito experimenta que devem nos guiar na empreitada.

Assumindo o risco de chocar, gostaria de começar frisando a importância de uma atitude clínica que se fundamenta na escuta do sujeito e na consideração da sua estratégia de sobrevivência; que aceita aprender, com o sujeito, como a sua estratégia de sobrevivência está organizada e qual "lógica" ela adota.

Parece-me necessário, com efeito, começar lembrando que as estratégias de sobrevivência utilizadas para atenuar o impacto das situações extremas são estratégias de "autotratamento", como M. Khan as chamava. Isto é, que elas representam a maneira pela qual o sujeito procurou "cuidar-se" do impacto traumático da situação extrema, agonística, que ele teve de atravessar.

Não nos esqueçamos que, de uma certa maneira, o sujeito ainda é o mais bem situado para saber quais "soluções" mais lhe convêm; ele é aquele que sente mais "de dentro" o que foi vivido, qual impacto isso teve em sua economia psíquica e os limites que ele encontrou no arranjo ou no seu rearranjo psíquico. Quando anseiam por ajuda, e mesmo se esse anseio não é consciente, os sujeitos sempre procuram "comunicar" de uma maneira ou de outra qual é sua necessidade fundamental; mas é claro que não se trata necessariamente de mensagens conscientes, nem sequer de mensagens expressas na linguagem verbal.

O clínico intervém numa situação que tem sua história, história que ele não conhece, que ele talvez vá descobrir aos poucos, e na qual ele começa frequentemente a intervir às cegas – e isso, às vezes, durante muito tempo. Seja qual for o caráter paradoxal que o comportamento do sujeito pareça manifestar, o clínico deve estar persuadido de que o sujeito tem "razões" para ter se estruturado assim, de que a sua situação atual tem um sentido. E não é dito que as razões em questão são más ou inadaptadas do ponto de vista do conjunto da situação subjetiva presente e passada. Isso significa que a nossa ação deve partir do princípio de que colocamos a seu serviço nossas aptidões profissionais e, em particular, nossas capacidades de sentir, nele – e eventualmente para além da consciência que ele pode ter disso –, o movimento de esperança ou a tentativa de saída dos impasses aos quais ele pôde ser conduzido.

Aceitar, primeiro, o sujeito como ele é parece a melhor base de onde partir em condições como essas: nas situações extremas, ainda mais do que em qualquer outra situação de cuidado psíquico, nenhuma mudança verdadeira pode se efetuar caso não seja precedida por essa aceitação profunda, por essa aceitação prévia. Winnicott, no caso Liro do *Consultas terapêuticas em psiquiatria infantil*, pôde ressaltar que nenhuma mudança verdadeira podia adquirir sentido sem esse requisito; é preciso começar aceitando o outro como ele se apresenta, caso se queira que a mudança implementada não resulte de uma submissão passiva aos nossos ideais, que ela não esteja fundamentada numa rendição do ser, numa nova forma de alienação. Eis aí um paradoxo da mudança psíquica, ela supõe a aceitação profunda do estado atual.

Aceitar o sujeito como ele é já é começar a aceitar a realidade, o "dado" intersubjetivo a partir do qual o trabalho deverá se efetuar, mas é também começar a aprender com ele aquilo que pode eventualmente lhe convir. É o sujeito, e somente ele, que pode mudar; nós, quando muito, podemos possibilitar essa mudança; fornecer as condições graças às quais ela poderá eventualmente ser implementada. É uma verdade essencial de toda posição clínica: o sujeito, e somente ele, sabe aquilo de que precisa e que guia a nossa ação.

Mas nas situações-limite e extremas isso é ainda mais verdadeiro que em outras, por conta da grande precariedade e do desamparo dos sujeitos. Às vezes suas privações são tamanhas que ficamos tentados a esquecer essa verdade essencial do campo terapêutico e do encontro clínico e a ceder à ilusão de acreditar que nossa posição socialmente estabelecida nos concede a licença de propor "nossas" soluções e nossas respostas de evidência, até mesmo de impô-las: elas parecem tão razoáveis; não somos competentes, "supostos saber"?

Parece-me que há primeiramente, então, que estar bastante à escuta daquilo que os sujeitos expressam e daquilo que manifestam para além da ausência de pedido – o que não significa, é claro, não os fazer mais cair no impasse de algumas das suas "estratégias". Em contrapartida, escutar cuidadosamente quais "soluções" eles tentaram colocar em ação, escutar "como tentativas de solução" os diferentes componentes da sua organização de vida – e isso antes de qualquer intervenção verdadeira de nossa parte – muito nos ensina clinicamente sobre as "teorias" do cuidado dos sujeitos; elas geralmente estão estritamente conectadas e são congruentes com a sua experiência traumática.

Quando digo "escutar", é preciso, é claro, escutar como uma metáfora, e não tomar o termo ao pé da letra; aqui, escutar significa estar atento a todos os sinais, a todas as mensagens verbais e não verbais. Aqui, a posição clínica me parece ser aquela que se atém a escutar e compreender as manifestações do sujeito, os seus comportamentos, os seus atos, como mensagens ricas em informações sobre as modalidades do cuidado que podem ser postas em ação. A ideia essencial que deve nos guiar é a de que o sujeito tenta nos comunicar quais são as suas necessidades, quais representações ele pode fazer para si daquilo de que precisa e daquilo que pode esperar de nós. Aqui, mais do que noutro lugar – e isso mesmo com sujeitos em grande desamparo –, é o sujeito que guia a nossa intervenção, ainda que não possa fazê-lo de forma deliberada e manifesta. É, em todo caso, aos sinais que podem nos guiar nesse sentido que me parece ser preciso, ao máximo, ficar atento.

O que trazemos, primeiramente, é a possibilidade dada ao sujeito de não estar mais sozinho diante daquilo que ele experimenta e experimentou; e essa já é uma das questões essenciais do encontro clínico, uma das suas questões determinantes. Aquilo que chamamos de função fórica na situação clínica pode, agora, nos iluminar. Não há atribuição de sentido possível sem uma certa capacidade prévia para manter – diz-se frequentemente, agora, para "conter" – a situação, e para lhe dar uma humanidade de base. Mas se isso pode parecer elementar quando se trata de necessidades materiais e corporais, está longe de ser tão evidente quando se trata das necessidades do eu e, em particular, quando não foram consideradas no decorrer de longos períodos de vida.

Uma das particularidades das situações extremas, com efeito – começamos a frisá-lo noutro momento –, é que o sujeito teve de se "retirar" dele próprio para sobreviver. Esse retraimento tem uma consequência: o sujeito não se sente mais, ou quase; ele não se vê mais, ou quase; ele não se escuta mais, ou quase. O outro é necessário para que ele possa, graças ao "espelho"[1] que a relação com o clínico pode lhe oferecer, recomeçar a se sentir, a se ver ou se escutar. Mas é uma faca de dois gumes. Se, de um lado, o clínico pode auxiliar o sujeito a retomar contato consigo mesmo, graças ao espelho que o acompanhamento pode disponibilizar, ao mesmo tempo essa retomada de contato é dolorosa. Não passa batido recomeçar a se sentir quando o que há para sentir está marcado pela desesperança e pela agonia; recomeçar a se ver, quando é a vergonha e o declínio de si que o espelho do rosto do outro pode devolver, quando é a uma imagem monstruosa de si que se arrisca a ser confrontado. É, aliás, justamente por isso que frequentemente os sujeitos se retiram da vida relacional; a relação com o outro fica ameaçadora quando ameaça o esforço de neutralização que a estratégia de sobrevivência tornou necessário. É frequentemente preciso um bom tempo e uma minuciosa "domesticação" para que a relação e as qualidades cuidadoras potenciais desta comecem a ser toleráveis. O acompanhamento cuidador nunca deve perder de vista esses requisitos fundamentais; não se trata, em nome de ideologias conservadoras, de se atirar em formas de auxílio que se mostram, no fim das contas, mais nefastas do que úteis – e que, de todo modo, deixam amargos aqueles que ficam com a impressão de se terem doado a ingratos.

O que podemos, então, estabelecer?

Auxiliar o sujeito a organizar melhor sua economia de sobrevivência é, por vezes, a melhor das coisas que pode lhe acontecer – e isso ainda que uma

---

[1] É claro que, quando evoco a função "espelho" do clínico, é preciso não entender "espelho" num sentido especular; na posição clínica o espelho é "transmodal", ele está no "modo 'quase'", ele tende a ser um dos operadores da função reflexiva.

opção como essa possa "chocar" o nosso ideal terapêutico. Respeitar e levar em consideração o nosso próprio limite são condições *sine qua non* do investimento com o cuidado. Frequentemente mais vale tomar o partido da modéstia de um projeto do que engajar o sujeito numa empreitada que não temos os meios – ele, tampouco – de assegurar.

Assim, se um sujeito que atravessou uma situação extrema é ameaçado em sua economia de sobrevivência, chegando ao fim das possibilidades que esta lhe permite, mesmo que o sujeito em questão não possa chegar a formular um pedido claro, cumpre ainda assim seriamente se perguntar se não podemos ir em seu auxílio, em nome da condição humana. O estado de desamparo manifesto, de desesperança, é uma indicação de cuidado clínico. Contudo, está bastante claro que, se esperar a formulação clara de um pedido redunda em pedir o impossível – e, de fato, em se encontrar numa posição de "omissão de socorro psíquico" –, não é por isso que uma ajuda clínica pode ser levada em seja lá quais forem as condições. Aqui também, sem o respeito à subjetividade do sujeito, nenhum trabalho psíquico verdadeiro pode ser empreendido.

Aí está um primeiro paradoxo da situação de cuidado: ela deve frequentemente se efetuar sem que haja pedido formal e, ao mesmo tempo, deve respeitar o que foi salvo do desastre da catástrofe subjetiva. Logo, trabalhar sem pedido formulado, mas tampouco sem desvalorizar ou desqualificar as estratégias de sobrevivência implementadas pelo sujeito. Se é preciso trabalhar, como frisamos fortemente, em função de "estratégias de sobrevivência" e no seio destas, numa aliança relativa com elas, o trabalho pode ainda assim visar – e, no fim das contas, visa – desconstruir aquilo que essas estratégias podem comportar de mais depreciativo para o sujeito.

Isso quer dizer que se se podem pensar modalidades "gerais" – ou, digamos, "frequentes" – do cuidado, aqui mais do que nunca a resposta do clínico deve ser "sob medida". É nessa adaptação sob medida que algo do processo de despersonalização e de dessubjetivação inerente às situações-limite e extremas pode começar a ser desconstruído. Vai ser preciso frequentemente, portanto, "bricolar" – no sentido que C. Lévi-Strauss deu a esse termo – um dispositivo de encontro, inventá-lo em função do dado preciso da situação atual do sujeito.

Um dos aspectos desta se refere à escolha do lugar ou do "enquadre" do cuidado. Aqueles que têm experiência de trabalhar com as situações extremas sabem o quanto é difícil para os sujeitos que foram confrontados a tais situações fazer um percurso em direção a espaços de cuidado, e ainda mais em direção a espaços de tratamento psíquico. Muito frequentemente é preciso ir ao encontro desses sujeitos, no seu terreno,[2] e domesticar o seu terror pelo outro e pelo vínculo.

Assim, S. Fraiberg, clínica cujo percurso me parece aqui exemplar, instala seu centro de cuidado nos próprios bairros onde as suas jovens pacientes residem, de modo que não hesita em ir até a casa da pessoa para propor o que acabará chamando de *"kitchen therapy"* [terapia de cozinha]. Ela não hesita a ir se sentar no chão sujo dos apartamentos das jovens mães cujos bebês estão em grande perigo psíquico, no mesmo nível e nas mesmas condições que as suas pacientes e os seus bebês. A "partilha" da situação extrema às vezes passa por aí, compartilhar os mesmos lugares, enfrentar durante certo tempo as mesmas condições de vida; esse é frequentemente o preço da inteligibilidade, é o que permite "sentir" o que os sujeitos sentem, ver as coisas a partir do seu ponto de vista, empaticamente. Assim, de toda forma, essa partilha só tem lugar durante um tempo relativamente restrito, considerando o daqueles que vivem permanentemente nesse ambiente. Mas também aí essa "partilha do lugar" não pode se efetuar sem precauções; ela passa por uma prática da "cativação progressiva" do encontro. Por exemplo, com a população em situação de rua é muito frequente que o encontro clínico apenas se torne tolerável em seguida a uma lenta aproximação, e é só então que certo "apego" necessário a todo cuidado pode ser vislumbrado.

É claro que não se podem excluir momentos de encontro "face a face" – com toda a questão do afrontamento potencial que uma posição como essa pode compreender –, mas, na minha experiência, é na posição "lado a lado" que o clínico deverá primeiramente começar a se situar – em acostamento

---

[2] Isso deve ser entendido no sentido próprio, mas também no sentido figurado. Por exemplo, com as crianças autistas, "ir até a casa da pessoa" é, primeiro, aprender sua linguagem – e não tentar, de imediato, fazer com que elas entrem na nossa –; e, para tanto, compartilhar "em dupla" as suas mímicas, os seus gestos, as suas sensações para lhes permitir "tornar-se linguagem" compartilhada e abrir, assim, espaços de simbolização. Cf. *infra* o meu desenvolvimento.

psíquico ou, ainda, "junto" –, partilhando conjuntamente a mesma tarefa, a mesma dificuldade, até o mesmo desamparo ou a mesma desesperança.

Acabei de evocar o que me parece ser um dos pontos fundamentais da posição clínica junto a situações-limite e extremas; deve-se fundamentar numa "partilha de afeto" (C. Parat, 1995), ao menos relativo e parcial, sem o qual toda empreitada é inevitavelmente conduzida ao fracasso. Não esqueçamos que uma das características das situações-limite e extremas é precisamente que elas foram vividas num sentimento de solidão radical, e que esta é um dos componentes essenciais da experiência de agonia psíquica. Talvez, aliás, a única coisa que possamos oferecer aos sujeitos seja esse acompanhamento na solidão da experiência agônica, partilhando a impotência vivida, aceitando partilhar essa impotência, até mesmo essa dor. Às vezes isso é o bastante, aliás, para ativar os processos psíquicos fixados por uma demasia de solidão, por uma ausência de partilha. A partilha da experiência subjetiva ou de uma forma aparentada desta – uma forma, com frequência, felizmente atenuada (felizmente para o clínico) –, age, aliás, ali onde o sujeito foi enxotado da condição humana, pois o que caracteriza a expulsão para fora do espaço simbólico da condição humana é precisamente, em primeiro lugar, a impressão de que a experiência psíquica não é partilhável.

Uma observação se impõe nesse ponto, ela é essencial: a maior parte do tempo o clínico não pode enfrentar sozinho, ele próprio, essa situação clínica; ele mesmo deve poder partilhar a sua experiência afetiva nessas situações de cuidado. Aqui, mais do que nunca, os grupos ou seminários de "supervisão" ou de "intervisão" coletivos são indispensáveis, mas contanto que sejam conduzidos por clínicos que tenham, eles próprios, uma experiência desse tipo de situação clínica. Sair da solidão do que se experienciou, aceitar os acasos do encontro clínico, esses me parecem os primeiros imperativos de uma posição cuidadora em situação extrema.

Mas também é preciso frisar os limites da partilha; nós não podemos partilhar tudo do outro, simultaneamente porque, primeiro, estamos implicados enquanto profissionais; e, em seguida, por conta da singularidade da experiência subjetiva de cada um.

O importante para o sujeito é que ele possa ter uma "testemunha" de seu estado interno, uma testemunha que dá crédito e qualifica o que se produziu, o que se produziu nele. Frisa-se regularmente a importância da função do terceiro no processo de simbolização, mas frequentemente sem precisar muito mais qual nível de terceirização está implicado, pois a função terceira é plural e os meios de operar a função de diferenciação são múltiplos – e devem ser implementados sob medida também aí, em função das necessidades do sujeito. A posição da "testemunha" faz parte da função terceira, é a partir dela que a configuração da cena traumática pode começar a ser representada. Como já ressaltei, trata-se aqui de uma testemunha "compassiva", como escreve J.-D. Vincent (2004), ou "empática", como mais classicamente evocado – isto é: se ela ocupa uma posição terceira, a testemunha é também potencialmente um duplo para o sujeito. Aprofundaremos isso adiante, no capítulo consagrado ao Meio Maleável.

A testemunha não é muda, ela é aquele que pode atestar, quando preciso, aquilo que se produz psiquicamente, aquele que pode nomeá-lo, qualificá-lo.

Compreendeu-se que se a partilha de afeto é tão importante, é sem dúvida porque é preciso, primeiro, tentar romper o cerco de solidão que pôde se estabelecer; mas é também porque, sobre esse fundo, um trabalho de qualificação, até de colocação em palavras, de constituição de relato, vai se tornar possível – é o primeiro tempo do trabalho de ressubjetivação, até de ressimbolização, da experiência extrema. Mas aqui é preciso não se deixar enganar pelos termos: a constituição de relato não significa a criação de uma obra literária.

Nos capítulos precedentes, evoquei três tempos, três processos do trabalho de simbolização: o processo fórico, o processo semafórico e o processo metafórico. Eles correspondem a três tempos do processo de simbolização: o trabalho de transformação em signo, o trabalho de encenação e o trabalho de atribuição de sentido.

O "trabalho" de transformação em signo é, em grande parte, efetuado pelo sujeito que produz sintomas do seu sofrimento, signos que o exprimem. Mas seus signos só se tornam significantes na medida em que são recolhidos pelo clínico; dito de outro modo, eles são "signos mortos" – "letra morta", como se diz. Devem ser entendidos como signos, como significantes, mas também como mensagem, como uma primeira forma da maneira pela qual o sujeito começa a "narrar o inenarrável" da situação-limite ou extrema – narração que não utiliza, na maior parte do tempo, o aparelho de linguagem, mas se efetua pelo afeto, pelo ato, pelo comportamento, pelo gestual, pela rítmica; narração que encontra, no corpo, o seu vetor e o seu suporte, o seu espaço de escrita privilegiado.

Esses signos convocam um trabalho de encenação, isto é, um trabalho de contextualização. Um signo não está isolado, isolado ele não significa nada; ele só começa a ganhar sentido no seio de um contexto, de uma cena "primitiva", "originária", "traumática" – pouco importa o termo utilizado. Remontar do signo em direção à cena é começar a re-presentar o que foi traumático, é começar a inserir o signo no seio de um contexto, a inseri-lo no início de uma cadeia associativa, de uma cadeia narrativa. O trabalho de colocação de sentido só pode se inaugurar a partir desse fundo. A cena não está dada na maior parte do tempo, ela deve ser inferida, construída ou reconstruída a partir de um trabalho de conexão de signos e significantes previamente destacados; ela se destaca a partir da necessidade de tornar inteligível a potencialidade de representância dos significantes. E cabe frequentemente ao clínico refletir e organizar – na forma de uma cena, a qual ele formulará ou guardará para si, conforme o caso; ou até mesmo "teatralizará" ou "psicodramatizará" – os diferentes signos que parecem se associar.

Mas é preciso ressaltar, de imediato, que, se a comunicação verbal continua sendo claramente a via régia do trabalho de simbolização, é preciso esperar, como indicamos diversas vezes, que as outras vias de comunicação da vida psíquica estejam também particularmente presentes. Atribuímos um lugar particular ao afeto e à sua partilha: o afeto é, sem dúvida, o primeiro meio de comunicação; sem dúvida, um dos mais "arcaicos" – sem dar sentido pejorativo a esse termo, mas sim atribuindo a ele o que ele comporta de fundamento de toda comunicação humana. Mas também é preciso evocar os sistemas de comunicação que passam pela permuta de objeto, o dom de objeto, a partilha de objeto. Os "*Restos du cœur*"[3] compreenderam bem essa solidariedade de base, mas também a importância dessa base do humanitário, essa base de comunicação no humanitário. Por meio dos objetos são representações-objetos

---

3 "*Restos du coeur*" [Restaurantes do coração] consiste numa associação que foi fundada pelo humorista francês Michel Gérard Joseph Colucci (Coluche), em 1985, e que se dedica a distribuir refeições às populações carentes. Cf. <www.restosducoeur.org>. (N. R.)

que se permutam. Frequentemente também é a partir do ato que a comunicação pode se estabelecer, do ato partilhado, do ato em vias de inscrição simbólica, do ato no qual a simbolização busca a sua voz. Os atos também narram uma história, uma história por escutar, até mesmo por decifrar.

Como ressaltamos, por essência, os traços psíquicos do impacto traumático da situação extrema tendem a ser "reatualizados"; eles tendem a se apresentar de novo ao sujeito; eles estão fora do tempo – logo, potencialmente de todos os tempos, de todos os presentes. Contextualizar o signo, começar a representar a cena na qual ele começa a ganhar sentido, é também começar a possibilitar uma historização deste, começar a inscrevê-lo numa história, começar a possibilitar um relato da impossível subjetivação – e, assim, acioná-la. É também a partir dessa historização progressiva, e que pode levar um bom tempo para começar a se organizar, que o sujeito pode começar a se reabilitar e a reabilitar o seu tempo, a se reinscrever na história. A historização é o que freia a atualização, é o que constitui o que tende a se atualizar como re-presentação, como "lembrança" do passado – e, portanto, como algo que provém de outro tempo.

Gostaria de ressaltar, ainda, duas considerações que se referem à vivência subjetiva dos clínicos engajados no acompanhamento de cuidados dos limites e dos extremos.

A primeira se refere à questão da gratidão. Se não há acompanhamento verdadeiro sem "solidariedade" do clínico para com o sujeito que o acompanha, deve-se esperar que não haja, ao menos durante um bom tempo, uma recíproca. Nada de gratidão, e por muito tempo – e talvez jamais. Se a gratidão aparece, é como presente final para saudar que "sobrevivemos" bem, nós mesmos, em nossa posição de clínico. "Sobrevivemos", pois é preciso que não se espere uma aliança de trabalho com os sujeitos em situação extrema; a maior parte do tempo é preciso que continuemos apesar, no mínimo, de uma parte deles – a parte que resiste a encontrar o sofrimento da agonia que se mascara por trás, a que nos constitui como algoz atual do seu sofrimento. O encontro clínico é, portanto, regularmente ameaçado, até mesmo "atacado", aniquilado; a mão que se estende é "mordida". Sobreviver é, então, entender esses ataques como um meio de garantir para si a força do vínculo; é também entendê-lo como meio de nos fazer "partilhar" aquilo pelo qual eles passaram; é, por fim, entendê-lo como colocação à prova dos motivos que nos levam a propor ajuda. Pois a ameaça está sempre presente; a implicação dos clínicos é tão necessariamente importante que se torna ambígua a questão de saber na conta de quem sua ação se efetua.

Alguns exemplos de bricolagem de dispositivos

Os capítulos anteriores apresentavam uma espécie de teoria geral dos dispositivos, podendo servir para "bricolar" um enquadre sob medida segundo as problemáticas clínicas encontradas. A fim de tornar os diferentes elementos do modelo mais explícitos e legíveis e dar prosseguimento à reflexão sobre a clínica em situação-limite ou extrema, gostaria agora de dar alguns exemplos concretos da "invenção de dispositivos clínicos" em que se pode desembocar em função das particularidades das problemáticas e quadros clínicos narcísico-identitários aos quais se é confrontado.

Esses exemplos são emprestados dos trabalhos de pesquisa efetuados no enquadre da minha equipe de pesquisa do CRPPC[4] de Lyon 2 ou em ligação com ela. Na maioria dos casos a situação é a seguinte: um clínico anseia aprofundar os dados da sua prática – tanto num plano teórico quanto nos dispositivos mais *ad hoc* – para explorar ou acompanhar a clínica de uma população que apresenta formas de sofrimentos narcísico-identitários. Essa última formulação significa que, sob a ação das patologias do narcisismo às quais os sujeitos eram confrontados, estes apresentam uma grande dificuldade de se manter como sujeitos, visto que uma ameaça identitária pesa sobre o seu funcionamento psíquico.

A maior parte do tempo o clínico – que invoca fundamentalmente a psicanálise e suas práticas e que foi formado nesse sentido – ou foi, de fato, levado a "bricolar" um dispositivo clínico para tentar se ajustar aos sujeitos aos quais a sua prática o confrontava, ou se volta para a universidade para pensar um dispositivo como esse. Ele anseia refletir sobre esse dispositivo com uma grande quantidade de questões em que se mesclam a interrogação de saber o que, na prática, é do foro das suas insuficiências pessoais – e, nesse caso, ao

---

4 Centre de Recherche en Psychopathologie et Psychologie Clinique [Centro de Pesquisa em Psicopatolgia e Psicologia Clínica]. (N. R.)

pedido se intrica também um pedido de formação complementar – e o que é adaptação inevitável às condições clínicas – e uma das questões da exploração é, então, esclarecê-las. O pedido de enquadre da "pesquisa" (gosto mais do termo proposto por D. W. Winnicott: "exploração") se refere, então, tanto a uma pesquisa sobre a pertinência – até mesmo a invenção – de um dispositivo clínico quanto a uma pesquisa sobre as particularidades das problemáticas clínicas encontradas e a sua dialética com o conjunto de condições de prática. Trata-se, na maior parte do tempo, de trabalhos que se desenrolam por muitos anos e nos quais a natureza "transicional" dos seminários de acompanhamento universitários torna muito difícil determinar o que pertence precisamente a esse ou aquele autor.

Proponho diversos exemplos de dispositivos inventados/bricolados no enquadre dessas pesquisas de doutorados ou no enquadre das explorações no seio dos seminários do CRPPC. Eles todos se referem a quadros clínicos que provocam situações-limite ou extremas de dispositivos de cuidado tradicionais: anorexia do adolescente hospitalizado; autismo cuidado em hospital-dia; encontro e acompanhamento da população em situação de rua; acompanhamento de mães que sofrem de depressão pós-parto; clínica com adolescentes "de periferia"; clínica com "pré-adolescentes" hiperviolentos; "acompanhantes terapêuticos" em creche. Coloco essas pequenas "histórias de dispositivos" o mais próximo possível das questões encontradas e do processo de instalação do dispositivo.

O *"squiggle"*, "massa de modelar": em busca do bom meio

Eis aqui um exemplo um pouco antigo, mas bastante exemplar, do trabalho de bricolagem e de ajustamento ao qual o clínico pode ser conduzido. O atendimento institucional de anoréxicos – a maior parte do tempo, na população, garotas; e, no nosso exemplo, sempre garotas adolescentes – é frequentemente bastante protocolarizado: interditam-se as visitas e os contatos se um determinado peso não é atingido; as adolescentes são frequentemente confinadas em seus quartos etc.

A dificuldade para os clínicos é a de conseguir "perpassar" as imposições desses protocolos e propor uma prática clínica num conjunto frequentemente governado pelas abordagens mais "comportamentais" – para retomar o termo mais utilizado, ainda que ele seja bastante aproximativo. Uma dificuldade suplementar pode provir da distância que pode frequentemente ser constatada entre a "filosofia" implícita aos cuidados médicos e comportamentais – trata-se de a adolescente recobrar um peso que afaste as ameaças que a anorexia grave faz incidir na autoconservação, e isso talvez "seja a que preço for", do ponto de vista da subjetividade – e a que é implícita aos cuidados de uma clínica psicanalítica para a qual o que está no primeiro plano é o trabalho de simbolização e de subjetivação.

Uma consequência da abordagem clínica se refere, em particular, à ativação da comunicação afetiva da jovem, a maior parte do tempo "congelada" em prol exclusivamente do intelecto e da cognição, podendo esse objetivo entrar em conflito com o protocolo comportamental instalado durante o atendimento institucional. Ora, de outro ponto de vista, talvez não se possa aguardar o tratamento clínico dar seus frutos – o que pode levar certo tempo – por conta das ameaças graves que recaem sobre a saúde da anoréxica e que podem conduzir à morte ou a sequelas irreversíveis, o que torna necessário o complemento de outros modos de atendimento e a implementação de "protocolos de cuidado". É preciso acrescentar, ademais, que se a integralidade do cuidado repousa unicamente no clínico, a angústia que a ameaça letal faz recair nele é frequentemente tamanha que pode paralisar o trabalho: as situações de urgência podem ser antinômicas em relação ao *timing* próprio da elaboração clínica.

Não quero entrar mais no detalhe da implementação dos "planos de cuidado" globais que são, assim, tornados necessários para o conjunto de imposições clínicas que recaem sobre a situação, não estando as minhas observações anteriores destinadas a outra coisa além de tentar fazer com que se sinta a complexidade do problema ao qual o clínico – mas também os outros cuidadores implicados – é confrontado.

Chego finalmente à questão do dispositivo clínico sobre o qual tivemos de nos debruçar quando de uma pesquisa sobre o dispositivo de cuidado implantado com algumas jovens anoréxicas. Chegamos, com uma delas – chamemo-na de "Mira"[5] –, à hipótese de que era pouco pertinente centrar-se ainda mais em sua relação com a comida, o que não fazia nada além de fixá-la

---
5 Caso apresentado com os disfarces necessários ao anonimato, é claro.

mais em seu sintoma. A anorexia mais nos parecia um modo geral de relação com o mundo, tanto relacional quanto pulsional. Mira restringia toda forma de troca pulsionalmente engajada, ela "anorexizava" as suas relações afetivas e tudo o que podia mobilizar sua ocorrência. Também formulamos a hipótese – à luz dos diferentes dados clínicos de que dispúnhamos em função da sua anamnese e do material compilado quando das entrevistas individuais e familiares – de que, se Mira conduzia essa luta contra o mais ínfimo dos seus *élans* pulsionais, era simultaneamente em razão da intensidade potencial destes – que teria desencadeado acessos passionais – e em razão da debilidade das suas capacidades de transformação e de metabolização das suas experiências afetivas e emocionais. A ideia era, então, tentar exercitar – o mais rápido possível, pois o tempo urgia – a questão dos processos de transformação de Mira e desenvolver um dispositivo "focalizado" neles.

A clínica, que estava concretamente engajada no cuidado de Mira, havia começado tentando colocar em ação diferentes tipos de dispositivos de encontro clínico com ela. Centrou, primeiramente, na troca verbal face a face, mas Mira era capaz de sustentar por horas conversações puramente intelectuais e filosóficas sem que emergisse nenhum afeto; daí, utilizando o desenho – sem, tampouco, gancho verdadeiro. Como Mira escondia-se detrás do fato de "que ela não sabia desenhar", a clínica então lhe havia proposto um *squiggle game*, mas este rapidamente virou algo puramente "formal" e "estético". Contudo, nessas diferentes tentativas havia podido ser comunicado a Mira um anseio de arranjo às suas necessidades e capacidades. A clínica a "procurava" e procurava estabelecer um contato verdadeiro com ela para além das formas muito socializadas – mas em falso *self* – com as quais Mira estava acostumada.

Contudo, pouco a pouco a pesquisa por um dispositivo *ad hoc* perfilava um processo que acabou conduzindo a clínica a acionar um dispositivo original representando uma forma de *Aufhebung* (de ultrapassar) deste. Como pude ressaltar acima, em diversas situações-limite e extremas, o processo essencial é o da pesquisa, da invenção e do acionamento do próprio dispositivo. O essencial do processo do encontro clínico é a criação do "não processo" – para retomar os termos de Bleger. A clínica teve então a ideia de retomar meus desenvolvimentos sobre o Meio Maleável ligado aos processos de transformação e de simbolização que ela combinou com as hipóteses oriundas da obra de D. W. Winnicott e de meus desenvolvimentos sobre elas, sobre o molde do *squiggle* como modelo prototípico da intervenção clínica: ela inventou o "*squiggle* massa de modelar".[6]

Ela propunha a Mira, assim, uma bola de massa de modelar, pedindo que deixasse suas mãos "associarem" livremente sobre ela. Ela própria, sentada lado a lado – depois de ter tentado diferentes posições: face a face, três quartos etc. –, dispunha de uma bola de massa semelhante, a qual começava a amassar, como apoio e como "modelo". A "conversação clínica" incidia, então, sobre aquilo que se desenrolava no nível das mãos; sobre as impressões, as sensações, as emoções; e, então, sobre as formas e as permutas de formas entre a clínica e Mira que o momento "*squiggle*" havia disparado.

Era preciso, ainda, ajustar a matéria mesma da própria massa. A primeira massa utilizada era a que se encontra em supermercado: era constituída de bastõezinhos de massa de uma cor incerta e que não tardava a produzir uma espécie de amálgama amarronzada – fecal, sem dúvida, para Mira – que provocava nela um bloqueio. A segunda massa utilizada provinha de lojas de brinquedos modernos: os bastões eram meio "fluorescentes" e Mira não tardou a considerar "que eles grudavam" demais. A solução – mas, como se imagina, foi preciso procurar, e Mira conhecia essa busca – foi enfim encontrada numa "massinha" de um branco ligeiramente sujo e com material de uma qualidade totalmente adaptada: nem dura demais, nem muito pegajosa, não muito fácil de encardir, sempre pronta para o uso imediato.

Meu objetivo não é relatar a história do próprio caso, e me basta dizer aqui que esse dispositivo permitiu a ativação e o relançar de um processo de simbolização graças ao desenvolvimento – uma forma de transferência dos processos psíquicos para o meio e suas propriedades sensório-motoras. O que me importa é o processo de invenção do dispositivo, e acabamos achando/criando um meio suficientemente "atrator" para Mira – para que ela aceitasse vir "alojar" ali a problemática dos seus processos de transformações psíquicas, para que ela aceitasse desenvolver ali os traumas e as resistências atuais e históricos.

---

6 Cf. F. Richard (1999).

Escrevi "achando/criando" ao falar do processo que desembocou no dispositivo; é um ponto importante que convoca comentários. É claro que a invenção do dispositivo é, em parte, o fruto de um trabalho de teorização dos processos que estão em sofrimento para Mira e das formas primárias de simbolização que se trata de ativar. Sem a teoria da simbolização primária que subjaz à concepção do *Meio Maleável*, nada teria sido possível, sem dúvida. Mas o processo que desemboca na própria ideia de "*squiggle* massa de modelar", em suas diferentes etapas e pontos de discórdia, é tanto o fruto da sagacidade da terapeuta – amparada pelo dispositivo de pesquisa universitária – quanto dos modos de presença, até mesmo de resistência, de Mira. O dispositivo é, assim, construído conjuntamente; depende tanto do sujeito quanto do clínico e de seu pensamento clínico pessoal. Mas, como frequentemente ocorre nos processos de cuidados clínicos, "o fim é o caminho", e a pertinência do dispositivo clínico final não é, sem dúvida, separável do próprio processo de construção conjunta. Foi preciso o efeito de convicção especificamente transmitido a Mira pela autêntica busca, realizada pela terapeuta, do dispositivo mais ajustado a suas necessidades e o que ela lhe transmitia, assim, da sua disposição de espírito. O primeiro *Meio Maleável* é, sem dúvida, o terapeuta; e o dispositivo não é nada sem a posição clínica, como ensinam à sua custa aqueles que se lançam na aventura terapêutica sem verdadeira formação clínica. Voltaremos ulteriormente a algumas dessas questões. Tratemos de um outro exemplo de "bricolagem" de dispositivo.

Domesticação do vínculo e reativação do apego

Uma das populações referidas pela questão das situações-limite e extremas da clínica é a que diz respeito aos sujeitos não socializados, como a população em situação de rua – e até mesmo alguns adolescentes ditos "de periferia" ou, ainda, "de bairro". Uma das dificuldades se refere, em particular, ao estabelecimento do vínculo clínico e, até mesmo frequentemente, à condição prévia do próprio vínculo. Os sujeitos referidos não aceitam facilmente se deslocar até os lugares de cuidado previstos para o acolhimento, sentem-se muito rapidamente ameaçados por toda e qualquer relação que não controlam e por toda forma de dependência que correria o risco de se instalar ali. Ser recebido num escritório e ali ficar para uma entrevista ou qualquer forma de troca que poderia se parecer com isso é rapidamente intolerável para eles, assim como toda situação face a face é ameaçadora. É preciso, então, inventar dispositivos de encontro clínico que levem em conta todas essas imposições; recebe-se ajuda, nisso, do fato de que, de toda forma, os dispositivos inadequados são rapidamente esvaziados de sua substância. Mais uma vez o estabelecimento de um dispositivo é frequentemente aquilo mesmo que está em jogo no encontro.

A população em situação de rua frequentemente elege "domicílio" num canto particular do espaço público: sarjeta, grade de metrô, banco, debaixo das pontes quando estas se prestam a isso etc. Em Lyon, também há grutas na colina de Croix-Rousse que podem servir de lugar de refúgio ou de abrigo. É preciso diferenciar os lugares que têm um caráter "privado", e isso mesmo para a população em situação de rua, e aqueles que têm um caráter público – aqueles onde mendigam, por exemplo. As reflexões que se seguem se referem sobretudo à "abordagem", até mesmo ao "enganchar" em lugar público.

Diversas pesquisas foram conduzidas em Lyon 2 junto dessas populações, e as reflexões que se seguem são tangenciais a esses diferentes trabalhos.

Trabalhando com M. Berger (1981) na construção de um dispositivo de atendimento para famílias em situação de grande precariedade e nas quais as formas de apego "seguro" não puderam se implementar, eu havia proposto que seria preciso começar acionando uma estratégia de "cativação". Havia então encontrado seu modelo no *Pequeno príncipe* de Saint-Exupéry e a "estratégia de cativação" que a raposa propõe ao principezinho – parecia-me que ela estava propondo um modo possível de ativação dos processos de apego primário. Na obra, a raposa propõe ao principezinho que ele se sente primeiro um pouco longe dela e, progressivamente, aproxime-se a cada dia. Foi uma estratégia como essa que se mostrou a mais eficaz para estabelecer um vínculo com a população em situação de rua.

É preciso, primeiro, identificar o lugar público onde o sujeito fica com mais regularidade. Daí implementar a "domesticação" progressiva, passando todo dia por esse lugar, "em domicílio". Os primeiros contatos devem ser bem breves e pouco engajados: basta apresentar-se e dizer simplesmente "bom dia", mas colocando-se "no mesmo nível" – o encontro não pode se conceber "de cima pra baixo". Pode-se incrementar progressivamente a conversa com o auxílio de uma observação sobre a hora ou o tempo, ou até mesmo ir se indagando, aos poucos, quanto ao fato de saber se a hora ou o tempo não apresentam dificuldades grandes demais para o sujeito. Quando não se puder passar, dizer "bom dia" e cumprimentar, é necessária uma palavrinha para advertir "naturalmente" quanto a esse fato. Caso se esteja trabalhando em conjunto, alguém da equipe poderá então passar para cumprimentar no seu lugar. Progressivamente, o tempo passado na troca pode aumentar e podem ser introduzidos na conversa alguns elementos mais pessoalmente engajados. Frequentemente é necessário, com efeito, que o clínico esteja presente "em pessoa" e aceite evocar algum traço mais personalizado dele próprio, sem, todavia, entrar em qualquer confidência "íntima".

Quando o vínculo está estabelecido e consolidado – o que pode levar meses –, o clínico pode então convidar a pessoa em situação de rua para uma refeição no hotel social ou num albergue, e um tempo de "conversa ambulatorial" pode até ser vislumbrado. Um dos nossos jovens clínicos construiu, assim, um vínculo terapêutico muito importante na ativação de processos de apego, sendo "acompanhado" até o hotel social por um indivíduo em situação de rua, que então se recusava a entrar ali, e "acompanhando-o", por sua vez, até o seu lugar etc. Pouco a pouco se inventou, assim, um dispositivo clínico fundamentado em vaivéns de acompanhamento. "Meus pensamentos adormecem quando os faço sentar", Montaigne gostava de dizer; parece que, para diversos desses sujeitos em grande precariedade, o movimento – e singularmente a caminhada – ajuda na expressão de si, a caminhada "lado a lado". O pensamento, como Freud frequentemente ressaltou, é uma motricidade interiorizada, uma ação motora interna; mas, antes que essa interiorização seja possível – e sabe-se que ela não está lá, de imediato, nas crianças que têm necessidade de um acompanhamento motor dos seus processos de pensamento e de representação –, talvez haja um longo caminho a ser percorrido por meio das formas intermediárias que mesclam pensamentos e motricidade.

Desde que propus e propaguei a ideia de dispositivos "lado a lado", recebi inúmeros testemunhos das diversas formas de interesse desse dispositivo relacional. Amigos me fizeram perceber que, no casal, as trocas mais importantes se davam de manhã e de noite, durante o trajeto de carro para o local de trabalho – logo, quando estavam sentados "lado a lado". O "lado a lado", o encostar-se ombro a ombro é, portanto, também uma das grandes posturas do apoio; caminha-se na mesma direção, para um mesmo lugar; a atenção é conjunta; a postura diz "estamos juntos", e ela não apresenta as mesmas ameaças de intrusão potencial que o "face a face". Nas relações com as crianças pequenas, a partir do momento em que elas sabem andar, a posição "lado a lado" é, sem dúvida, a posição mais frequente. É também a posição dos enamorados – quando caminham "de mãos dadas", olhando para a mesma direção –, a das confidências no travesseiro.

No trabalho com os adolescentes de periferia ou de bairro encontramos as mesmas características: evitação da imobilidade, do face a face; necessidade de que o encontro clínico se efetue "em domicílio", nos lugares de costume para o sujeito. Os clínicos não estão acostumados com os dispositivos "em domicílio", preferem assegurar para si a existência de um pedido, propondo aos sujeitos que venham ao seu terreno, aos seus escritórios, aos seus centros de cuidado. Mas um procedimento como esse – acionado sempre que possível, é claro – não convém aos sujeitos em grande precariedade identitária. Estes frequentemente ficam aterrorizados quando fora do seu lugar de costume e "cativo" – pensemos nos adolescentes de bairro que só conseguem vir "à cidade" em bando, com uma parte importante do rosto escondida debaixo de um capuz – e os lugares estranhos não lhes oferecem a segurança basal necessária para a expressão de si: nenhum trabalho clínico é possível nessas condições, nas quais apenas as reações ao entorno ameaçador se deixam observar.

Não nos confundamos, uma vez mais, a respeito do sentido de meu desenvolvimento: os dispositivos clínicos que tomo como exemplo não são toda a intervenção clínica, eles são apenas a sua condição de possibilidade. Mas na exploração clínica das situações-limite e extremas da subjetivação que tomamos como exemplo, a invenção do dispositivo clínico representa a condição prévia indispensável a toda clínica, dispositivo sem o qual processo utilizável algum é possível.

"*Pack* psicodrama" com uma criança hiperviolenta

O terceiro exemplo é tirado de uma colaboração de pesquisa clínica implementada com M. Berger a propósito do atendimento de crianças "hiperviolentas". A questão clínica colocada era a seguinte. Um pré-adolescente havia desembocado no serviço de M. Berger depois de um longo périplo no qual se havia feito excluir de todos os estabelecimentos (quase uma dezena) nos quais havia sido posto porque quebrava tudo o que estivesse em seu caminho e era incontrolável. O serviço era o "último recurso".

O problema era que a situação de exclusão ameaçava se repetir nesse serviço, pois as equipes de cuidado, apesar de sua grande competência, não tardaram a não aguentarem mais a violência do garoto. Foi no momento em que a questão de prendê-lo à cama emergiu como única solução possível, que a questão de um dispositivo específico foi posta de maneira crucial e que a equipe pediu para me encontrar. A hiperagitação era tamanha que nenhuma abordagem clínica era vislumbrável; era preciso chegar a imobilizar a criança – mas ela, apesar da idade, tinha um peso considerável, e imobilizá-la não era uma tarefa nada fácil de ser executada. Mais que a prender à cama, o que não conotava uma atitude "cuidadora", chegamos à ideia de uma forma de envelope, inspirado nos pacotes, mas sem o conjunto de protocolos do *pack*. Ela era esticada e embrulhada de maneira suficientemente apertada num lençol seco e em temperatura ambiente que a continha completamente.

Pensávamos, em vista dos dados clínicos que tínhamos dela e da sua história, que uma parte de sua violência e da angústia que ela mascarava estava ligada a uma debilidade das relações primárias "de duplo", e que era preciso tentar fornecer-lhe uma oportunidade de ativar os processos assim interrompidos. A ideia foi, então, colocar um clínico esticado perto dela, ele próprio sumariamente embrulhado e numa postura "de duplo". O dispositivo mobilizava três pessoas e as sessões podiam durar até uma hora e meia; elas eram repetidas três vezes por semana. O clínico esticado "como duplo" do lado dela tentava, da maneira mais empática possível, formular – até mesmo teatralizar, como o eu auxiliar do psicodrama – o que ela sentia em ligação com o que ele supunha que o pré-adolescente sentia. Os dois outros clínicos "regulavam" a situação juntos no momento, e as sessões eram, em seguida, regularmente supervisionadas por M. Berger ou por mim mesmo. Tratava-se de longas sessões de supervisão nas quais os clínicos engajados, e aquele que estava em posição de supervisor, tentavam seguir e reconstituir – no passo a passo das sessões – as experiências arcaicas que pareciam ser as dela, e daí imaginar as formas "psicodramatizadas" de intervenção possível.

As sessões de *"pack"* duraram meses; aos poucos a própria criança, quando sentia surgir uma crise de violência, pedia as sessões de *pack* para apaziguar a angústia que sentia crescendo nela – angústia de eplosão, a maior parte do tempo. Ao cabo de seis meses, M. Berger pôde iniciar sessões de psicoterapia individual nos moldes de "relatos alternados" – uma forma de relato *"squiggle"* no qual uma história é construída a dois, cada um propondo um fragmento do relato que o outro completava, em alternância. As crises de hiperviolência foram se atenuando cada vez mais, e o atendimento clínico mais tradicional substituiu completamente os momentos do *"pack"*.

"Acompanhante terapêutico" com as crianças autistas

Seguindo os diferentes trabalhos clínicos que os estagiários psicólogos produziam a partir dos encontros clínicos possíveis em seus locais de estágio, havíamos observado que, num número significativo de casos, eram levados a acionar espontaneamente um tipo de dispositivo similar ao de "acompanhante terapêutico". Tratava-se da implementação progressiva de um tipo de acompanhamento no qual – de duas a três horas, três vezes por semana – o psicólogo estagiário estava presente junto de um sujeito e era a ele "consagrado", isto é, estava inteiramente disponível para ele e acabava desenvolvendo certo modo de presença cujos traços mais pertinentes fomos destacando e teorizando aos pouquinhos.

O dispositivo "acompanhante terapêutico" foi desenvolvido e relativamente formalizado nas intervenções em creche quando os educadores encarregados da criança pequena assinalavam à clínica referente uma possível evolução psicótica ou autística desta – ou, em todo caso, uma importante enfermidade relacional. Mas ele foi também espontaneamente "inventado" e utilizado por estagiários em diversas outras situações, principalmente com crianças – e crianças reputadas psicóticas ou autistas, singularmente –, mas aconteceu também de ser instaurado com adultos "muito regredidos" em processo de hospitalização.

A primeira dificuldade do estabelecimento desse tipo de encontro clínico é ser investido pela criança ou pelo sujeito a ser acompanhado. Não basta, com efeito, decretar-se como "acompanhante terapêutico" para sê-lo, assim como não basta instaurar uma situação analítica para que ela seja analisante. É preciso que uma transferência da função simbolizante e reflexiva potencial se efetue no seio desse local ou da relação. Um dos pontos essenciais é, portanto, a implementação daquilo que chamei no capítulo anterior de "um atrator" da transferência, isto é, um elemento do dispositivo que "dispara" o processo transferencial, que o "seduz".

Num certo número de casos, em particular quando os processos "autísticos" não são demasiado intensos ou não estão demasiadamente implantados, só o fato de estar ali durante três sessões de duas a três horas por semana, à disposição, e de se situar como "eu auxiliar" com o sujeito basta para esse efeito de gatilho da relação transferencial. Mas acontece de os processos autísticos já estarem tão implementados que a mera presença regular não basta, e seja preciso desenvolver um modo relacional (que é também um verdadeiro dispositivo de encontro, como veremos) específico. Estamos aí no cerne da questão da abordagem clínica do autismo e do problema de concepção do problema da comunicação humana que ela coloca.

Evocamos acima que, quando a precariedade identitária impera, o dispositivo devia ser "em domicílio". É claro que, para os autistas em abrigo ou colocados em centros de cuidado, o "domicílio" é o próprio centro, mas não é menos claro que o próprio dos processos autísticos é que precisamente isso não é um "domicílio", e que o retraimento e a recusa ao contato implementada pelo sujeito, na maior parte do tempo, mostra isso com evidência. Seu "domicílio" é seu mundo interno, e ir a domicílio é tentar entrar em contato com ele. Formulamos a hipótese de que a maior parte dos fracassos na implementação de dispositivos de cuidado dos autistas advinha do fato de que o tratamento visava conduzir o autista para o "nosso" mundo e o nosso sistema de comunicação – quando, além do mais, isso não se refinava com a questão de fazê-lo admitir os diferentes sistemas de diferenças que o estruturam.

Com isso, a implementação de um dispositivo relacional devia se fundamentar noutra hipótese de encontro. Na lógica das minhas proposições referindo-se à implementação da relação "homossensual como duplo" primária, a ideia foi, então, a de propor tentar ativar um modo de comunicação "homossensual como duplo" (ou homossensorial "como duplo") com os sujeitos autistizados. Aí estava a maneira de ir "a domicílio" com eles, de entrar em sua linguagem, e não de tentar conduzi-los para a nossa; ou, antes mesmo, de chegar a conduzi-los para a nossa porque nós estabelecemos o contato com a deles e porque entramos na deles primeiro.

Assim, então, o dispositivo de disparo do vínculo apresenta-se da seguinte maneira: o clínico se coloca deliberadamente "enquanto duplo" e "lado a lado" com o sujeito, e isso de maneira mais ou menos lúdica, mas sem "exagerar". Suponhamos, por exemplo, que a criança "explore" as brincadeiras com os vapores d'água numa vidraça resfriada pelo inverno e tente fazer nuvens assoprando nela. Então o clínico se coloca do lado dela e começa a "brincar" de também produzir nuvens de vapor semelhantes. Isso até que a criança pegue o jeito. Pouco a pouco, o que era comportamento autistizado para o sujeito vai adquirir um primeiro valor "exploratório" da intencionalidade do outro, ele vai começar a verificar que o clínico está na condição de "duplo estésico" e que essa postura é sistemática e "intencional".

Um início de comunicação aparece então caso se tome o cuidado de não fazer da postura de "duplo" um sistema persecutório, e certo caráter lúdico possa ser mantido. Isso passa muito frequentemente pelo fato de que a imitação "como duplo" se efetua de maneira amodal e frequentemente psicodramatizada ou teatralizada. Por exemplo, se o sujeito joga ou derruba um objeto, o clínico poderá "sonorizar" a queda, como se faz com os pequeninos, "dublando-a" com um "cataploft" sonoro, ou outra onomatopeia de mesmo porte. Se o sujeito se machuca, um "ai!" do clínico pode acompanhar a dor sentida etc.

O que está em jogo nessa posição de "duplo" não é, como se pode suspeitar, "caricaturizar" o sujeito, mas permitir que aquilo que era "comportamento" autistizado nele – isto é, sem endereçamento localizável – comece a adquirir valor de "mensagem" e de início de comunicação. E a experiência mostra que é justamente o que se produz, pois progressivamente uma forma de "sensação" partilhada pode frequentemente se estabelecer assim e adquirir valor de uma troca de linguagem rudimentar. Mais tarde, mas com base nessa partilha primeira, o clínico poderá começar a nomear verbalmente a sensação implicada ou as supostas intenções da criança.

Notaremos que as intervenções do clínico, se são justamente uma forma de "interpretação" daquilo que o sujeito vive – mas no sentido em que um músico "interpreta" uma partitura –, não comportam interpretação no sentido habitual do termo, isto é, de atribuição de um sentido. O essencial é que a posição de "duplo estésico" transmite a ideia de uma "partilha estésica" e que esta se torna o fundo de um modo de comunicação e de troca, entre sujeito e clínico, de estados sentidos pelo sujeito. Trata-se justamente de um "dispositivo" clínico particular, mesmo se ele repousa num modo de "resposta" do clínico, na medida em que a "resposta como duplo estésico" forma um enquadre para o encontro, uma espécie de fundo transferencial da relação. Se, como pude propor a hipótese, a função primeira do objeto primário é a função "reflexiva", então o enquadre relacional da relação como "duplo estésico" torna-se o lugar da transferência dessa função primária.

É a partir desse fundo que o processo terapêutico pode, em seguida, progressivamente ser disparado, até mesmo encontrar parâmetros, digamos, "mais clássicos".

Dispositivo de "pesquisa" e de intervenção com as depressões pós-parto[7]

O último dispositivo que desejo evocar é de uma natureza um pouco diferente, na medida em que a sua necessidade surgiu do encontro de um dispositivo de pesquisa com a preocupação clínica.

A pesquisa incidia na depressão pós-parto (DPP) da mãe (em torno de 15% da população) e seu efeito no desenvolvimento dos bebês. Ela se desenrolou em parceria com maternidades que "assinalavam" à clínica as situações

---
7   M.-A. Hays (2004).

nas quais uma ameaça de DPP parecia se manifestar. Se a DPP materna se confirmava – e, é claro, com a anuência das mães –, uma série de protocolos de pesquisa era então acionada – escala de Praga,[8] de Brazelton, filmagem de certas interações etc. A pesquisa se estendia, em seguida, "em domicílio", por visitas regulares durante as quais eram realizados filmes breves das interações mãe/bebê. Foi a partir desse momento, e à medida que os efeitos da depressão materna para o bebê eram cada vez mais manifestos, que a questão da intervenção clínica começou a se colocar de maneira crucial.

Tornou-se, com efeito, cada vez mais insustentável continuar a "observar" certos estados de desamparo e certos mecanismos de retraimento no bebê sem tentar algo de um ponto de vista clínico – o que, é claro, não surpreenderá clínico algum. A dificuldade era tentar manter, ainda assim, os protocolos de pesquisa, até mesmo tentar utilizá-los para a intervenção clínica. A ideia – presente, de fato, desde a origem – foi, então, a de acrescentar ao dispositivo de pesquisa um "tempo" suplementar durante o qual clínica e mãe assistissem, juntas, o filme que acabara de ser rodado.

A DPP manifesta-se por meio de uma grande dificuldade, para as mães, de estarem atentas aos sinais discretos dos bebês para tentar estabelecer uma comunicação e uma troca com seu entorno humano. As mães muito frequentemente não "veem" ou não sentem esses sinais e passam batido quanto às tentativas de protonarração presentes no gestual, nas mímicas ou nas posturas dos bebês. A comunicação precoce, essencialmente pré-verbal, é assim fortemente perturbada pela ausência de apoio da parte da mãe e a ausência de resposta desta às tentativas de troca advindas dos bebês. Apesar de certa tenacidade nestes, seus esforços acabam progressivamente por perder a esperança e se rarefazer; os *élans* diminuem de intensidade e de frequência, tornam-se menos nítidos e, então, menos localizáveis, cada vez mais "furtivos" – o que produz um verdadeiro círculo vicioso com mães que já penam para levá-los em conta.

Quando o filme era assistido junto da mãe – "lado a lado", então, e num movimento de atenção conjunto das duas mulheres –, a clínica, com muita habilidade e tato, chamava a atenção da mãe para os "sinais discretos" do

---

8 *Prague newborn behavior description technique* (PNBDT) [Técnica de descrição do comportamento de recém-nascido de Praga]. (N. R.)

bebê e para as suas tentativas de comunicação que passaram despercebidas pela mãe. A sensibilidade da mãe para as manifestações de seu bebê era, assim, sustentada e desenvolvida – e progressivamente as suas "respostas" a elas começaram a ser também mais frequentes. Um efeito relativamente inesperado do dispositivo revelou-se na constatação de que o aumento da sensibilidade e das respostas maternas às tentativas de comunicação do bebê também surtia efeitos na depressão materna. Perguntei-me, aliás, a esse respeito, se a depressão materna não era sustentada também pelo fracasso das comunicações precoces da mãe com seu bebê.

8. O trabalho de simbolização

Nós situamos o trabalho de simbolização no cerne da prática; é um conceito evidente para os clínicos, mas, ao mesmo tempo, muito difícil – e desenvolver suas formas e complexidade antes de começar a examinar suas formas práticas concretas não é, sem dúvida, inútil.

Fundamentos da simbolização

Comecemos, primeiramente, situando a questão de base. A experiência subjetiva inscreve-se no aparelho psíquico na forma daquilo que Freud chama diversas vezes de "matéria-prima psíquica". É a primeira inscrição, a primeira impressão: aquela que – na famosa carta a Fliess de 6 de dezembro de 1896, em que ele assenta o processo psíquico da memória e da rememoração – ele chama de "traço mnésico perceptivo". Os textos que se seguem a essa carta permitem completar a descrição da natureza desse primeiro traço a partir do qual o processo de simbolização deverá trabalhar. Ele é multiperceptivo, segundo o esquema que Freud propõe em 1891, em seu estudo sobre a afasia – no qual dá sua definição do registro primevo –, mas, na medida em que registra também a vivência do sujeito e o seu investimento, é também necessariamente multissensorial e multipulsional. Situado, por fim, na interface do sujeito e do seu objeto, surgindo do encontro de um com o outro, ele mistura necessariamente o eu e o objeto, o sujeito e seu objeto outro-sujeito. Ele é, pois, de imediato, hipercomplexo.

Quando retoma a questão em 1923, na introdução de seu artigo "O eu e o isso", Freud ressalta que essa primeira inscrição não é suscetível de "tornar-se consciente" nessa forma; portanto, ela deverá ser transformada.

Por diversas vezes, frisei que ela estava submetida a uma compulsão à integração que se deduzia das proposições tardias de Freud, que ele nos lega nos escritos redigidos de Londres no fim da vida, nos quais ressalta, ao mesmo tempo, que as primeiras experiências são as que mais tendem a se repetir em seguida – e isso em função da fraqueza, naquele momento, dos processos de síntese. Essas hipóteses implicam que os traços primeiros se repetem enquanto não tenham sido integrados pela capacidade de síntese psíquica. Temos, então, de tentar precisar a troco de que se exerce essa capacidade de síntese, o que a torna "fraca" e o que permite ultrapassar essa "fraqueza, primeira".[1]

Uma definição como essa, conforme a nossos conhecimentos atuais dos registros perceptivo-sensoriais, exclui uma ausência de representação; é a própria essência da base do nosso funcionamento psíquico produzir representações, e aquilo que se chama rápido demais de "percepção" deveria, de fato, ser chamado de "representação perceptiva". É por isso que não se pode contentar com designar com o mero nome de "representação" a forma psíquica de que se fala, pois, por essência, a psique só pode trabalhar com representações – e, ademais, tudo é representação para ela. Cumpre, então, precisar "representação perceptiva" ou "representação simbólica" ou "representação especular" etc.

A integração psíquica da "matéria-prima psíquica" deverá se efetuar por uma transformação de sua forma primeira numa forma para a qual proponho guardar o termo genérico de "simbólico", em razão da história dos conceitos psicanalíticos e, notadamente, da evidenciação da linguagem simbólica do sonho. Justificaremos adiante mais completamente essa nomeação.

---

1 Pôde-se pensar que a condição determinante era a representação da experiência subjetiva e, na mesma linha, ressaltar que as experiências traumáticas eram as que não chegaram a ser representadas. Mas uma proposição como essa, que os clínicos compreendem bem intuitivamente, sofre de uma aproximação de formulação. Para Freud, desde 1891 e *Sobre a concepção das afasias*, a representação não é nada além do conjunto das ligações estabelecidas entre diversos dados perceptivos.

A Matéria-prima psíquica deverá, então, ser metabolizada psiquicamente (P. Aulagnier, 1976; J. Laplanche, 1985), e essa metabolização – chave da integração psíquica – vai se efetuar por meio de um processo de simbolização. Esse processo de simbolização possibilita um processo de subjetivação, um processo de apropriação ou de integração subjetiva, isto é, um processo pelo qual o sujeito humano se apropria da sua experiência vivida. É, com efeito, um aporte totalmente fundamental do pensamento freudiano oriundo da segunda tópica (ou da segunda metapsicologia) o de considerar que a experiência subjetiva não é imediatamente apreensível e apropriável, mas que existe uma tensão psíquica na direção dessa apropriação. Essa tensão psíquica é claramente indicada por Freud no célebre enunciado de 1932 "*Wo Es war soll, Ich werden*", que se pode traduzir por "Ali onde Isso estava, é preciso que Eu advenha" – o Isso sendo, aqui, o lugar de inscrição, aquilo que Freud chama de "matéria-prima psíquica".

Podemos também considerar que a subjetivação supõe que os conteúdos psíquicos puderam assumir uma forma reflexiva, que se efetua na e pela reflexividade. A reflexividade não é um conceito diretamente freudiano, ela se impôs como tal para ultrapassar certos impasses da utilização do conceito de "consciência", a partir do momento em que a psicanálise demonstrou a riqueza da vida psíquica inconsciente e a existência de processos organizadores e reguladores inconscientes. Contudo, Freud, se não nomeia diretamente a reflexividade, descreve muito claramente o conceito, em particular em 1932, nas "Novas conferências introdutórias sobre psicanálise", quando evoca a função de auto-observação do Supereu no capítulo que consagra à decomposição da personalidade psíquica.

Freud dá, ademais, uma outra indicação importante quando ressalta que o "tornar-se consciente" dos processos psíquicos – dito de outro modo, o "tornar-se-reflexivo" destes – depende da ligação com as representações de palavras e o aparelho de linguagem verbal. Veremos adiante como aquilo que Freud diz do "tornar-se linguagem", e que ele situa unicamente na linguagem verbal, pode sem dúvida ser generalizado para todas as formas de linguagem – a do sonho, que ele destaca em 1913, mas, além disso, todas as formas de linguagem que servem para a expressão humana.

Para nos resumirmos e resumirmos o apoio que Freud pode fornecer, diremos que: "A matéria-prima psíquica deve ser metabolizada e transformada por um processo de simbolização reflexivo para ser integrada na subjetividade".

Concebe-se a importância de uma proposição como essa numa teoria da prática clínica, na medida em que ela vetoriza o conjunto do percurso clínico.

Essa última não pode, então, prescindir de uma teoria da simbolização, da qual cumpre agora esboçarmos as linhas gerais.

O problema das inscrições psíquicas e a questão dos dois níveis da simbolização

Na carta de 6 de dezembro de 1896 já evocada acima, Freud propõe a ideia de uma tripla inscrição da experiência psíquica. Eis aqui o esquema que então ele propõe (Figura 8.1):

	I	II	III	
Sig. Percep.	Percep. S	Incs.	Pré-consc.	Consc.
X X	X X	X X	X X	X X
X	X	X X X	X	X

Figura 8.1

Como se pode constatar, Freud propõe três tipos de inscrições da experiência psíquica: uma primeira inscrição que ele nomeia, no decorrer da carta, como "traço mnésico" perceptivo, para diferenciá-la do processo de percepção, que ele imagina diferente, na época; uma inscrição inconsciente ou segunda inscrição, que ele dirá ser conceitual e inscrita na forma de representação de coisa; uma inscrição pré-consciente, que representa a inscrição como representação de palavra e como linguagem verbal.

Em seguida, nota-se uma hesitação em Freud; e quando, por exemplo, retoma a questão em 1915 nos ensaios de metapsicologia, ele evoca o problema da dupla inscrição que designou, então, a questão das relações entre representação de coisa (ou representação-coisa) e representação de palavra. A primeira inscrição parece ter desaparecido. Em contrapartida, a partir de 1923 e da escrita do artigo "O eu e o isso", surgem potencialmente de novo três níveis: o do Isso, o da parte do Eu que é Ics e o da parte do Eu que é Pcs.

De um lado, Freud parece ter considerado que a primeira e a segunda inscrições, observadas em 1896, formam uma só; e que elas só estão separadas por um modo de tratamento psíquico e por uma diferença de quantidade de investimento. Fortemente investido, o traço mnésico primeiro é reatualizado na forma alucinatória e conforme a modalidade chamada de "identidade de percepção"; mais fracamente reinvestido, ele se apresenta como uma simples representação de coisa e conforme uma modalidade chamada de "identidade de pensamento". Veremos que um determinado número de problemas clínicos e psicopatológicos vai compelir Freud, depois dos anos 1915, a reconsiderar sua posição – e que o modelo da segunda metapsicologia restabelecerá três níveis de inscrições.

Mas a posição de Freud visando considerar, antes de 1915, apenas duas inscrições e uma simples diminuição de investimento entre elas é, em parte, contradita ou conflitualizada por seus desenvolvimentos referindo-se ao sonho, principalmente. No capítulo 6 de *A interpretação dos sonhos*, ele descreve com precisão aquilo que chama de "trabalho do sonho", no qual descreve as transformações qualitativas que o sonho faz com que a "matéria-prima psíquica" sofra. Estas são bem conhecidas: condensação, deslocamento, consideração da figurabilidade, sobredeterminação... Eu vou me contentar em ressaltar, pois sua observação é rara, que aquilo que Freud chama de "consideração da figurabilidade" – e que se refere aos imperativos de "apresentação" dos conteúdos do sonho – é também uma forma de consideração da narratividade, na medida em que é justamente por meio da figurabilidade que o sonho "conta uma história" que será suscetível de ser narrada, em seguida, na e pela linguagem verbal. Um modelo como esse, que se refere à transformação do traço mnésico da matéria-prima psíquica em representação de coisa – da qual Freud dirá, em 1913, que são organizadas numa linguagem, a "linguagem do sonho" –, é um modelo de um tipo de trabalho de simbolização. Com isso, surgem para Freud dois níveis do trabalho de simbolização: um nível que se poderá dizer "primário" na lógica das suas proposições teóricas, cujo modelo *princeps* é o do trabalho do sonho, e um nível que se pode dizer "secundário" e que então estaria eletivamente implicado na "tradução" do sonho sonhado no sonho narrado. Mas bastante cedo em seu pensamento Freud também evoca um outro modo de simbolização, efetuado em estado de vigília, a partir do jogo e daquilo que se poderia chamar de "trabalho do jogo". Por outro lado, não é de se duvidar, para todos os que estão um pouco interessados nisso, que o interesse de Freud por várias atividades artísticas não linguísticas, como a escultura ou a pintura – Freud praticamente não era apreciador de música ou dança –, é também um interesse por modos de simbolização de mesmo nível que o sonho e o jogo, que podem ser potencialmente alternativos (ou aos quais podem representar uma alternativa).

Em outros termos e se abstraindo do modelo do sonho para passar para o modelo geral da atividade de simbolização, propus chamar (1991) de "simbolização primária" os processos pelos quais o traço mnésico primeiro é transformado em representação de coisa (representação-coisa), e de "simbolização secundária" o processo pelo qual a representação "enquanto coisa" é transformada em representação de palavra – ou, melhor dizendo, é traduzida para o aparelho de linguagem verbal.

O imperativo de um nível de simbolização primária: a simbolização e a presença

Voltemos agora, para introduzir adiante uma reflexão sobre o lugar da simbolização primária na prática, às razões que puderam compelir Freud a voltar a um modelo de três níveis de traços – e, portanto, a dois níveis de transformação psíquica.

É sempre difícil de saber, quando ele próprio não o disse claramente, o que é que pôde compelir um autor a uma inflexão de seu modelo como essa; e nós somos, então, forçados a propor conjecturas para tentar dar conta disso. Talvez haja razões pessoais – até mesmo íntimas – na evolução de Freud, mas o nível em que me parece legítimo conduzir a reflexão é o nível clínico e seu impacto na teorização.

Quando nos debruçamos nos problemas clínicos sobre os quais Freud conduz sua reflexão nessa época, só podemos ficar espantados com o fato de que, na órbita de sua "Introdução ao narcisismo", as questões clínicas sobre as quais ele se debruça são formas de patologias do narcisismo, que em primeiro lugar ele situa a questão da melancolia, "neurose narcísica" por excelência. Ora, a melancolia coloca diversos problemas que, do ponto de vista da questão da simbolização que nos ocupa, poderiam se formular assim: para simbolizar o objeto, é preciso suportar sua ausência e ter aceitado fazer dela uma forma de luto primário (o de reencontrá-la conforme a identidade de percepção). A melancolia tropeça no fracasso desse luto primário, cuja questão se mostra, então, estar crucialmente posta – pois se coloca a questão de saber por que o luto primário não chega a se efetuar, isto é: quais são as condições para que o luto possa se realizar? E responder em termos de renúncia à satisfação pulsional "total" só faz deslocar o problema.

A resposta que então se impõe engendra uma forma de paradoxo: para fazer o luto do objeto primário, para aceitar renunciar à identidade de percepção e passar à identidade de pensamento, é preciso ter começado a simbolizar o objeto!

Uma formulação como essa não deixa de colocar problema no que se refere à questão das condições da simbolização. Grande parte das reflexões relativas à simbolização ressalta que a simbolização é simbolização da ausência e da falta que ela engendra. O objeto só seria evocável em sua ausência e, para moderá-la, a simbolização tentaria tornar em parte presente, pela sua representação, o objeto ausente ou faltante. A alucinação "representativa do objeto" supõe, nessa concepção, que o objeto não esteja perceptivamente presente: ou percebe-se o objeto ou se o alucina, se ele está ausente – e é a alucinação do objeto ausente que está na origem da sua representação simbólica. Mas o processo alucinatório não consegue, por si só, explicar o trabalho de simbolização representativa do objeto, pois a alucinação tornaria o objeto presente demais – o tornaria presente como idêntico, e não como representação vivida como tal. Sente-se aqui o impasse teórico potencial, pois é preciso então evocar certa redução de investimento para pensar a emergência de uma simples representação não confundida com a percepção do objeto. E a questão rebate, então, do lado da redução da quantidade de investimento, isto é, da sua ligação; e é preciso apelar ao processo do masoquismo originário e à coexcitação libidinal ou sexual que ele implica para explicar essa ligação primária. Com isso, é a questão do masoquismo originário que carrega o peso do enigma teórico: por que não é disso que se trata na melancolia?

Pressente-se, com isso, que o problema pode cair no impasse, a não ser que se tente um salto epistemológico do lado da "força constitucional das pulsões" (Freud) ou de uma forma de "intolerância constitucional à frustração" (Bion), até mesmo de uma intensidade singular da inveja primária (Klein). "Soluções" que situam a resposta possível fora do campo específico da metapsicologia.

Ora, existe uma solução alternativa que permanece no seio do campo da metapsicologia e vai ser, ademais, amplamente confirmada pelo conjunto dos trabalhos que se referem à primeira infância. Mas essa solução impõe dar um passo para fora do postulado narcísico primário presente na ideia de que a simbolização – logo, a emergência da vida psíquica – efetua-se na solidão da ausência. Não se pode manter indefinidamente o objeto ausente do processo de simbolização; não se pode manter na teoria o postulado narcísico de um autoengendramento da simbolização pela mera redução "masóquista" das quantidades de investimento sem fazer com que o papel do objeto intervenha nesse processo – isto é, pensar o papel do objeto presente, e não somente da ausência do objeto.

Com isso, é preciso engajar uma reflexão sobre um modo de simbolização que se desenvolve "na presença do objeto"; e, caso se queira, a todo custo, manter o dogma de uma simbolização fundamentada na ausência, pode-se então pensar no modo de ausência do objeto na presença, na relação do objeto com a falta – com a falta no objeto – e, assim, abrir para a questão da função do pai a partir dessa falta.

Mas a inflexão paradigmática assim implicada tem ainda uma outra consequência no que diz respeito ao processo alucinatório, e esta é de outro alcance: ela engaja toda a evolução atual da teorização das clínicas dos limites e do extremo. Nós evocamos, de passagem, que um dos postulados teóricos subjacentes à teoria da simbolização fundamentada unicamente na ausência era a alternância dos processos da percepção ou dos da alucinação.

Perto do fim da vida, Freud vai voltar implicitamente a essa alternativa. Em "Construções em análise" ele chega a evocar a questão do delírio e da alucinação que é o seu núcleo. Ele evoca, então, experiências que precedem o surgimento da linguagem verbal que vêm se dissimular na percepção atual. Uma vez que o modo de retorno das experiências em questão efetua-se de maneira alucinatória, é preciso concluir que Freud então supõe a simultaneidade de um processo perceptivo atual e de um processo de alucinação das experiências precoces que se dissimulam na primeira. Uma hipótese como essa é subjacente à concepção de D. W. Winnicott do objeto criado/encontrado: o objeto é criado no e pelo processo alucinatório, ele é encontrado na percepção. Uma coincidência como tal dos processos abre o campo da ilusão que ultrapassa a oposição alucinação/percepção. Cumpre ressaltar que a hipótese de um fundo alucinatório da psique – hipótese tornada plausível se não há alternância, mas coincidência – parece ser conforme a uma série de trabalhos oriundos de pesquisas em neurociência (M. Jeannerod, G. Edelmann, A. Damasio, E. Kandel etc.).

Com isso, para pensar as formas primeiras de simbolização, não é mais necessário pensar o objeto ausente, e a questão torna-se a da coincidência entre o processo oriundo do bebê e a "resposta" do entorno. O *"symbolon"* originário da cultura antiga dos gregos encontra, então, o seu sentido primeiro: o de um colocar-junto que serve de processo de mútuo reconhecimento.

Formas e questões da simbolização primária

No capítulo que consagra ao trabalho do sonho, como evocamos anteriormente, Freud começa a propor a descrição de alguns dos processos do nível de simbolização primária. Pelo que tenho conhecimento – mas a genialidade de Freud é tamanha que avento isso com precaução –, Freud não levou adiante a análise dos processos que podem ser implicados nesse nível primeiro de transformação psíquica, com exceção, talvez, de certos processos localizados a propósito do fetichismo, em que ele encontra e faz com que atuem simultaneidade e contiguidade – isto é, uma forma particular de associatividade – como nas suas primeiras descrições dos processos primários. Mas seria preciso conduzir uma busca muito completa no conjunto da sua obra e de todas as suas proposições sobre o sonho para explorar aquilo que ele pôde antecipar dos trabalhos que se seguiram.

É sob o impulso da exploração clínica das problemáticas psicóticas e estados-limite (*borderline*) que um determinado número de autores se dedicou a descrever processos que, a meu ver, competem ao nível da simbolização primária, isto é, que contribuem com um processo de transformação da matéria-prima psíquica em representação de coisa (representação-coisa).

Os trabalhos mais conhecidos do público francês a esse respeito são, sem dúvida, os de P. Aulagnier (1975) – eles se referem ao que ela chama de "pictograma", por exemplo: "tomar para si" –; de D. Anzieu (1987)[2] – que ele

---

2   Tomo emprestado do ensino de A. Brun uma rápida descrição sintética dos principais processos em questão. O pictograma concebido por P. Castoriadis-Aulagnier se caracteriza por uma indissociabilidade entre espaço corporal, espaço psíquico e espaço exterior. O protótipo do pictograma é o encontro originário seio/boca: o seio inserido na boca faz parte do corpo próprio, sem descontinuidade corporal, e o pictograma na origem vai colocar em cena a boca e o seio como uma entidade única e indissociável. Essa experiência sensorial inaugural só pode assumir duas formas, a forma da apropriação em si do prazeroso ou a forma da rejeição para fora de si do desprazeroso. A primeira forma da união acompanhada de prazer é designada como um pictograma de junção, que representa um estado de mesmidade, de indiferenciação entre zona erógena (cavidade oral, zona auditiva, zona visual, superfície tátil) e objeto fonte de uma excitação do registro do prazer; a segunda forma da rejeição para fora de si será nomeada "pictograma de rejeição", acompanhada de uma destruição simultânea do seio e da boca – logo, de uma automutilação da zona corporal (boca) e do objeto fonte de uma excitação do registro do sofrimento (seio). O pictograma da junção confunde, então, a zona erógena sensorial e o objeto exterior, ao passo que o pictograma de rejeição automutila a zona erógena e sensorial (o órgão e a respectiva função sensorial) e o objeto correspondente. O pictograma apresenta-se, então, na forma de uma sensação alucinada – um ruído, um odor, uma propriocepção que se refere ao interior do corpo próprio irrompem bruscamente no espaço psíquico e invadem-no completamente. D. Anzieu define o significante formal como a primeira etapa de simbolização dos pictogramas e descreve uma configuração do corpo vítima de uma transformação que se impõe na forma de uma vivência alucinatória. Na obra de Freud, a imagem motora prefigura o significante formal. Os significantes formais remetem a pro-torrepresentações das configurações do corpo e dos objetos no espaço, assim como de seus movimentos; por fim, trata-se de representações de envelopes e de conteúdos psíquicos. D. Anzieu precisa que essa experiência não é da ordem da fantasia, mas de uma impressão corporal que não supõe distinção alguma entre sujeito e espaço exterior e que é sentida pelo sujeito como estrangeira a ele próprio: é uma sensação de movimento e de transformação. O que está em jogo nos significantes formais para D. Anzieu é uma luta pela sobrevivência psíquica. Enquanto o cenário fantasmático é construído nos moldes da frase – com um sujeito, um verbo, um complemento de objeto, apresentando uma ação que se desenrola num espaço de três dimensões –, o significante formal é enunciado por um sintagma verbal limitado a um sujeito e a um verbo, com uma ação se desenrolando num espaço bidimensional, sem espectador. Esses significantes formais são constituídos de imagens proprioceptivas, táteis, coenestésicas, cinestésicas, posturais de equilíbrio, e não se relacionam com os órgãos dos sentidos à distância – a visão, a audição.

chama de "significantes formais", por exemplo: um objeto desliza, ou avança e recua –; G. Rosolato (1978) – "significantes de demarcação", por exemplo: demarcação de um limite –; M. Pinol-Douriez (1984) – as protorrepresentações. Dos trabalhos dos anglo-saxões de que tenho conhecimento, reteria sobretudo a noção-chave introduzida por M. Milner de Meio Maleável, à qual consagrei diversos comentários e prolongamentos e que, ainda que pertença à mesma problemática, aborda o problema de uma maneira diferente. Voltaremos mais em detalhe sobre a sua função no processo de simbolização.

Os diversos autores citados abordaram o problema enquanto clínicos, e suas descrições dos processos – pois, ainda que as descrições não sejam feitas em termos de processos, trata-se justamente, em todos os casos, de processos de "metabolização" e de transformações – são, sobretudo, conduzidas a partir da localização clínica destes; isso é também o que explica a diversidade das nomeações propostas. Uma diversidade como essa tem o seu interesse, pois cada um dos autores descreve uma forma particular dos processos implicados, mas ela também faz com que se tema uma forma de babelização teórica que o conceito de "simbolização primária" que proponho tenta moderar, inscrevendo essas diversas contribuições na metapsicologia freudiana.

Não posso retomar aqui as complexas descrições desses diferentes processos, para as quais prefiro remeter diretamente aos próprios autores, e vou me limitar a algumas observações que surgem de uma leitura conjunta das suas contribuições.

Primeiramente – evoquei isso rapidamente acima, com nomes diferentes (pictograma, significantes etc.) –, as descrições apresentadas são justamente as de processo; e até, em todos os casos, de processos derivados da sensori--motricidade – quer se trate, por exemplo, para os pictogramas, de uma passagem fora-dentro ou dentro-fora, quer se trate de descrever a forma de um movimento para os significantes formais, esses processos são "animados" por um movimento, eles traduzem uma ação. Essa ação, esse movimento contribuem para uma transformação da posição ou do estado de um conteúdo psíquico primeiro.

Em seguida, são descritos como processos internos ao sujeito, como os processos de descrição ou de metabolização dos seus estados internos ou da sua relação com os processos externos, para o pictograma; ou como processos "sem sujeito nem objeto", para os significantes formais – mas, não obstante, como processos do sujeito que eles atravessam.

São processos elementares que descrevem uma ação, um movimento simples, mas nada impede pensar que possam se combinar entre si e formar conjuntos mais vastos que contribuem para a criação de verdadeiros cenários. Por exemplo, um de meus pacientes, depois de todo um tempo de análise das suas relações precoces com a mãe, tem o seguinte sonho: "duas metades se juntam"; ele comenta: "agora melhorou, antes não juntava". Mais tarde, tem outro sonho: "duas metades de madeira se encaixam, formam um trenó; ele sobe e escorrega, mas consegue parar e subir de novo". Comenta: "antes não parava". Nesses dois sonhos aparecem significantes formais: "duas metades se juntam", "duas partes se encaixam"; ou ainda: "isso escorrega". Mas aos poucos, no decorrer do trabalho psicanalítico, eles se combinam entre si: um sujeito aparece, escorrega, mas esse sujeito agora consegue parar o movimento de deslizamento infinito do significante formal "isso escorrega". Contudo, o contexto da análise permite completar a cena. Ele havia evocado uma cena na qual via seu irmão pequeno escorregar dos braços de sua mãe, que não o estava segurando direito. Com isso, o "isso escorrega e não para", evocado a propósito dos seus sonhos, abre para o cenário do ato materno de carregar, e vemos despontar a forma de uma fantasia, isto é, de uma representação do nível localizado por Freud como o da representação de coisa (representação-coisa ou "represent-ação", segundo J. D. Vincent).

D. Anzieu, assim como P. Aulagnier – para se ater aos dois autores maiores por sua contribuição –, ressalta o vínculo que existe entre significantes formais ou pictograma e o modo de relação com o primeiro entorno; mas a descrição que fazem dos processos primeiros é, não obstante, solipsista: ela se refere apenas ao processo do sujeito considerado.

Desejo, então, propor complementos às proposições e hipóteses desses dois autores com o auxílio dos trabalhos sobre a primeira infância que foram desenvolvidos desde a sua publicação. Proponho três hipóteses complementares: a da combinação de significantes formais e pictogramas entre si para formar verdadeiros cenários – hipótese que acabei de apresentar –, e duas outras hipóteses que irei comentar agora: a de uma participação do entorno na "fabricação" dos significantes formais e pictogramas; por fim, a de um partilhar dos processos de simbolização primária que contribui para a sua organização em linguagem, condição de uma verdadeira simbolização primária.

D. Stern (1983), graças a um método de observação das interações finas entre mãe e bebê, pôde evidenciar a existência de sistemas de harmonização intermodais ou transmodais – o que significa que as duas faces das interações têm a mesma forma ou a mesma estrutura, mas que utilizam vias sensoriais diferentes – por exemplo: um movimento motor será ecoado pela mãe com a ajuda de um som de mesma forma rítmica e de mesma intensidade etc. Os movimentos, estados internos, processos do bebê recebem assim, então, a sua imagem em "espelho" no eco materno que lhes é proposto em resposta. D. Stern descreve sobretudo o que ele chama de "harmonização afetiva", isto é, uma troca afetiva "em espelho" intermodal ou transmodal. Mas formulei a hipótese (2003), baseando-me em trabalhos complementares de J. Decety (2002) e F. Nadel (1992), de que havia também um "partilhar estésico", isto é, da própria sensório-motricidade – hipótese potencialmente presente em D. Stern, mas não desenvolvida por esse autor.

Contudo, ocorre que essa harmonização – melhor dizendo, aliás, que esse "processo de harmonização" (na medida em que procede por tentativa e erro, que se trata de uma tensão de um vetor do encontro) – fracassa, e esse fracasso deixa um traço. Por exemplo, um bebê tem um *élan* por um objeto, mas o objeto não está disponível ou não é sensível, ou é inatingível; o *élan* do bebê não encontra sinal de eco no objeto, ele se quebra nesse modo de presença do objeto que não o reconhece.

O gesto de *élan* não dá em nada e retorna para o sujeito como portador da marca dessa ausência de encontro. Por exemplo, um gesto da mão em direção ao objeto que não o encontra retorna "em nada" para o rosto e os olhos do bebê. Temos aí o traço a partir do qual um significante formal do tipo "um objeto (uma forma) se afasta e retorna" pode se constituir. Esse significante formal "conta" então a história de um encontro que não se deu, a história de um *élan* sem resposta. Quando a ninfa Eco esbarra na brutal recusa de Narciso de que ela o toque e lhe expresse o seu amor, ela então se retrai nas profundezas do bosque e vai desaparecendo aos poucos (uma forma desvanece); seus ossos vão se endurecendo para virar pedra (um objeto enrijece, um objeto se desvitaliza). Num outro registro que não o do mito, muitas das sequências da vida dos bebês são ricas de significações, por pouco que se saiba interpretá-las. Assim, um garotinho de 1 ano era cuidado à tarde por sua babá; seus pais retornam no fim da tarde e o garotinho os recebe alegremente. Daí, ele avança para o corredor e se joga no chão como se estivesse caindo; o pai se pergunta do que se trata, mas a mãe – que conhece bem o filho – comenta: ele caiu de propósito e está mostrando. A babá presente, estupefata, lembra-se então de que, com efeito, ele caíra no começo da tarde e se machucara um pouco. As crianças "contam", relatam aos pais o que aconteceu; a função de síntese – que Freud apontava como frágil nas crianças pequenas – é dedicada ao entorno, mas para isso é preciso que os lactantes lhe enderecem o "relato" dos seus estados internos diversos. Quando as crianças não dispõem do aparelho de linguagem verbal, é com o auxílio de linguagens mimo-gestuais-posturais que elas expressam, com cenários agidos, encenações e atuações.

Mas há algo mais e que se refere diretamente à questão da simbolização e da sua vertente "reflexiva", da qual fizemos uma das pedras de toque da definição. Todo mundo conhece a famosa retomada que Freud propõe da afirmação de Locke: "não há nada no entendimento que não tenha estado primeiro nos sentidos". Em seus *Novos ensaios sobre o entendimento humano*, Leibniz comentava, acrescentando: "a não ser o próprio entendimento". É claro, o entendimento, o pensamento não estão "nos sentidos", mas Freud trouxe à observação de Leibniz uma nuance importante.

No capítulo que consagra ao animismo em *Totem e tabu*, ele observa que os processos psíquicos são difíceis de captar e que um processo anímico consiste em projetá-los no mundo ou em "encontrá-los" nos processos do mundo e da natureza. É assim que ele explica o animismo dos primitivos e o das crianças. Isso implica que, se "o entendimento e seus processos não estão nos sentidos", em contrapartida, a sua apropriação, a sua representação simbólica apropriada pelo sujeito passa pela sua "materialização", pela sua concretização.

No caso Schreber, Freud ressalta que o delírio do juiz – e, em particular, o que designa a utilização que ele faz dos "raios divinos" – parece bastante com sua própria teoria dos investimentos. Na análise que consagra à *Gradiva* de Jensen, Freud observa também que o soterramento de Pompeia é utilizado por N. Hanold para representar a petrificação de sua vida psíquica – um sonho colocando em cena, no relato, esse soterramento. No artigo que consagra à tela do sonho, B. Lewin toma como exemplo um sonho no qual a tela do sonho enrola-se sobre si mesma e desaparece, provocando uma ruptura do processo onírico e um despertar. O processo foi localizado cedo sob o nome de fenômeno de Silberer, e Freud semeou *A interpretação dos sonhos* com observações sobre o fato de que o sonho contém, e até mesmo produz, processos de pensamento.

Os últimos exemplos evocados são exemplos que dizem respeito aos sonhos e ao trabalho de simbolização primária dos quais são a cena, mas a questão do animismo abre outra perspectiva. Nós ressaltamos a necessidade do lactante de "contar" seus estados e processos internos; eu gostaria de aventar a hipótese de que uma plena utilização dos significantes formais e de outros pictogramas pelo filhote humano supõe também uma forma de narração e um reconhecimento pelo seu entorno humano dos primeiros processos que presidem as formas primárias dos processos de transformação e de simbolização. Dito de outro modo, estes, para serem plenamente apropriados, necessitam ser colocados em cena pelo bebê e identificados e reconhecidos – até mesmo partilhados – pelas pessoas significativas do seu primeiro entorno.

Ao escutar de perto as diversas formas de processos "em espelho" com os quais o entorno humano incrementa as suas "conversações primitivas" com os pequeninos, só se pode ficar estarrecido com o fato de que estes não dizem respeito somente aos seus estados afetivos, mas também aos outros processos que percorrem sua psique e, notadamente, os processos de pensamento. Os processos de pensamento necessitam, também eles, ser refletidos para poderem contribuir para a função reflexiva.

É bem possível que uma parte dos significantes formais que D. Anzieu identifica nos pacientes em estados-limite, e que chega a nomear no decorrer do tratamento, refira-se a processos que não foram identificados e reconhecidos pelo primeiro entorno dos sujeitos considerados, e que sua retentividade e sua repetição no estado adulto testemunham a sua não integração em ligação com o fato de que o entorno primeiro os deixou como letra morta. Concebe-se a importância de uma hipótese como essa nas práticas clínicas do extremo na medida em que estas são incessantemente atravessadas pela presença de tais formas processuais reiterativamente repetidas. Os significantes formais presentes nesses quadros clínicos "contam" a história de encontros primeiros que não se deram ou foram traumáticos em razão do tipo de "resposta" que receberam anteriormente; e eles se repetem e vêm assombrar o sujeito, procurando se atualizar como fantasmas à espera da sepultura integradora que lhes concederia um reconhecimento atual. Os processos da simbolização primária – como, talvez, todos os processos de simbolização – devem primeiro ser partilhados para se inscreverem, serem integrados e apropriados pelo sujeito humano; eles se tornam "processos de simbolização" úteis e utilizáveis, quando o forem – caso contrário, vêm alimentar as diversas formas da compulsão à repetição. Quando são partilhados, os processos da simbolização primária contribuem para criar uma forma de linguagem não verbal entre o sujeito e seu entorno. A partilha cria, com efeito, um "objeto comum" que não é nem de um, nem do outro, nem "colado" ao corpo de um, nem "colado" ao corpo do outro; por meio da partilha o objeto se destaca simultaneamente de um e do outro, ele se torna "objeto partilhável", mas representa como um e outro podem se unir, como podem se encontrar e comunicar um ao outro os seus estados internos – é justamente por isso que ele se torna elemento de uma linguagem, elemento possível de uma forma narrativa.

Não posso encerrar essas reflexões sobre o processo de simbolização primária sem começar a evocar a questão do Meio Maleável, à qual terei de retornar num próximo capítulo, em razão do quanto ela é essencial. Nos prolongamentos que propus do conceito de M. Milner, frisei que, antes de ser uma propriedade reconhecida em certos objetos do mundo material, como a massa de modelar, o Meio Maleável era primeiramente uma função da relação primitiva. As propriedades do Meio Maleável são, primeiro, propriedades de um certo modo de relação e de comunicação primitivas com o objeto primeiro que supõe disponibilidade, sensibilidade, apreensibilidade, constância, indestrutibilidade etc. do objeto. É no jogo de transformação das "proposições" no seio da comunicação primitiva que primeiro se experimenta o objeto "Meio Maleável" e o esforço do objeto e do sujeito para se ajustarem um ao outro, partilharem os mesmos estados e, assim, se compreenderem. É justamente por isso que propus que o Meio Maleável era o objeto transicional do processo de simbolização; que ele era o objeto que, por suas diversas propriedades, "simbolizava a simbolização" – ele representa as condições do entorno humano facilitadoras do processo de simbolização. Completaremos tudo isso no capítulo consagrado ao jogo.

A simbolização secundária

Serei mais breve no que se refere aos processos da simbolização secundária, na medida em que foram muito mais descritos e são mais bem conhecidos. Eles se referem à maneira pela qual as representações de coisa (representação-coisa, "represent-ação", representação de transformações etc.) e os roteiros nos quais elas se inserem são "traduzidos" para o aparelho de linguagem verbal.

A ideia de representação de palavra traduz insuficientemente o processo da simbolização secundária; não se trata apenas de transferir representações em palavra, é todo o aparelho de linguagem verbal que está envolvido. E o aparelho de linguagem verbal diz respeito também tanto às palavras e ao seu conteúdo semântico – isto é, uma propriedade propriamente linguística –, quanto a toda expressividade verbal. Pois a linguagem verbal é também corpo, ela não pode ser enunciada sem a participação da voz e do conjunto da sua expressividade, do conjunto da sua prosódia. Mas ela também é ação sobre o outro; ela participa da influência que um sujeito exerce sobre um outro, da maneira pela qual os conteúdos psíquicos não são apenas evocados num outro sujeito, mas transmitidos em ato, enquanto coisa, a esse outro.

Para dizer rapidamente e lembrar aqui aquilo que já começamos a evocar a propósito da associatividade verbal, pode-se descrever três vetores da transferência no aparelho de linguagem.

O primeiro se exerce a partir da escolha das palavras, de suas nuances, seus duplos ou múltiplos sentidos eventuais. As representações de coisas podem se desenvolver no aparelho linguístico retirando da reserva da língua toda uma série de variações que tentam precisar um engajamento sensorial singular, uma modalidade particular da ação, uma dada intensidade do experimentado. É, por exemplo, a questão que encontramos quando se trata de definir a clínica: não é indiferente defini-la pela "escuta", ou pelo "percurso", ou pelo "ponto de vista", ou pela maneira de "se apoderar" dos conteúdos psíquicos e isso tem implicações práticas e teóricas, designa passagens obrigatórias e evitamentos potenciais.

É a dimensão mais "secundária" do aparelho de linguagem, a que conservará menos ambiguidade, que canalizará o máximo possível a interpretação que lhe será dada por aquele a quem ela se dirige. Não existe, com efeito, comunicação humana que não seja "meio interpretação"; não existe, exceto em matemática ou nas ciências duras, comunicação humana que não conserve um determinado *quantum* de ambiguidade. É que o enunciado só é inteligível em função de um contexto, e frequentemente em função da história comum dos protagonistas. O sentido não é um "em si", ele é relativo ao estado de uma relação, e esta é necessariamente contextualizada e inscreve-se numa cronologia. É justamente por isso que é o valor narrativo que é retido pelos clínicos: a narração contextualiza, tenta contextualizar; ela supõe uma cronologia, inscreve sequências lógicas de sucessões de acontecimentos psíquicos ou materiais.

Mas o valor narrativo mobiliza também a estilística e a organização pragmática dos enunciados, e estes também participam do sentido transmitido. A utilização do imperativo ou do condicional dá indicações quanto à relação do sujeito com aquilo que ele enuncia e com aquele para quem ele o enuncia. Passo por isso rapidamente, pois tudo isso já foi totalmente bem descrito. A escolha dos tropos e figuras do discurso não transmite simplesmente um conteúdo, mas transmite a relação do conteúdo com um outro conteúdo, ou do conteúdo com o sujeito ou com o objeto. Mas a pontuação pode transmitir, também ela, estados internos a despeito do locutor ou do ouvinte. Gosto bastante de dar como exemplo esta passagem de Proust, na qual ele "compartilha a asma" com seu leitor e faz, assim, com que este compartilhe, a contragosto, um de seus estados internos:

> *Quando penso agora que, ao voltarmos de Balbec, minha amiga viera morar sob o mesmo teto que eu, que ela renunciara à ideia de fazer uma grande viagem, que tinha seu quarto a vinte passos do meu, no fim do corredor, no gabinete das tapeçarias de meu pai, e que todas as noites, a altas horas, antes de eu me deitar, metia-me na boca a sua língua como um pão cotidiano, como*

um alimento nutritivo, e com o caráter quase sagrado de toda carne à qual as dores que sofremos por ela acabaram imprimindo uma espécie de doçura moral, o que evoco logo por comparação não é a noite em que o capitão de Borodino consentiu que eu passasse no quartel por um favor que só curava em suma um incômodo passageiro, mas aquela em que meu pai mandou mamãe dormir na caminha ao meu lado.[3]

Em momento algum Proust evoca a asfixia asmática em seu texto e, no entanto, todos aqueles que o leem (basta ler em voz alta e se lembrar de que todos começamos a ler dessa maneira, que fica latente em nossa leitura silenciosa mais tardia) sentem essa asfixia, que é um efeito da pontuação. Ali onde o leitor espera poder baixar a voz e encontrar um ponto que anuncia uma pausa necessária à leitura, ele encontra uma vírgula ou um ponto e vírgula que o obrigam a retomar sua respiração sem ter completamente expelido o ar residual que ele se preparava para expirar no ponto. A asma é uma patologia da expiração, o sujeito não chega a esvaziar seus pulmões do ar viciado que contêm, ele respira antes mesmo de ter expelido, ele se asfixia pela ausência de expiração. É precisamente o que o estilo de Proust comunica ao seu leitor sem que jamais seja evocado, no conteúdo da frase, aquilo que, de fato, ele faz com que o seu leitor assim passe. Quando muito, um leitor advertido de uma escuta clínica encontrará na evocação "metia-me na boca a sua língua como um pão cotidiano" uma situação propícia a mobilizar uma vivência de asfixia, mas a sequência – "como um pão cotidiano, como um alimento nutritvo, e com o caráter quase sagrado de toda carne à qual as dores que sofremos por ela acabaram imprimindo uma espécie de doçura moral" – estará lá para tentar contradizer essa interpretação de uma vivência "incestuosa", confirmada pelo fim da citação, em que a situação se associa àquela "em que meu pai mandou mamãe dormir na caminha ao meu lado". Para parafrasear um termo de J. Guillaumin de que gosto bastante, é "na qualidade de contrabando" que o estado interno passa de um sujeito a outro, do autor ao leitor.

---

3   Proust, M. (2011). *Em busca do tempo perdido: a prisioneira* (M. Bandeira, L. S. de Alencar, trad, Vol. 5). 13ª ed. São Paulo: Globo.

A terceira maneira pela qual as representações-coisa e "represent-ações" passam para o aparelho de linguagem e procuram trilhar para si um caminho na simbolização secundária efetua-se pelo viés da voz e da prosódia. A voz carrega a mensagem através do seu grânulo, do seu timbre, da sua entonação; ela é corpo e transmite uma relação com o corpo; voz de cabeça ou voz de garganta, voz rouca ou aguda, monocórdia ou rica em picos, ela "diz" algo da relação do sujeito com a situação e com o seu modo de presença na situação, o seu modo de encarnação subjetiva.

Mas as modulações da voz que constituem a prosódia – o tom dado, então, aos enunciados –, o "teatro" que ela assim monta transmitem igualmente estados de ser, cenários particulares. A voz pode se extinguir, se apagar, decair até não ser mais que um sopro; ela pode se desafetar, até se desencarnar; ela pode se inflar e dizer do inchaço do ser. Mas ela pode também transmitir diretamente momentos da simbolização primária. Um gestual significante desta pode vir acompanhado de um "zás!" ou de um "poft!"; um objeto que escapole, de um "vapt!" sonoro; uma queda, de um "cataploft!" etc.

Eis um pequeno fragmento de L.-F. Céline (*Viagem ao fim da noite*), um dos grandes estilistas do século XX, que mescla a expressividade verbal, os efeitos de estilo e as onomatopeias significantes:

> *Tenho direito a algumas lembranças, elas me vêm feito cabelo na sopa... Ah, dane-se! Papo furado! Verdun, quero dizer outubro, 14, o reabastecimento do 12º... estava com o meu furgão... o regimento na Woëvre... ainda vejo a ponte levadiça de Verdun, de pé sobre os estribos; eu dizia a senha... a ponte rangia, baixava; a guarda, os doze homens saíam para verificar os furgões um a um... o exército estava sério, a prova, ele ganhou a guerra... E então entramos em Verdun caminhando, buscar nossa pataca e nossos tostões furados... ainda não se sabia do resto!... caso se soubesse daquilo que nos esperava, não nos moveríamos; não pediríamos ponte nem posto... não saber é a força do homem e dos animais...*

A estrutura desse excerto é particularmente interessante, na medida em que ela é "em cascata", o processo descrito e o modo com que ele é descrito remetem um ao outro. Céline descreve a maneira como certas lembranças "passam a ponte levadiça", isto é, os sistemas de censuras linguísticas que comandam a secundaridade: como, através das onomatopeias, ele faz com que se sinta a sua precipitação e a maneira pela qual vão desorganizar a enunciação, picá-la, encandi-la; mas como, também, deseja se exercer uma função de desconhecimento ativo (não saber é a força do homem e dos animais etc.).

A essência da simbolização secundária é a de traduzir a forma da simbolização primária para o aparelho de linguagem, mas ela também pode traduzir processos de simbolização primária não consumados – não tendo chegado ainda a uma organização narrativa de cenário (sujeito/ação/objeto/contexto etc.) –; ela pode guardar certos traços dos significantes formais ou certos pictogramas ou significantes de demarcação.

Para terminar este capítulo, quero lembrar que a existência de um nível de simbolização secundária, que se efetua a partir do aparelho de linguagem verbal, não faz com que desapareçam os outros níveis de linguagem – o corpo e seu gestual, suas posturas, as expressões do rosto –; eles acompanham e frequentemente até são necessários à troca e à comunicação humana, contribuem para conceder a ela o seu matiz sensorial e afetivo: a expressividade humana é polimorfa e só se concebe como tal. É justamente por isso, como já evocamos, que a escuta clínica da associatividade-dissociatividade/narratividade psíquica deve ser "plural" e "polimorfa" (Figura 8.2).

196 O TRABALHO DE SIMBOLIZAÇÃO

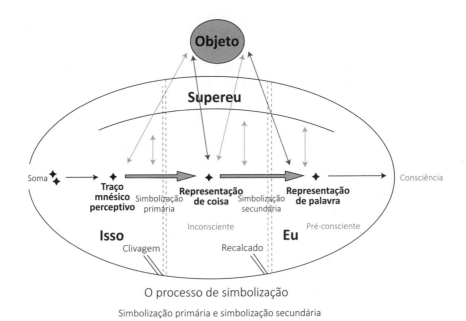

O processo de simbolização

Simbolização primária e simbolização secundária

Figura 8.2 *Esquema mensurando o trajeto da simbolização.*

9. "As necessidades do Eu"

Nos capítulos anteriores, evocamos diversas vezes a importância do conceito de "necessidade do Eu" na prática clínica em situação-limite ou extrema. Se esse conceito é crucial na clínica dos sofrimentos narcísico-identitários e nas estratégias de sobrevivência que eles muito frequentemente implicam, a sua pertinência ultrapassa amplamente esse mero registro. Ainda que proposto por D. W. Winnicott há uns bons anos, o conceito de "necessidade do Eu" não é suficientemente corrente na clínica e na psicanálise francesa para que se deixe de lado uma reflexão um pouco mais aprofundada sobre o que significa e implica, ainda mais porque ele não é definido precisamente pelo seu criador e porque cumpre extrair o sentido que pode adquirir a partir dos seus textos e dos contextos de sua utilização. As reflexões que proponho sobre esse conceito, que me parece fundamental para a teoria da prática clínica, permanecem vetorizados pelo fio condutor da minha tentativa de começar a propor uma teoria geral da prática clínica: o trabalho clínico visa otimizar a integração das experiências subjetivas pela simbolização e pela apropriação subjetiva destas.

A questão teórica do conceito de "necessidade" e a "análise do Eu"

Se o motor da simbolização é a necessidade, diante da qual se encontra a psique humana, de metabolizar os movimentos pulsionais e os desejos que acompanham as suas experiências subjetivas para integrá-las, essa tarefa não pode se realizar sem que sejam fornecidos ao Eu os meios de realizar esse trabalho de integração. Essa integração não pode, com efeito, se efetuar de qualquer maneira e em qualquer contexto; um determinado número de condições deve ser atendido para que esse trabalho seja levado a cabo, e essas condições definem aquilo de que o Eu tem "necessidade" para um funcionamento de integração suficientemente bom.

A noção de necessidade teve uma relativa má reputação nos meios clínicos, na medida em que uma parte do que competia a uma "lógica do desejo" ameaçou, numa certa época, ficar relegada ao registro da necessidade. No debate em questão, a necessidade era então entendida apenas no registro da autoconservação corporal – logo, como necessidade corporal. A urgência era então a de destacar a especificidade do registro do desejo e a de suas "lógicas" daquelas da necessidade com as quais ameaçavam ser confundidas. Mas daí a necessidade apareceu como "extracampo" clínico; e pode-se considerar que, estritamente falando, a necessidade corporal não está, com efeito, no campo da clínica psicanalítica. Mas acaso o campo da necessidade se refere apenas ao domínio da necessidade corporal? Como veremos, a importância atribuída por Freud a partir de 1921 à "análise do Eu" compele a uma reavaliação do conceito de necessidade que não pode ser simplesmente encarado apenas do ponto de vista corporal.

Para apreender bem o que está em jogo nessa questão, lembremos rapidamente alguns pontos da evolução das teorias das pulsões no pensamento de Freud, que parece ir no sentido de dar cada vez mais importância ao sexual na vida psíquica, mas acabará encontrando a questão do Eu, do seu desenvolvimento e de sua conservação.

A primeira teoria das pulsões opunha as pulsões sexuais às pulsões ditas "do Eu" ou "da autoconservação" – então entendida principalmente como autoconservação corporal, na medida em que o Eu ainda não fez sua entrada oficial na metapsicologia e o seu uso permanece descritivo. Daí, com a introdução da problemática narcísica (1914), uma primeira báscula conduziu à segunda teoria das pulsões – pois há três, contrariamente ao que se vê frequentemente afirmado por aqueles que confundem as duas metapsicologias com a teoria das pulsões –, na qual o sexual está ora voltado para o objeto (a libido é então dita "objetal"), ora para o sujeito (a libido é então dita "narcísica"). O Eu como conceito metapsicológico – dotado, então, de um investimento específico – também aparece. As pulsões são, portanto, todas "sexuais" na segunda teoria das pulsões, e a autoconservação da primeira teoria não teria mais como ser oposta às pulsões sexuais. O narcisismo introduz a ideia de um sexual dirigido para o sujeito; a autoconservação representa, então, uma das maneiras pelas quais o sujeito, ele próprio, "ama a si mesmo" – os primeiros desenvolvimentos do autoerotismo e da teoria do animismo passaram por aí. Por fim, em 1920, Freud propõe uma terceira teoria das pulsões e introduz a célebre oposição entre pulsão de vida e pulsão de morte, e todo o sexual – tanto objetal quanto narcísico – vira-se, então, para o lado das pulsões de vida.

Pouco a pouco, portanto, as pulsões de autoconservação desaparecem em sua especificidade; elas são subvertidas pela importância dada às formas do sexual. De fato, desaparecem em sua nomeação, mas seguramente não em seu fundo, pois, de uma certa maneira, a oposição pulsão de vida/pulsão de morte restitui-lhes um lugar fundamental fazendo da "vida" – logo, da autoconservação desta – a própria questão do sexual e das pulsões de vida. É no ano seguinte, em 1921, que Freud introduz a ideia de uma "análise do Eu"; depois, em 1923, o conceito de Eu será completamente introduzido na metapsicologia – e, então, coloca-se o problema específico da sua autoconservação.

A noção de uma "análise do Eu" não é um capricho pontual no pensamento do criador da psicanálise, visto que nos escritos bem tardios do fim de sua vida ele continua a evocar aquilo que então chama de "fragmentos de análise do Eu". Mas o que quer dizer "análise" do Eu? Sem dúvida, a análise de seu funcionamento – e aí está uma das inclinações da psicanálise francesa contemporânea. Porém, a partir do momento em que nos debruçamos sobre o funcionamento do Eu, é bem difícil fazer vista grossa para o que é requerido para este. O conceito de "necessidade do Eu" parece-me ser indispensável a um projeto de "análise" do Eu, ou simplesmente de consideração do seu funcionamento, o que é essencial a uma prática fundamentada na apropriação subjetiva.

Numa perspectiva mais resolutamente clínica, desta vez, pôde-se também fazer com que se observasse, depois de Freud, que em todo um setor da psicopatologia – e, sem dúvida, até mesmo em todo um setor da própria vida – a oposição desejo/necessidade não era nada pertinente e que ela adquiria sentido sobretudo no seio dos funcionamentos mais complexificados e diversificados da psique. É que a questão também compete à maneira como o sujeito "categoriza" seus movimentos internos, a maneira como ele os sente e os "teoriza". A oposição do desejo e da necessidade, "para um sujeito", é então relativa ao estado do seu funcionamento psíquico; é uma conquista de pontos avançados da diferenciação psíquica, não uma configuração intrínseca à vida psíquica. Isso ainda que, de certa maneira, se possa ressaltar, como veremos, uma determinada "objetividade" de certas necessidades; ainda que se possa, também, "desejar" aquilo de que se tem necessidade.

Vamos ao conceito de "necessidade do Eu" proposto por D. W. Winnicott. Deve-se, com efeito, a esse autor ter sido o primeiro a propor um conceito para definir o que é necessário à psique para manter-se e produzir o trabalho de integração que lhe cabe. Mas, conforme evocamos rapidamente acima, como frequentemente ocorre quando ele propõe um novo conceito, D. W. Winnicott não dá definição precisa do conceito que ele aventa. É que, sem dúvida, as "necessidades do Eu" variam em função dos sujeitos e do seu grau de desenvolvimento psíquico – e a noção lhe parece, desde que formulada, evidente a ponto de poder prescindir de uma definição precisa. Isso não nos impede de procurar agora, e coerentemente com o nosso projeto, delimitar mais precisamente, para além de seu aporte, aquilo que o conceito que ele propõe recobre.

A particularidade do conceito de Winnicott é ressaltar que a psique tem suas necessidades próprias, que são requeridas por seu trabalho específico; e, portanto, que a "necessidade" não se refere somente às necessidades corporais, mas também às "necessidades psíquicas". Se há uma "realidade psíquica" específica, há "necessidades psíquicas" específicas, e a ideia de "necessidades do Eu" ressalta o quanto de subjetivação elas comportam. Como Winnicott, conforme dissemos, não define o conceito – ele se contenta em utilizá-lo –, é preciso que deduzamos, dos contextos em que ele aparece, aquilo que poderia ser uma definição. Pode-se deduzir da utilização que ele propõe uma definição de partida, a partir da qual o conceito pode ser aprofundado: o Eu, o Eu-sujeito, necessita que certo número de condições seja atendido para poder fazer seu trabalho de integração das experiências às quais ele é ou foi confrontado. Na coerência de nosso itinerário, que consiste em centrar em torno da integração pela simbolização e da apropriação subjetiva as questões em jogo no trabalho clínico, somos levados a definir as necessidades do Eu como: "o conjunto das condições do trabalho de simbolização e da apropriação subjetiva, tanto primária quanto secundária".

Pode-se, então, definir as "necessidades do Eu" como o conjunto daquilo que o Eu-sujeito tem necessidade para realizar o seu trabalho de atribuição de forma, de colocação em cena e de atribuição de sentido da experiência subjetiva vivida; o que lhe é necessário, num dado momento, para a simbolização e a apropriação subjetiva desta.

Isso equivale a dizer que, para metabolizar subjetivamente a sua experiência, para integrá-la, o sujeito – em particular o Eu da criança, mas não só – deve encontrar um determinado número de condições: intrínsecas, certamente (por exemplo, a intensidade de excitação deve ser mantida num nível "controlável" pela psique), mas não só – há também condições externas. Estas nos interessam muito particularmente quando procuramos pensar aquilo que o clínico deve fornecer ao sujeito, ao "sob medida" das suas necessidades, para que ele possa metabolizar as suas experiências traumáticas ou difíceis. Uma reflexão como essa também é muito útil quando se trata de construir ou construir conjuntamente os diferentes detalhes do modo de presença "sob medida" do clínico e de seu próprio dispositivo.

O sofrimento psicopatológico deriva das necessidades do Eu insuficientemente levadas em conta ou satisfeitas, ou ainda insuficientemente "reconhecidas". Se se pode "frustrar" um sujeito no nível da realização dos seus desejos (é o que se chama de "castração simbólica" e que se refere, por exemplo, ao problema dos limites do Eu), não se deve nunca frustrar um sujeito no nível das necessidades do Eu.

Um trabalho de localização e listagem (um diagnóstico) das necessidades do Eu, demasiadamente pouco constante no sujeito, é indispensável à organização da resposta que o clínico deve conceder. Como ressalta A. Green (2002), o analista "deve dar a resposta que o objeto 'deveria' ter concedido, e isso se refere tanto às necessidades históricas quanto às necessidades "atuais" –

as que são localizadas e as que não são localizadas (inconscientes) pelo próprio sujeito.

Para começar a explorar mais essas condições, pode-se partir da questão do trauma psíquico, pois o que caracteriza as situações traumáticas é precisamente que, não sendo atendidas algumas das condições, o trabalho psíquico de integração da experiência subjetiva é paralisado ou reduzido à sua mais simples expressão.

O trauma não existe como um "em si", ele resulta do caráter não integrável, para aquele sujeito e naquele momento da sua história, da experiência que ele está atravessando. Freud ressaltou que uma das condições para que uma experiência seja integrável era o nível de excitação pulsional que ela comportava. Quando a excitação é demasiado importante ou as impressões deixadas pela experiência, demasiado enigmáticas, elas podem transbordar as capacidades do sujeito, que não chega a ligá-las e a integrá-las – ele só pode tentar defender-se contra o afluxo de excitação e tentar neutralizar o caráter enigmático das impressões que o assolam (Freud, 1920). S. Ferenczi (1929) ressaltou, de sua parte, que um fator importante nas situações traumáticas era a atitude do entorno do sujeito e, em particular, a não receptividade deste – até mesmo a sua rejeição – às tentativas do sujeito de expressar aquilo ao qual ele fora confrontado. Isso lhe surge como algo particularmente importante na infância, mas os trabalhos posteriores consagrados ao trauma mostraram incessantemente que esse fator era frequentemente determinante muito além da infância.

As reflexões de Ferenczi abrem alas a uma hipótese que é, sem dúvida, fundamental para a exploração da análise do Eu e da localização das necessidades do Eu: o trabalho de integração subjetiva implica, muito frequentemente, outro sujeito. A simbolização não é um trabalho solitário; por natureza, o símbolo é "social", implica uma relação intersubjetiva, resulta daquilo que propus chamar de "entre-jogo",[1] isto é um jogo intersubjetivo. A integração da experiência implica sua partilha, ainda mais quando ela tem um caráter potencialmente traumático e quando atinge o sujeito numa idade precoce. Mas

---

[1] No original, o autor faz uma brincadeira com as palavras *je* (eu) e *jeu* (jogo). (N. R.)

como nossas formulações anteriores começam a ressaltar, não basta simplesmente haver outro sujeito presente, é preciso também que o modo de presença deste proponha certo número de características, certas qualidades. Ressaltamos acima a receptividade e acabamos de acrescentar a partilha empática. São algumas das características de um modo de presença do outro sujeito que permitem que este assegure uma "função simbolizante", isto é, elas permitem que o outro sujeito introduza o ambiente e a contribuição externa que são necessários ao trabalho de integração do sujeito.

Em diversas reflexões anteriores, propus resumir as qualidades necessárias ao entorno simbolizando o conceito de entorno ou de objeto Meio Maleável. Há, pois, uma dialética por estabelecer entre as "necessidades do Eu" e o entorno Meio Maleável; o respeito àquelas depende deste. É preciso, então, começar seguindo o processo de integração no passo a passo das diferentes operações que o constituem para, em seguida, no capítulo seguinte, nos debruçarmos sobre um aprofundamento das funções Meio Maleável das respostas do clínico.

Os níveis das necessidades do Eu

Em cada etapa do processo de simbolização e de integração subjetiva – logo, a cada etapa importante do funcionamento do eu – intervêm "necessidades" específicas, e estas devem ser localizadas tanto no nível quantitativo quanto no nível das trocas dentro/fora e fora/dentro; quanto, por fim, no nível qualitativo.

No nível quantitativo, a questão é a de conservar um nível de investimento e de excitação tal que permita manter a coesão do sujeito. Duas ameaças fundamentais podem incidir sobre ela: ameaça de efração e de transbordamento, de um lado; ameaça de desinvestimento, do outro.

Essas ameaças definem e implicam um primeiro nível de necessidades psíquicas.

Primeiramente, uma necessidade de paraexcitação. A psique não pode trabalhar se a excitação e as impressões oriundas do campo sensório-motor e do campo pulsional ameaçam ser transbordantes e são potencialmente desorganizadoras, isto é, se elas não podem estar ligadas de maneira eficaz. O trabalho de registro, de transformação em mensagem, em signo e em sentido só pode se efetuar caso se possa extrair uma "mensagem" ou um sinal, o que implica que a excitação e as impressões recebidas sejam mantidas num nível moderado. É um aspecto revelado pelas situações traumáticas, nas quais o transbordamento do Eu tem como efeito que o único sentido possível seja o de um sinal extremo de perigo (medo, terror, agonia...).

Mas, inversamente, surge também uma necessidade de estimulação do Eu, uma necessidade de investimento. Pois, ao contrário, uma subqualificação do Eu – como uma superproteção do sujeito, um ambiente depressivo ou apático, relações que inflamam afetos agressivos etc. – inibe o desenvolvimento psíquico e produz estados de carência, carência "somática" ou psíquica – carência dita "afetiva" – que atinge o nível necessário de investimento do sujeito ou de sua psique. Puderam-se descrever procedimentos de "paradesinvestimento" (P. Aulagnier, 1975), ou, de maneira mais metafórica, medidas "paraquedas" (R. Prat, 2007) que designam tudo aquilo que o sujeito pode fazer essencialmente para não correr o risco de ser desinvestido e encobrir a outra ameaça fundamental.

As pesquisas incidindo sobre os fatores eficazes das psicoterapias ressaltam que – sendo os demais fatores iguais, aliás – o primeiro fator de cuidado e de melhora é o investimento da psique do sujeito pelo clínico.

A consideração das necessidades do Eu no nível quantitativo coloca o eventual problema – por exemplo, com a psicose ou com certos estados *borderline* – do arranjo do entorno do sujeito ou da consideração das particularidades deste. Em diversas situações clínicas concretamente encontradas nas instituições de cuidado, a questão central é, então, frequentemente a seguinte: mudar o sujeito de ambiente ou tentar disparar mudanças no seu entorno.

Ela implica, também, que é necessário "mensurar" o investimento necessário (ou suportável) para o sujeito no seio do espaço de cuidado. A intensidade do investimento do sujeito pelo clínico marca-se pelo seu modo e pela qualidade da sua presença; pela sua disponibilidade, mas também pelo número e pela distribuição das sessões. Mas é preciso mensurar também os efeitos potencialmente paradoxais de um investimento em demasia, que podem produzir vivências de ameaça de devoração, desencadear decepções. Pois então se coloca o problema do "preço" a pagar para obter o investimento do objeto, passado e atual; o dos "contratos narcísicos" e outros pactos "denegativos" (R. Kaës, 1989) históricos do sujeito que podem ser reativados pelo tipo de encontro clínico proposto. Ser investido é, sem dúvida, fundamental para o sujeito; mas que preço ele teme dever pagar por esse investimento? A questão do investimento pelo clínico abre inevitavelmente a da dependência e dos temores de alienação, até de rendição, que esta pode suscitar.

As necessidades "qualitativas"

É preciso tratar agora das necessidades qualitativas, pois estão lado a lado com as necessidades "quantitativas"; mas acabamos de ver os limites de uma classificação como essa, pois os níveis não podem deixar de se superpor em parte. É preciso, também, ressaltar as necessidades de trocas e de partilha, as necessidades que desembocam na produção do sentido.

A psique não pode funcionar sem "dados" confiáveis, ela precisa de dados sobre o que vem do exterior (e do objeto) e sobre o interior: o Eu, o Supereu e o Isso – sobre o que vem do fundo da psique. Uma necessidade como essa impõe trocas e partilhas de diferentes níveis – perceptivos, sensório-motores –, mas também trocas e partilhas pulsionais (representações, afetos), e até mesmo cognitivas. É preciso que o Eu possa se sentir, se ver, se escutar para poder se refletir e operar as regulações indispensáveis ao seu funcionamento, mas nessa tarefa ele encontra a questão da sua necessidade de confirmações e ecos do outro. A vida pulsional é também "mensageira"; ela participa da comunicação humana que ela contribui grandemente para orientar e organizar, mas ela implica também a resposta dos objetos outros-sujeitos a que visa.

A "fiabilidade" dos diferentes dados necessários depende de diferentes fatores e, em particular, de um trabalho de "categorização" das informações e de sua proveniência. O que se produz no seio do sujeito "vem" dele ou é o simples efeito de uma influência externa? O que é que "vem" do sujeito e o que é que "vem" do mundo exterior, dos objetos que ele investe? Como tudo aquilo a que ele é confrontado se produz "nele", no "saco" do Eu, esse trabalho de categorização interna é indispensável para que o sujeito possa elaborar as respostas mais pertinentes para ele. Mas esse trabalho de categorização, se aos poucos vai possuindo certo nível de autonomia, depende frequentemente, em parte, primeiro das confirmações e ecos ou desqualificações oriundas das interações com os objetos. Que se pense, por exemplo, no número de conflitos que resultam de uma dificuldade na demarcação daquilo que vem de si e daquilo que vem do outro; por exemplo, na distribuição daquilo que é "ação" e daquilo que é "reação" ao outro. Quem começou o conflito?

Essa demarcação é particularmente importante em todas as situações de precariedade ou de vulnerabilidade, o que é frequentemente o caso com os sujeitos que buscam os clínicos, mas ela é singularmente crucial na época mais suscetível de fomentar precariedade e vulnerabilidade, desamparo e confusão: o período da infância e da primeira infância. Nessa época, e ela forma o fundo a partir do qual o sujeito se constrói, a criança tem necessidade de que o entorno a auxilie a construir o mais precisamente possível os sistemas de categorização com os quais a sua subjetividade vai se organizar e a auxilie a demarcar o que "vem" dela ou do exterior; o que "vem" do seu corpo ou da sua psique etc. Expresso em termos de "necessidade do Eu", pode-se aventar que o sujeito necessita que suas percepções e sensações sejam "qualificadas" e validadas pelas pessoas referentes.

Diversos trabalhos – estou pensando, em particular, nos de D. Anzieu (1975b) sobre a "transferência paradoxal" – ressaltaram, ao contrário, os efeitos deletérios sobre a organização do Eu e das suas eventuais torsões de um fracasso na consideração dessa necessidade, até mesmo de traumas específicos, como a desqualificação e a recusa daquilo que o sujeito percebe ou sente. O trabalho de transformação em signo, colocação em cena e, depois, atribuição de sentido das sensações, percepções, pulsões e afetos é então siderado na base – e, com ele, o resto do funcionamento do eu que é obrigado a se "deformar" (Freud, 1926) para não sucumbir. A consideração das "necessidades do Eu" conduziu, assim, à reavaliação de um determinado número de quadros psicopatológicos, sobretudo tradicionalmente abordados em termos de destrutividade ou de perversão, enquanto esses aspectos manifestos do quadro escondem, na maior parte do tempo, um sujeito "perdido" e sem referenciais confiáveis, ou "confuso", ligado a situações de desamparo e impotência. Antes de significar, de dar sentido, é preciso perceber, perceber-se;

é preciso sentir-se e sentir o outro (empatia); é preciso se "ver", ser visto e "ver" o outro; é preciso construir signos e referenciais de si e do outro e da ação recíproca de si sobre o outro e do outro sobre si.

Ao lado da desqualificação e da recusa provenientes do objeto, que acabamos de evocar, e precedendo-os, a clínica da primeira infância evidenciou a importância das primeiras trocas para a capacidade do sujeito de sentir e de sentir-se. As primeiras trocas se referem ao que propus chamar de harmonizações estésicas – isto é, mimo-gestuais-posturais – que designam os modos de comunicação que se exercem num nível sensorial com o outro. A necessidade de reconhecimento e de qualificação das experiências se exerce já nesse nível primeiro, ela implica então um outro sujeito capaz de se colocar "como duplo" estésico.

A clínica mostra, então, que uma necessidade fundamental para o sujeito é também a de tentar manter como prioridade a sua individuação no encontro com os outros sujeitos, inclusive aqueles de que ele tem necessidade para garantir sua identidade – o que supõe o respeito às necessidades qualitativas que são necessárias para a atribuição de sentido e o exercício da função metaforizante. Com efeito, a psique nunca trabalha diretamente com sensações ou percepções, nem mesmo, ainda, com a pulsão (ainda que esta "trabalhe" com ela); ela trabalha com representantes psíquicos ou representações [cf. a autopoiese de F. Varela (1989)]. Um trabalho de colocação em representação é, portanto, necessário e indispensável à introjeção das informações oriundas de dentro bem como de fora, e ela implica um trabalho de demarcação representativa, um trabalho de transformação em representações utilizáveis, isto é, reflexivas – de representações que se apresentam à psique como representativas.

Indiquemos simplesmente, a partir de agora, aquilo ao qual teremos de retornar mais demoradamente no capítulo seguinte: que esse trabalho de transformação se depara com a necessidade de objetos Meio Maleável e das principais propriedades destes.

Se seguimos passo a passo a emergência das operações psíquicas necessárias ao "curso dos acontecimentos psíquicos", constatamos, num nível elementar, que o sujeito deve primeiro *localizar* ao que é que ele é confrontado: que pulsões, que sensações, que aspirações estão implicadas na experiência subjetiva em questão?

Depois ele deve identificar *de onde vêm* os diferentes componentes que ele deve "tratar": de si/do objeto, de dentro/de fora, do corpo/do espírito, do Eu consciente/do Eu inconsciente/do Isso...

E, por fim, tentar *tratá-los*: com que modelos internos, oriundos de que identificações ou contraidentificações, que esquemas de tratamento etc.

Essas operações correspondem às grandes questões de base do funcionamento do Eu: o que, onde, como, por quê?

O quê? Essa questão se refere ao trabalho de localização e de figuração, de representação de coisa da matéria da experiência ou dos movimentos pulsionais investidos, ativos. Mas também daquilo que se refere ao sujeito e daquilo que o afeta. Coloca-se, então, toda a questão não apenas da identificação dos dados da experiência subjetiva, mas também de sua representância psíquica; logo, da transformação dos dados brutos da experiência em dados utilizáveis pelo Eu, isto é, representados – único material com o qual a psique pode operar.

Onde? Para serem tratáveis, os processos psíquicos precisam ser localizados e classificados segundo diversos modos de disposição do qual vão depender seus tratamentos. Há, primeiro, uma disposição tópica: devem ser situados dentro ou fora? – reconhece-se aí o teste dito "de realidade". Essa é uma operação de categorização, pois, a partir do momento em que a experiência afeta o sujeito, ela está necessariamente "dentro"; mas ela pode "vir de dentro" ou estar dentro e ter vindo do exterior. Em seguida, e dialetizada com esse primeiro trabalho de localização/categorização, vem uma operação de disposição temporal segundo o eixo presente/passado – é o que Freud chama, em 1915, de "teste de atualidade". Ela é dialetizada com o teste de realidade, pois uma experiência pode ter sido "real" anteriormente, mas não ser mais "atual"; ela pode ser um modo de reatualização de uma experiência anterior. Uma experiência pode agora estar situada dentro e ter estado "fora" antes; é toda a questão do funcionamento da memória e dos seus diversos modos de reprodução dos acontecimentos anteriores. E, por fim, segundo uma disposição categorial que diferencia as representações/as percepções/as sensações e, portanto, também o Eu do não Eu, ou o Eu do Isso, o Eu do Supereu.

Como? Essa pergunta se refere, em seguida, aos modelos de tratamento do problema que o sujeito pode colocar em ação (identificações, jogos etc.), mas também à questão de saber *como* o processo psíquico "veio" para dentro, no "saco" do Eu, ou como foi posto para fora – isto é, o problema do tipo de processos de interiorização que foi posto em ação. Não podemos simplesmente nos contentar, de fato, com sentir que algo está "dentro"; ainda é preciso saber se essa "interiorização" resulta de um verdadeiro processo de introjeção – que supõe uma integração fundamentada num processo de simbolização e de apropriação subjetiva – ou se se trata de um processo de incorporação que evita esse trabalho psíquico ou testemunha seu fracasso, a menos que a identificação resulte de um processo de "identificação ao agressor" ou de um outro processo visando proteger o Eu de uma vivência de efração. "O que não pudermos organizar, finjamos ter sobre isso o controle", recomendava A. Einstein.

Por quê? Mas o conjunto dessas diversas operações deve também obedecer a um imperativo de um nível mais global que vem se dialetizar com os outros e que também é preciso levar em conta. A psique tem uma necessidade não somente de coesão (nível quantitativo), mas também de coerência (nível qualitativo). Para ser inteligível e integrável, a experiência subjetiva também deve apresentar uma coerência suficiente ou testemunhar uma coerência como essa, e isso tanto interna quanto externa. O mundo de dentro, como o mundo de fora, obedece a leis – das quais o sujeito tem minimamente pressentimento, até mesmo pré-concepção (Bion) – em função das quais ele é apreendido e avaliado. Essa coerência deve obedecer a uma determinada lógica, e há diferentes tipos de coerências (e, portanto, de lógicas) – por exemplo, a que é concedida pelo princípio do prazer ou a concedida pelo princípio de realidade/verdade. Na falta dessa inteligibilidade, os mecanismos de controle e de supervisão assumem o comando e a experiência tende a ser neutralizada ou imobilizada, mais do que integrada. O Eu tem, com efeito, uma necessidade de causalidade (que subjaz à atividade de teorização sexual e narcísica infantil, mas também à dos adultos que dela deriva) que é necessária à vetorização da atividade psíquica. Sem representação de uma causalidade e da vetorização que a acompanha, o sujeito permanece desarmado diante das tensões que o habitam; ele não sabe o que fazer com elas, nem como tratá-las; ele consegue apenas tender a evacuá-las.

Essa necessidade de causalidade comporta uma necessidade de lógica (inclusive as lógicas infantis, as "lógicas do inconsciente"), mas também uma necessidade de origem. No nível de abordagem temporal o Eu funciona, em parte, na temporalidade; na questão da origem temporal, cumpre também pensar, é claro, na importância da questão dita "das origens", mas a origem designa também a questão de saber se "isso" vem de dentro (do sujeito) ou de fora (do objeto, do mundo ao redor).

O conjunto desses referenciais permite ao Eu fornecer o trabalho de autorrepresentação e de autoteorização (o trabalho de reflexividade) que é necessário ao seu funcionamento e à sua autorregulação.

Para finalizar e introduzir o capítulo seguinte, que será consagrado a um retorno ao trabalho do clínico e à atitude Meio Maleável que a caracteriza, eu ressaltaria, por fim, que a localização das necessidades do Eu em sofrimento para o analisante já está em latência no fato de "construir" de uma só vez uma primeira representação do dispositivo adequado e do tipo de atitude técnica que deverá ser posto em ação.

Por exemplo, se se pode localizar, na história do sujeito, que uma das dificuldades históricas encontradas estava vinculada a separações infantis que assumiram um caráter traumático, pode-se "esperar" que as separações no decorrer do tratamento "encontrem" o problema e que se encontre, também, o que faz com que elas tenham estado na origem de um fracasso da simbolização das separações em questão. É claro que não podemos antecipar "de antemão" essa dificuldade, notadamente na maneira que ela vai se mesclar à configuração transferencial (cumprimento da distância teórico-prática). Em contrapartida, a localização das necessidades do Eu em sofrimento começa a trilhar uma primeira linha associativa e uma sensibilidade do clínico numa parte do material transferencial.

Uma regra geral da prática clínica poderia, então, ser proposta. Ela suporia que o conjunto das "necessidades do Eu" deve ser satisfeito na matriz formada pela configuração: Eu do sujeito/entorno atual – e, neste, o dispositivo e as respostas propostas pelo tipo de atitude técnica que o clínico coloca em ação. Isso significa que o que é integrado pelo Eu do sujeito ou o par que ele forma com o seu entorno atual não precisa estar particularmente presente na atitude técnica; ou, ainda, o que o enquadre gera "para aquele analisante" não precisa também ser "gerado" pelo clínico.

10. As funções do objeto (do clínico) e o Meio Maleável

Nós indicamos, no capítulo anterior, que a consideração das necessidades do Eu era inseparável de um determinado modo de presença dos objetos outros-sujeitos do entorno primeiro e atual. Cumpre, agora, explorarmos as principais características do modo de presença necessário para sustentar as necessidades do Eu e, portanto, mais além, ao processo de integração pela simbolização e pela subjetivação. A. Green formulou, numa proposição esclarecedora, a importância de uma reflexão como essa numa teoria geral da prática clínica: o clínico deve fornecer ao sujeito a resposta que deveria ter sido a dos seus objetos de referência histórica. Dito de outro modo, há uma dialética estreita a estabelecer entre o que se produziu – ou não se produziu – historicamente na relação do sujeito com seu entorno significativo, e que contribuiu para o impasse atual, e as "respostas" que o clínico deve agora tentar trazer para ajudar o sujeito a sair de seu impasse.

Compreender melhor as particularidades daquilo que o objeto "deveria ter apresentado" permite, com isso, ao mesmo tempo, compreender melhor aquilo que o clínico pode ou "deve" apresentar. Pois o que colocou em apuros a história da apropriação subjetiva do sujeito confrontado, em algumas das suas experiências subjetivas cruciais e potencialmente traumáticas, está vinculado ao fracasso do seu círculo e do entorno em garantir um apoio ao trabalho de integração do sujeito e ao respeito às necessidades do Eu necessárias a este.

Permitir ao sujeito acionar aquilo que fracassou historicamente supõe, então, por um lado, que se possa identificar em que é que o entorno primeiro não forneceu ao sujeito aquilo de que ele precisava na época – logo, de localizar precisamente as diferentes respostas necessárias do entorno –; por outro lado, que se tente lhe fornecer agora aquilo de que ele precisa para ativar seu processo de integração. No capítulo anterior propusemos um levantamento das principais necessidades do Eu, isto é, seus imperativos internos; agora precisamos nos debruçar sobre o tipo de relação implicada pelo fato de levá-los em conta, isto é, os imperativos externos do trabalho de simbolização e de integração subjetiva. Em outros termos, de que tipo de relação com o objeto (com o clínico) o Eu tem necessidade para apoiar seu trabalho de subjetivação? Uma pergunta como essa supõe que se admita que, se o trabalho de simbolização e de apropriação subjetiva das experiências é justamente da ordem de um trabalho do Eu, este precisa, não obstante – para se efetuar em boas condições – de um determinado tipo de entorno.

Função simbolizante do objeto e do clínico

Propus chamar de "função simbolizante do objeto" (ou do entorno, ou do clínico) a maneira que o objeto outro-sujeito apoia o processo de simbolização do sujeito. A função simbolizante do objeto (do clínico) se compõe de diversas funções parciais, e variáveis conforme o momento, e de problemáticas subjetivas investidas no trabalho de simbolização; ela implica que o objeto proponha ao sujeito um determinado número de características no seu modo de presença e de ausência. Comecei a levantar, no capítulo anterior, paralelamente aos meus desenvolvimentos de então, algumas das funções e características do entorno facilitador (do clínico e de seu dispositivo); é preciso, agora, propor um detalhamento delas, o que compele a certo número de desenvolvimentos metapsicológicos para iluminar as questões bastante complexas assim implicadas.

A questão da função simbolizante do objeto (logo, também do clínico) centrou-se historicamente em dois aspectos ou duas condições da simbolização, sobretudo. A primeira tem a ver com a *função paraexcitante* do entorno (do clínico). Para simbolizar é necessário que a quantidade de excitação por ligar seja relativamente moderada e que ela não exceda as capacidades do sujeito. E, para isso – é essa a segunda proposição – é clássico localizar na *organização da triangulação edipiana* a melhor das condições para que a excitação permaneça moderada: a paraexcitação por excelência é então pensada como fruto da *terceiridade (função diferenciadora)* que fundamenta o caráter organizador da dupla diferença – dos sexos, das gerações.

Referenciais como esses fornecem uma matriz para a função simbolizante dos objetos (do clínico); eles ressaltam uma condição geral da simbolização, seu enquadre de desenvolvimento, e designam o que deve ser apropriado e ligado, mas não explicam suficientemente como essa apropriação pode se efetuar nem como ela pode fracassar. O édipo e as situações edipianas contêm justamente, ao mesmo tempo, aquilo que há *para simbolizar* (a relação com o casal parental e o conjunto de movimentos pulsionais que ele provoca e de decepções que ele produz) e como *é preciso simbolizar* (com o auxílio da terceiridade oriunda da integração da diferença dos sexos e das gerações), mas de uma maneira tão global que o seu acionamento concreto permanece por ajustar e a condição de sua apropriação subjetiva continua, por sua vez, bastante vaga.

Um segundo tempo da história da função simbolizante do objeto (do clínico) desenrolou-se em seguida, na exploração das particularidades da atualização dessa matriz ou desse enquadre geral. Ele se fundamenta na referência à função *"continente"* da mãe ou do casal parental; e, para além dela, à *função de "rêverie materno"*, conforme o termo de W. R. Bion. Aqui, assim como na função *"espelho"* do primeiro entorno, descrito por D. W. Winnicott, um passo a mais é dado em direção à implementação das modalidades de ligações primárias que possibilitam a retenção energética necessária à atividade de simbolização.

O modelo geral destaca *uma função reflexiva* das respostas do objeto (do clínico) às emoções, aos desamparos e às pulsões do sujeito. É do modo de presença dos objetos (do clínico), desta vez, que o sujeito deve retirar os ecos e qualificações da sua atividade representativa, e não somente da sua ausência ou da sua diferença bem temperadas. O objeto (o clínico), pelo seu modo de presença, "reflete" para o sujeito um eco dos seus estados internos, sensoriais – e então, afetivos e pulsionais –, e lhe fornece assim os referenciais e as capacidades de ligação necessários ao seu trabalho psíquico, como indicamos no capítulo anterior. Dois problemas, apesar disso, continuam em sofrimento nos modelos evocados acima; duas questões que tornam indispensável o apelo a certas teorizações de D. W. Winnicott.

A primeira refere-se à passagem da simbolização e da ligação primária "proposta" pelo objeto – seus comportamentos e sua associatividade – à simbolização fruto do trabalho psíquico do próprio sujeito, isto é, o trabalho de construção/desconstrução/reconstrução necessário à apropriação subjetiva e cridora da simbolização pelo próprio sujeito. A segunda diz respeito ao problema da articulação das duas faces da função simbolizante dos objetos. Eles são simultaneamente – é essa a dificuldade que eu ia apontando acima, no que se refere ao édipo – *objetos por simbolizar*, no encontro com a sua diferença, sua alteridade, a sua falta, e *objetos "para" simbolizar* esses diversos encontros. A criança pode esperar "simbolizar" a alteridade de um dos objetos com o outro e reciprocamente, separando assim a relação *para* simbolizar e a relação *por* simbolizar. Essa forma de "triangulação", no entanto, não passa de uma primeira referência, sobretudo se a dificuldade ainda é tratada assim.

Utilização do objeto

A distribuição em dois polos ambivalentes atenua o verdadeiro trabalho do conflito, que é precisamente o de poder encontrar e elaborar com o próprio objeto (o clínico) a alteridade da qual ele é causa. Essa dupla necessidade, encontrar a alteridade do objeto (do clínico) e simbolizar com o objeto (o clínico) essa alteridade, delimita um ponto crucial do encontro com aquilo que eu vinha chamando anteriormente de outro-sujeito. Em *O brincar e a realidade*, Winnicott propôs um conceito que não teve tanto sucesso quanto o da transicionalidade, mas que, entretanto, permite esclarecer as dificuldades que acabei de levantar. Do lado do registro da relação de objeto – que se refere ao modo de relação pulsional com o objeto –, Winnicott propõe diferenciar a problemática da *utilização do objeto*. Eu gostaria de propor a ideia de que o registro da utilização do objeto (do clínico) se refere, de maneira totalmente particular, ao que chamei de "objeto para simbolizar". Ele se refere ao objeto (ao clínico) na medida em que ele se presta ao jogo da simbolização do sujeito, na medida em que ele aceita apagar ou atenuar uma parte do apelo de sua alteridade para permiti-la. A utilização do objeto (do clínico) prolonga, assim – e especificamente no domínio das necessidades do Eu –, a preocupação materna primária.

Para tornar isso plenamente inteligível, é necessário recordar aqui a concepção winnicottiana da gênese da descoberta da alteridade do objeto. Enquanto os psicanalistas (desde S. Freud e o artigo de S. Ferenczi de 1913) tinham o costume de engendrar a descoberta da "realidade", ou, antes mesmo, da exterioridade do objeto, a partir da frustração imposta à criança pela ausência – isto é, engendrar diretamente a descoberta da realidade a partir da frustração e engendrar o pensamento e a simbolização a partir da alucinação produzida pela ausência –, Winnicott propõe uma complexificação dessa sequência, na origem da questão da utilização do objeto e da sua articulação com a destrutividade.

Antes de mais nada, primeira modificação fundamental, Winnicott propõe considerar que o processo alucinatório se produz em caso de aumento de tensão "pulsional" – não somente em caso de ausência do objeto, mas de qualquer maneira. A alucinação é produzida em resposta ao aumento de tensão, e não em resposta à constatação da ausência do objeto; ela é independente do objeto, ela é o fruto de uma montagem biológica de resposta aos aumentos de tensão. Nessa concepção, alucinação e percepção não se produzem alternadamente; a alucinação pode, então, se produzir na presença do objeto. É assim que se coloca o problema da ligação da alucinação ou da excitação pulsional pelo objeto – o problema da ligação "primária". Em caso de ausência do objeto, a excitação pulsional e a alucinação vão ser tratadas seja pela descarga evacuadora, seja por um modo de ligação e de intricação *in statu nascendi*. Se, em contrapartida, o objeto está presente, e se a resposta do objeto é "atribuída" a esse processo alucinatório, ela está na origem da transformação da alucinação em ilusão de autossatisfação. Mais tarde, uma vez instaurado e suficientemente implantado o registro da ilusão primária, se sob o efeito da "censura do amante" (M. Fain, 1971) ou do decréscimo da preocupação materna primária, essa adaptação "sob medida" se enfraquece e põe em perigo a ilusão primária de uma autocriação da satisfação (ou da insatisfação, também ela encontrada-criada), um passo a mais na evolução vai poder ser experimentado pela criança. A ameaça incidindo sobre a ilusão primária desencadeia um acesso de destrutividade, ligada tanto ao desamparo quanto à raiva diante da experiência de fracasso.

É aí que Winnicott propõe uma segunda modificação da teoria da estruturação da psique. Enquanto classicamente a exterioridade era descoberta "no ódio" (Freud, 1915a) diretamente oriundo da frustração e da destrutividade, e como que em oposição a elas, Winnicott sustenta, de sua parte, que o nascimento da exterioridade depende mais da "resposta" do objeto à destrutividade do sujeito. Como se pode constatar, as modificações propostas por Winnicott têm por efeito introduzir uma etapa a mais, etapa cujo efeito – isso se não for a função – é o de escavar o lugar da resposta do objeto (do clínico) no processo de simbolização da criança e, portanto, de propor um desenvolvimento da concepção da função simbolizante do objeto (do clínico). Para ser descoberto como sujeito diferenciado, o objeto (o clínico) deve "sobreviver" à destrutividade, o que implica a presença de três características em suas "respostas" e reações a esta: a ausência de retraimento – o objeto deve permanecer psíquica e afetivamente presente –; a ausência de represálias ou de retaliação – o objeto não deve travar uma relação de força com a criança. Contudo, essas duas características primeiras da função de sobrevivência, com frequência somente evocadas, não bastam; o objeto (o clínico) – e nisso ele testemunha sua existência como outro-sujeito – deve sair da órbita da destrutividade para restabelecer o contato com o sujeito: ele deve se mostrar criativo e vivaz. É essa retomada de contato que é decisiva na descoberta da exterioridade do objeto (do clínico); as duas outras características não passam, no fundo, de condições necessárias para que esta advenha. O objeto (o clínico) "sobrevive", ele é "descoberto" como objeto da pulsão, ele é amado. Mas, ao mesmo tempo, o sujeito depende dele; o objeto (o clínico) pode estar ausente, faltar, e por isso será odiado. O início do trabalho de simbolização primária surgirá do necessário trabalho de reorganização *"après-coup"* do mundo da experiência de ilusão primária, em função desse novo dado da experiência subjetiva. Assim, se é pela distância introduzida pelo objeto (o clínico) no fundo de sua adaptação primária às necessidades do sujeito – logo, pela barreira assim introduzida – que se abre o campo da experiência graças à qual o complexo processo que desembocará na simbolização será disparado, é pela resposta do objeto (do clínico) à destrutividade assim mobilizada que se estabelecem as condições para que um trabalho de simbolização possa se tornar possível.

O objeto (o clínico) é aqui tanto aquele contra o qual a ilusão primária se choca quanto aquele que permite que a destrutividade seja a oportunidade de uma descoberta estruturante. Ele opera tanto pelo seu limite próprio quanto pelo que ele impõe à destrutividade da criança (do sujeito). A evolução e sua integração progressiva não se produzem sozinhas, entregues unicamente aos processos internos do sujeito; elas só se estruturam acompanhadas de uma resposta adequada dos objetos (do clínico) – se a criança não é deixada só, entregue aos seus impasses destrutivos. A transformação da ilusão e da destrutividade em motores da atividade representativa não pode se efetuar sem o intermédio do objeto (do clínico).

Como se pode constatar na perspectiva que estamos seguindo neste desenvolvimento, a cada etapa do processo de integração pela simbolização e pela apropriação subjetiva, o sujeito tem "necessidade" de um certo modo de presença e de resposta do outro-sujeito (do clínico). Há uma dialética fina entre o processo do sujeito e o modo de resposta de que ele precisa para prosseguir em seu trabalho de integração.

A etapa seguinte do processo de simbolização e da apropriação subjetiva é aquela nomeada por Winnicott como "apresentação de objeto"; ela abre a questão de uma *função defletora do objeto* (do clínico). À medida que a preocupação materna primária vai decrescendo, e para atenuar os efeitos dessa modificação, é necessário que o objeto (o clínico) proponha à criança um procedimento de suplência para o que vem a lhe fazer falta. O objeto (o clínico) propõe objetos e "propõe" à criança (ao sujeito) transferir a falta experimentada na adaptação para esses objetos convocados, assim, a se tornar símbolos primários. Os "objetos para simbolizar" deverão, assim, substituir aquilo que o objeto (o clínico) não proporciona (mais) à criança (ao sujeito) – ou aquilo que a criança não pode utilizar do objeto (do clínico) –, ou pelo menos vão ajudar a reduzir a distância que se instaura, cada vez mais, entre o "encontrado" e o "criado esperado".

Estabelece-se, assim, uma dialética entre aquilo que a criança (o sujeito) pode continuar a retirar diretamente da relação com o objeto (o clínico) e aquilo que ele deverá se prover de outro modo ou com o auxílio da simbolização e do jogo solitário. O trabalho da simbolização permite completar o esforço adaptativo do objeto (do clínico) e o decréscimo desse esforço adaptativo, para tornar a resposta do objeto (do clínico) "suficientemente boa" para o narcisismo da criança. Faz parte da função simbolizante do objeto (do clínico) fornecer ou autorizar à criança (ao sujeito) algo para atenuar suficientemente a falta oriunda da relação com ele. É assim que os limites percebidos na relação com o objeto (o clínico) abrem para a necessidade de uma utilização de outros objetos "para simbolizar" e preencher a insuficiência do próprio objeto (do clínico). O objeto (o clínico) "propõe", assim, a transferência e o tratamento da sua falta para a atividade de simbolização e para os objetos que a possibilitam. Essa "proposição" de objeto é essencial à possibilidade de a criança utilizar esses objetos para simbolizar a falta do objeto.

Mais uma vez, é só por metáfora que se pode identificar essa "proposição de objeto" à introdução (do sujeito) da função paterna. Esta última se apresentará justamente na linha assim perfilada, mas representa apenas uma forma particular dela, seu horizonte elaborativo – ainda que ela seja particularmente estruturante. Até me parece verossímil que ela não vá surtir efeitos verdadeiramente estruturantes se não tiver sido precedida por uma ampla "utilização" de objetos para simbolizar. Cumpre refletirmos agora quanto à natureza e a função desses objetos no seio de sua intricação com a relação com o objeto do qual elas são o lugar da transferência transformadora.

A primeira observação que desejo fazer a esse respeito prolonga minhas indicações anteriores. É necessário que os "objetos-simbolizantes" sejam propostos ou aprovados pelo próprio objeto (o clínico) – ou ao menos que ele os aceite – e que a sua utilização encontre a concordância deste, até mesmo seus encorajamentos. A apropriação subjetiva do trabalho de simbolização supõe essa transferência e supõe que ela seja favorecida pelo entorno, isto é, que este aceite o deslocamento de algumas das suas características para outros objetos, deslocamento graças ao qual o "segredo" da simbolização vai poder, pouco a pouco, ser revelado: isso vale muito particularmente para o que se refere ao que é implicado pela utilização do objeto (do clínico).

Mas a concordância ou a aceitação do objeto (do clínico) também se tornam necessários por outra razão, ligada, por sua vez, aos autoerotismos que são mobilizados pela atividade representativa e pela apropriação subjetiva que ela possibilita. A possibilidade de jogar (brincar) com objetos-símbolos primários é acompanhada do desenvolvimento dos autoerotismos – aqui, então, claramente diferenciados das modalidades de autossensualidades que não comportam atividade representativa diferenciada dos movimentos alucinatórios. Ela encontra a mesma problemática de fundo que eles, a das atividades narcísicas secundárias. Elas são "retiradas dos objetos", segundo a fórmula esclarecedora de S. Freud (1915), que aqui significa que a apropriação do "objeto" – assim como as atividades "auto" e, em particular, os autoerotismos – é vivida como "retomada", "retirada" dos objetos (do clínico) colocada em jogo ou em representação, que ela é acompanhada do temor e/ou do desejo de despojá-los das propriedades que a atividade representativa se atribui.

Essas atividades e o trabalho de autonomização, de luto, que elas implicam sempre interrogam, de fato, o objeto (o clínico) quanto à sua capacidade de "sobreviver" à apropriação subjetiva que elas comportam e realizam. Então se coloca a questão de saber se a atividade de simbolização e os autoerotismos que a alimentam vão atingir o objeto (o clínico) e/ou a qualidade da relação com ele. Se esta não se vê em nada ameaçada através das respostas dadas pelo objeto (o clínico), isso significa que ela não possui valor algum – ela não atingiu o objeto (o clínico) porque ela nada vale ou porque não é grande coisa. Se ela se vê ameaçada demais, segundo o testemunho intersubjetivo dos modos de respostas do objeto (do clínico), então se coloca o dilema de ter de escolher entre a relação com o objeto ou a simbolização, isto é, entre a relação com o objeto ou a utilização do objeto: dilema insolúvel e violento.

A resposta do objeto (do clínico) deve poder desviar o temor e o desejo: o objeto (o clínico) mostra-se atingido segundo o desejo e sobrevive como recusa do temor. Ele se mostra atingido, o que valida a realidade da operação de separação/diferenciação em curso, o que "reconhece" seu valor e aquilo que nela está em jogo – logo, o que dá a medida da mudança implicada no seio da relação com o objeto (o clínico). Ele "sobrevive" nas suas capacidades de prazer e permite, assim, diferenciar a realidade material da realidade psíquica em jogo no processo de apropriação. A cada momento do processo que estamos descrevendo, o objeto (o clínico) pode "vetar" o trabalho em curso – que permanece, então, subordinado à sua aceitação nos fatos.

Propor objetos para simbolizar; "sobreviver" ao trabalho de simbolização que se efetua com esses objetos; "sobreviver" aos desenrolamentos dos autoerotismos e à maneira como estes atingem e transformam a relação e, por sua vez, a refletem: esses também são aspectos essenciais da função simbolizante do objeto (do clínico) e do acompanhamento do trabalho de apropriação subjetiva e diferenciadora que ela vetoriza e torna possível. O lugar das respostas do objeto (do clínico) nesse deslocamento, a maneira como ele as promove e valida, compete à função defletora do objeto (do clínico).

Função Meio Maleável do objeto (do clínico) e utilização das mediações

Até o momento sequenciamos as funções do objeto ou do clínico que se referiam às condições de acompanhamento do processo de simbolização da experiência subjetiva; cumpre tratar, agora, de uma função particular que se refere, por sua vez, ao que se poderia chamar de "metassimbolização", isto é, a simbolização da própria experiência de simbolização.

Quando abordamos as necessidades do Eu, ressaltamos a importância para o Eu de poder executar um trabalho de categorização, isto é, de poder diferenciar os tipos de processos psíquicos aos quais se encontra confrontado ou que ele coloca em ação. Simbolizar que se simboliza faz parte desse trabalho de categorização, é até uma das peças essenciais pelas quais a psique se informa da diferença entre os processos que são efeito de seu trabalho de apropriação e os que são efeito de seu trabalho de referenciação de dados externos. Tudo leva a crer, atualmente, que esse processo é totalmente essencial na compreensão das patologias do narcisismo, quer ele não chegue a se implementar como nas problemáticas psicóticas, quer ele só possa se implementar com grandes dificuldades – até mesmo artifícios complexos – como nas problemáticas ditas "limites".

Deve-se a A. Green e J.-L. Donnet (1973), sem dúvida, terem sido os primeiros a ressaltar que as patologias graves do narcisismo implicavam a questão do aparelho de pensar, como fora proposto por W. R. Bion, e que elas comportavam um transtorno grave na capacidade de representar – e, em particular, na capacidade de representar aquilo que se representa ou que não se representa. Nessas patologias, o transtorno da reflexividade psíquica afeta uma função essencial na referenciação do trabalho próprio do sujeito e, portanto, da subjetivação. Aí está um belo exemplo do que entendo por "análise do eu".

Quase vinte anos depois, Frith e Sysleys (1991), dois pesquisadores de neurociências ingleses – sem nada conhecerem, aparentemente, do trabalho dos dois psicanalistas franceses – propuseram, por sua vez, a hipótese decisiva para a compreensão da psicose em neurociências, segundo a qual a esquizofrenia seria um transtorno daquilo que chamaram de "metarrepresentação", isto é, uma representação que incide na ação de representar.

Em Lyon, inúmeros trabalhos sob a coordenação M. Jeannerod e N. Georgieff (2000, 2002) estendem a hipótese dos neurocientistas ingleses ressaltando a dificuldade dos sujeitos reputados psicóticos na "agentividade" dos processos, isto é, em sua capacidade de demarcar aquilo que vem da sua própria atividade de percepção e de representação e aquilo que deveria ser representado como mero dado perceptivo. A agentividade supõe a metarrepresentação.

Como se pode constatar, esses diversos trabalhos convergem para ressaltar a importância dos processos de categorização e de classificação no trabalho de subjetivação; e determinar se um processo se desenrola em si ou fora de si é da ordem de um trabalho de categorização e de classificação interna dos processos. O trabalho de A. Green e J.-L. Donnet é totalmente decisivo na abordagem da psicose, e eu propus aprofundar seu progresso ressaltando que na teoria psicanalítica da representação há dois níveis da atividade de representação: a representação que caracteriza os processos secundários e a representação que caracteriza os processos primários. A representação que caracteriza os processos secundários se expressa em conceitos verbais, e a representação da atividade representativa vai então se significar em fórmulas como: penso, imagino, concebo... – e veremos mais adiante que Descartes, o grande teórico do "penso", já estava no encalço da noção de representação da representação em sua "segunda meditação" quando refletiu sobre a sua relação com o pedaço de cera.

A representação que caracteriza os processos primários se expressa naquilo que Freud chamou de "representações de coisas", isto é, em formas não verbais, como a "linguagem do sonho" (Freud, 1913b). Em seu trabalho, A. Green e J.-L. Donnet não formulam a questão do trabalho psíquico diferencial implicado por esses dois níveis de representação e, em particular, a singularidade da representação da representação como "coisa" psíquica.

Em 1983, estendendo essa reflexão, propus a hipótese complementar segundo a qual existiam experiências psíquicas singulares na origem da organização de uma representação da representação de coisa – logo, de uma experiência encarnada da atividade representativa como tal – e que estas podiam ser apreendidas no brincar da criança ou em seu encontro com a utilização de um tipo de objeto particular para o qual propus retomar um termo de M. Milner, o de "Meio Maleável".

Esses objetos são objetos *para* simbolizar, isto é, são especificamente utilizados pelo sujeito para a sua atividade representativa de simbolização; e, mais além, são necessários para descobrir e experimentar essa "coisa" psíquica particular que é a representação. Freud ressaltou frequentemente, e isso desde 1913 e o capítulo de *Totem e tabu* consagrado ao animismo infantil, que o aparelho psíquico estava em busca de representação dos seus próprios processos psíquicos difíceis de apreender em sua imaterialidade. Uma das funções do animismo infantil – mas também, então, uma das funções do brincar – é dar forma material "perceptível" e concreta aos processos da psique. Ele adora lembrar a fórmula de Locke: "Não há nada no pensamento que não tenha estado primeiro nos sentidos". Mas lá onde filósofos como Leibniz acrescentam "a não ser o próprio pensamento", Freud ressalta, ao contrário, de fato, no capítulo de *Totem e tabu* consagrado ao animismo, que o próprio pensamento necessita passar pelos sentidos – não para existir, é claro, mas para apoderar-se de si mesmo.

Veremos que Descartes também procede assim quando quer pensar o pensamento. O exemplo mais expressivo é o da massa de modelar com a qual o sujeito, sobretudo a criança, pode produzir representações-coisas, representações materiais, ao mesmo tempo simbólicas e materializadas. Antes de examinar em detalhe as propriedades desse objeto e a natureza da experiência subjetiva totalmente singular que pode ser apreendida em seu contato, adoraria fazer uma rápida observação a respeito do que pôde, anteriormente, ser antecipado de sua função.

Evoquei rapidamente, anteriormente, o lugar dado por Descartes na segunda meditação à sua relação com o pedaço de cera e à experiência de pensamento que este possibilitara. Nessa meditação, Descartes procura mostrar que os objetos não nos são conhecidos, em última instância, por aquilo que propõem aos nossos sentidos, mas pelo nosso juízo – isto é, num nível propriamente conceitual. Para demonstrar essa proposição, Descartes vai se ater a mostrar que a cera, que ele toma como exemplo, não teria como ser caracterizada por dados propriamente sensoriais, na medida em que a própria matéria da cera não para de modificar os dados sensoriais – ela pode assumir diversas formas e, conforme a temperatura, diversas consistências; ela é de uma plasticidade extrema. Cito:

> *O que é, pois, que se conhecia desse pedaço de cera com tanta distinção? Certamente não pode ser nada de tudo o que notei nela por intermédio dos sentidos, posto que todas as coisas que se apresentavam ao paladar, ao olfato, à visão, ao tato e à audição encontram-se mudadas e, no entanto, a mesma cera permanece. Talvez fosse como penso atualmente, a saber, que a cera não era nem essa doçura do mel, nem esse agradável odor das flores, nem essa brancura, nem essa figura, nem esse som, mas somente um corpo que, pouco antes, aparecia-me sob certas formas e que, agora, faz-se notar sob outras. Mas o que será, falando precisamente, que eu imagino quando a concebo dessa maneira? Considere-mo-lo atentamente e, afastando todas as coisas que não pertencem à cera, vejamos o que resta. Certamente nada permanece, a não ser algo de extenso, flexível e mutável. Ora, o que é isto: flexível e mutável?*[1]

Ele conclui, então, sua exploração da seguinte maneira: "É preciso, pois, que eu concorde que não teria mesmo como compreender, pela imaginação, o que esse pedaço de cera é, e que somente o meu entendimento o compreende".

---

1   Cf. Descartes, R. (1996). *Meditações*. (J. Guinsburg, B. P. Júnior, trad.). São Paulo: Nova Cultural. p. 272 (trad. modificada). (N. R.)

O que me interessa particularmente na experiência de pensamento que Descartes propõe, e singularmente no processo deste, é que ele chega a essa conclusão fazendo variar a forma e a consistência da cera para destacar o conceito da materialidade do "pedaço de cera" – logo, de uma forma, textura ou consistência particulares. É pelo jogo da transformação material do objeto que Descartes chega a pensar que a sua apreensão da cera é da ordem do entendimento e, então, do conceito – e não das propriedades materiais do objeto. A demonstração me interessa porque penso que o interesse da utilização que as crianças fazem da massa de modelar é o de que elas vivem uma experiência do mesmo tipo e chegam à mesma "conclusão", pelo menos nos bons casos. Proponho me inspirar nessas reflexões de Descartes para avançar no campo da clínica, ressaltando que é pela transformação e pela fabricação de diversas representações através da massa de modelar que as crianças abstraem desta o conceito de representação, ou de símbolo.

Para além do conceito de cera, há na massa de modelar o de uma matéria *para* simbolizar. Para utilizar a linguagem filosófica de Hegel, desta vez, a experiência da utilização da massa de modelar leva ao conceito, ao conceito vivido e "encarnado" da representação e da simbolização. Ele resulta da *Aufhebung* da utilização desta, utilização na qual – pela experiência da variação de suas diversas características formais – a ideia se deduz retroativamente de um objeto que pode representar o símbolo, porque ele não tem forma própria e porque ele pode, então, assumir todas as formas.

Deixemos a cera de Descartes para encontrar a de Freud. Em 1924 ele escreve um pequeno artigo sobre aquilo que chama, pelo nome da época, de "bloco mágico", isto é, esses blocos sobre os quais se pode apagar, de uma só vez, deslizando uma régua, aquilo que se acabou de escrever com o estilete. Freud se debruça sobre esse instrumento na medida em que vê uma forma de análogo do funcionamento psíquico – análogo parcial, é claro. O que interessa para ele singularmente se refere, simultaneamente, às diferentes camadas do aparelho e seu jogo de contato e colagem/diferenciação e descolamento, mas também a matéria na qual se imprime o traço de escrita: ela é de cera.

No funcionamento do aparelho, Freud localiza que a superfície de inscrição deve poder sempre voltar a ser virgem, como a consciência psíquica, para voltar a estar disponível para uma nova inscrição, mas em outro "lugar" psíquico a memória daquilo que foi escrito é conservada. Caso se "abra" para analisar o funcionamento do bloco mágico, descobre-se, com efeito, que a escrita, aparentemente apagada do bloco, só o está superficialmente, mas que nas camadas profundas – e precisamente porque, ali, a camada é de cera – o traço do escrito ou do traço é conservado, pelo menos por um certo tempo e na medida em que outros traços não venham embaralhar os primeiros. A camada de cera é, como Freud ressalta, "de uma extrema sensibilidade"; ela seria rasgada pelo estilete caso não houvesse a camada protetora superficial feita, por sua vez, de uma matéria que ele não consegue rasgar, mas sobre a qual ele tampouco pode escrever.

As duas camadas são complementares, e o estilete coloca as duas em contato; ele "cola" uma à outra, as reune e permite, assim, a sua colaboração. Em 1983, propus a hipótese de que Freud tenta representar o aparelho de representação psíquica, de que ele distribui nas diversas partes do bloco mágico, desenvolvendo-as, as propriedades do Meio Maleável. O artigo de 1924 estende as reflexões de Freud de 1920, quando ele propõe para a psique em estado nascente a metáfora de uma "vesícula de substância excitável" (logo, transformável) cuja parte mais superficial pode se transformar numa camada protetora, pela "morte" da sua sensibilidade sob a ação de um bombardeamento de excitação, um sistema de paraexcitação próprio para produzir uma forma da consciência.

Essas são apenas indicações rápidas e um pouco "pontilhistas", pois meu objeto, aqui, é produzir apenas a reflexão aprofundada que se impõe na "maleabilidade" ou na "plasticidade" da psique e do funcionamento psíquico. A psique faz para si diferentes representações de si mesma, das suas capacidades de transformação, da sua "maleabilidade", do seu grau e do seu tipo de maleabilidade conforme seu modo de funcionamento – e diversas metáforas de Freud tentam dar conta disso. Ela faz representações para si da sua atividade de transformação e de simbolização, ela simboliza que a sua atividade de transformação é uma atividade de simbolização, ela procura para si análogos desta "coisa" fundamental para ela que é a representação simbólica, pela qual se metabolizam as suas experiências vividas.

O modelo da epigênese interacional

Agora cumpre tratarmos do enunciado das hipóteses que subjazem ao lugar do conceito de Meio Maleável na prática clínica. As representações do processo de desenvolvimento e também, portanto, do processo de desenvolvimento da simbolização que me parecem, atualmente, as mais pertinentes concebem o desenvolvimento no seio de um sistema de interação entre o sujeito e seu entorno. Esse processo de interação começa desde a origem da vida e, sem dúvida, já na vida fetal. Ele pode ser deduzido dos trabalhos modernos dos geneticistas que concordam em reconhecer nas condições do entorno um valor muito importante no que se refere ao fato de os genes presentes "se expressarem" e desenvolverem seu potencial ou permanecerem inibidos. Do lado dos psicanalistas também foi aventada a ideia de que, desde sua vinda ao mundo, o filhote humano tinha "pré-concepções" (W. R. Bion) daquilo que ele ia encontrar ali, até daquilo que seria preciso encontrar. D. W. Winnicott, por sua vez, propõe a ideia de "potenciais" para designar aptidões presentes desde a origem, mas que devem encontrar o entorno facilitador para se tornar uma verdadeira aquisição do sujeito.

Esses modelos podem representar a forma contemporânea daquilo que Freud havia proposto em 1916 para as fantasias originárias. Nas "Conferências introdutórias sobre a psicanálise", ele ressalta que – oriundas, sem dúvida, da memorização de experiências da pré-história da humanidade – as formações originárias parecem ser universais e comportam-se como matrizes da organização da história.

Como se elas devessem encontrar o meio de se atualizar na história do sujeito, correndo o risco de "dobrá-la" em sua forma matricial; logo, como se elas representassem formas de organizadores inatos, pré-concepção ou de potencial que devesse se atualizar na história do sujeito.

Os etólogos, por sua vez, também ressaltaram fortemente que, no momento de seu nascimento, o bebê humano dispunha de "competências" e que dispunha de todo um material cerebral inato para tratar aquilo ao qual ele era confrontado, desde que este lhe fosse suficientemente adequado. Acrescento que essas pré-formas primevas são marcadas por uma forma de "compulsão a se atualizar", isto é, que elas buscam no entorno a matéria da sua atualização correndo o risco de, para tanto, se deformarem ou deformarem aquilo que encontram para que isso coincida. Mas, é claro, há um limite para essas eventuais torsões. A convergência entre esses diferentes modelos permite sustentar a hipótese segundo a qual os bebês humanos dispõem de pré-concepção, o que os torna potencialmente aptos ao trabalho de simbolização e de integração que os aguarda. Potencialmente, isto é: desde que o entorno que eles encontrem lhes ofereça a possibilidade de atualizar as pré-concepções das quais são portadores e fazer delas processos colocados à sua disposição.

A questão, com isso, é a seguinte, é a questão dos clínicos e do tipo de entorno clínico que eles podem propor, tanto quanto a dos entornos primeiros adequados para acolher e permitir que se desenvolvam os potenciais dos bebês: quais são as qualidades necessárias para desenvolver esses potenciais? E, singularmente, quais são as qualidades necessárias para o desenvolvimento das capacidades de transformação pela simbolização, isto é, para a apropriação subjetiva dos potenciais?

A hipótese que se impõe à sequência dos meus desenvolvimentos precedentes é a de que o entorno aguardado e procurado, aquele que é "pré-concebido" na origem pelo sujeito, é um entorno "Meio Maleável", isto é, o entorno graças ao qual a atividade de simbolização vai poder se desenvolver e se apreender.

Isso significa que se o entorno Meio Maleável não comparece – ou não comparece suficientemente – nos primeiros encontros do bebê com o seu entorno, isso provoca uma decepção, cuja função essencial na gênese da melancolia Freud ressalta em *Luto e melancolia* (Freud, 1915c). A decepção narcísica primária, e sobretudo a decepção repetida, provocam uma forma de sofrimento fundamental ligada aos potenciais que não chegam a ganhar forma se atualizando; logo, permanecem "em sofrimento", no sentido em que se diz que uma carta que não chega ao seu destinatário permanece "em sofrimento".

Não é muito evidente chegar a localizar diretamente as diferentes propriedades ou qualidades que o entorno Meio Maleável primevo deve ter. Propus em 1997 um "método" para chegar, a partir de diferentes características da atividade de simbolização mais tardia, a inferir essas diversas propriedades. Parti então das propriedades e da utilização da massa de modelar para tentar chegar às propriedades primeiras. A hipótese implícita desse método é a de que as propriedades primeiras do entorno suficientemente maleável vão se transferir para a relação com os objetos Meio Maleável, como a massa de modelar. O "método" permite uma primeira abordagem das qualidades do Meio Maleável, mas ele deve ser estendido – pelo que a psicopatologia nos ensina, e em particular a das dificuldades narcísicas identitárias – à sua relação com a simbolização e ao fracasso dos seus processos de apropriação e dialeticamente ligado a este outro método, através da consideração da história da relação com a "matéria psíquica" da vivência e com as suas modalidades de transformação.

As primeiras formas do Meio Maleável – a exemplo das primeiras formas de sensações da matéria-prima psíquica – são, sem dúvida, líquidas. Os fluidos líquidos são "maleáveis", eles se adaptam à forma daquilo que os contém; são indefinidamente transformáveis conforme o que os contém e os organiza. A água, mas também o ar – matéria do som e de palavras – são fluidos, e as crianças pequenas brincam com esses fluidos amplamente disponíveis no ambiente natural. O ar está sempre disponível, são a boca e o corpo próprio que lhe dão forma e som, que podem lhe imprimir as suas variações; eles também estão sempre disponíveis e só dependem do sujeito. A água é frequentemente encontrada e sabe-se o quanto as brincadeiras com água e na água podem ser investidas já pelos pequeninos. Mas a água não conserva a forma, ela precisa de formas externas para manter aquela que ela pôde assumir. A boca pode dar uma forma ao ar e este pode até ficar visível, caso fique carregado com um pouco de vapor ou de umidade (como no inverno, quando o ar quente que sai da boca produz, por diferença de temperatura com o mundo exterior, uma forma de jato de "fumaça" vaporosa); pode ficar audível, caso fique carregado de uma onda que lhe dê som – mas essas formas são evanescentes, não tardam a se dissolver no ar ambiente. Será preciso que o ar assuma palavra e sentido para ser conservado mais duradouramente. Mas da mesma maneira que o ar precisa se apoiar nas palavras para assumir forma duradoura, a água e a matéria fluida que ela encarna precisam se apoiar numa superfície dura e durável, complementar à sua fluidez.

Subsequentemente, a consistência dos continentes primevos poderá ser integrada ao mesmo tempo à consistência da "matéria psíquica" e aos meios que podem acolhê-la; o fluido primevo pode se transformar em "massa", massa maleável, massa de formar, de moldar, de modelar. Daí, à medida que a vida psíquica se desenvolve e se complexifica, as formas do Meio Maleável vão se diversificar e diversos meios poderão retomar esse ou aquele aspecto das propriedades e qualidades da função Meio Maleável que iremos descrever agora.

Propriedades do Meio Maleável

Para explorar as qualidades do Meio Maleável, o melhor é descobri-lo em suas diferentes propriedades sensoriais e "materiais"; exploremos, então, as propriedades da massa de modelar, assim como Descartes explorava as do pedaço de cera.

Antes de mais nada – esta é a primeira propriedade e ela é *sine qua non* –, ela é *apreensível*, e isso sem excessiva dificuldade, sem perigo particular, sem precaução particular, simplesmente. Contudo, ela é *consistente*, fica na mão, apresenta um volume, materialidade própria; ela é algo; ela se dá numa presença efetiva, *palpável*; ela tem sua textura própria, seu toque particular, sem outra aspereza identificável além daquela que a mão poderia lhe transmitir: ela está *por modelar*; revela suas propriedades singulares apenas através da utilização que dela será feita – ela convoca à utilização.

Ela é fácil de pegar na mão; ou, ao contrário, de guardar depois do uso, ela não se prende em você, não gruda: ela está à disposição, *alcançável e disponível*. Basta aquecê-la um pouco, pois ela é *receptiva*, e pelo mero uso da sua matéria, para que esteja pronta para assumir a forma desejada. Ela está *imediatamente* disponível a partir do momento em que é pega na mão; também está *incondicionalmente* disponível; não demanda nenhum cuidado particular, nenhum uso singular.

Mas, uma vez que você lhe deu uma forma, ela a conserva; ela é *fiel* e conserva preciosamente a forma que você deu a ela, e isso se mantém até que dê a ela outra forma: pois não somente é fiel, mas também *constante*; e do começo ao fim da sua utilização ela conserva as mesmas propriedades, as mesmas qualidades, sem variação; ela é, assim, também *previsível*. Ela aguarda *pacientemente* que você exerça uma ação sobre a sua forma para se modificar.

Mas se ela conserva a forma dada, também pode mudar de forma se você quiser, porque ela é *transformável*, e até mesmo indefinidamente transformável, pois ela não tem forma própria – é transformável porque é informe.

Mas ela não se desgasta com o uso, é resistente, não se cansa. Ela é matéria para forma na mesma medida em que é, ao mesmo tempo, capaz de conservar as formas dadas pela mão e ser por ela transformada.

Se ela é de uma *extrema sensibilidade*, basta um pequeno esforço para deixar um traço ou uma inscrição em sua forma ou em sua superfície; a menor pressão da unha deixa sua marca, inscreve-se; o menor apoio modifica levemente a sua forma. Em contrapartida, ela não é destrutível com o auxílio dos meios humanos correntes. Se você joga, bate, esmaga, ela não é destruída em sua matéria ou sua natureza, ela se contenta em mudar de forma: ela é *indestrutível* em suas qualidades e suas propriedades. Ela transforma, assim, as mudanças *quantitativas* em simples modificações *qualitativas*.

Por fim, você pode despedaçá-la, separá-la em diversos pedaços, depois colar de volta ou associá-los e restabelecer a massa inicial, sem consumir nenhuma das suas propriedades anteriores; cada um dos pedaços conserva as qualidades do todo e o todo reencontra as propriedades primeiras quando é reconstituído.

Como ressaltei, as propriedades, qualidades e aptidões da massa de modelar só se exploram e se descobrem pela utilização e pelo uso que se faz dela; a massa de modelar não convida a nada, a nada além do seu uso e da sua descoberta. Mas quanto mais amplamente utilizada ela é, mais "rende", mais se mostra capaz de representar a atividade representativa, apta a materializá-la e a encarná-la.

Meios Maleáveis parciais

A utilização da massa de modelar, que nos serviu de exemplo para começar a explorar as propriedades do Meio Maleável – e, através delas, as da atividade de simbolização –, não está acessível, de imediato, ao sujeito humano; ela supõe certo tipo de desenvolvimento psíquico e certo tipo de organização pulsional. Mas o trabalho de simbolização não espera que as crianças estejam em condições de utilizar a massa de modelar para começar a se desenvolver; e o trabalho de simbolização – logo, a experiência vivida e "materializada" do próprio trabalho de simbolização – conhece formas primevas, menos complexas, mas adaptadas à necessidade da época. Há, portanto, "materiais Meios Maleáveis" que estão na origem de Meios Maleáveis "parciais", isto é, Meios Maleáveis que apresentam apenas algumas das propriedades daquilo que nos serviu de exemplo *princeps*.

Todas as mediações utilizadas nos dispositivos clínicos possuem algumas propriedades "Meio Maleável"; elas contêm qualidades ou propriedades mais ou menos parciais do Meio Maleável, em função das necessidades dos sujeitos a quem são propostas e dos tipos de propriedades da função simbolizante a ser acionada. Um sujeito que passou repetidamente pela experiência de uma destruição da sua função representativa e simbolizante precisa utilizar um meio não destrutível, pois precisa experienciar um meio de simbolização não destrutível. Mas, inversamente, um sujeito para quem isso não é uma questão fundamental pode perfeitamente utilizar um meio destrutível como o papel. Ou então o sujeito pode explorar – por exemplo, com a massa de farinha, ou ainda o barro – um objeto que conserva a forma de maneira durável, se a questão da constância do objeto passa para o primeiro plano do trabalho clínico. A transformabilidade, então, está contida no fato de que há outras bolotas de barro ou de massa de farinha – ela pertence ao conjunto do dispositivo clínico.

Resta evocar uma última propriedade do Meio Maleável, totalmente sensível na utilização da massa de modelar e em algumas formas parciais: o meio é *animável*, isto é, pode-se atribuir a ele, fantasisticamente, uma forma de vida na utilização que dele se pode fazer. A sua matéria se presta a isso: a massa de modelar se aquece e fica morna; a sua textura pode se aparentar à de um objeto vivo, pela sua flexibilidade de contato etc. O que quer dizer que se podem transferir para ela e nela as experiências tidas com seres vivos; e, em particular na infância, aquelas experimentadas com as primeiras pessoas que contribuíram nas primeiras relações.

O entorno Meio Maleável

Se o desenvolvimento das qualidades e propriedades do Meio Maleável que acabamos de efetuar tinha sua heurística própria numa reflexão sobre os meios – que conduziremos no parágrafo seguinte –, ele primeiro tinha como função permitir explorar, a partir da sua transferência para o meio, as propriedades e qualidades de um entorno humano Meio Maleável. As propriedades que reconhecemos no Meio Maleável também são as que se deve reconhecer num entorno simbolizante.

A mãe – e, mais geralmente, o objeto outro-sujeito referencial (o cuidador, aquele que os ingleses chamam de "*caregiver*") – também deve apresentar suficientemente, para a criança, uma ampla parcela das propriedades e qualidades Meio Maleável. O objeto, e isso se aplicará também ao clínico, deve estar suficientemente disponível; ele deve ser alcançável e apreensível; previsível, posto que suficientemente constante, mas transformável e adaptável – isto é, o sujeito deve poder sentir que pode exercer sobre ele uma ação, mas que ela obedecerá a determinadas leis. Ele deve ser suficientemente sensível e receptivo para que o sujeito possa vislumbrar transmitir a ele um quinhão da sua própria vivência, mas suficientemente não destrutível nem demasiado confuso para que se o comunique e se o transmita; suficientemente sensível e paciente, também, para que o sujeito sinta que é o seu próprio tempo, o seu próprio "passo" que está no centro, e não o do objeto.

Há também qualidades e propriedades totalmente essenciais ao desenvolvimento da função simbolizante, mas que não se pode alcançar com um objeto Meio Maleável não humano; são qualidades e propriedades específicas dos contatos humanos, os do afeto e da sua partilha. São eles, com efeito, que colorem a utilização do meio e o valor deste; eles são essenciais à introjeção da experiência e à sua integração. A "matéria psíquica" é, primeiro, feita de afetos, e estes deixam a sua marca no valor subjetivo de todo o processo de simbolização.

A previsibilidade do objeto e a sua constância se expressam através do fato de que o seu modo de presença afetiva não é incoerente e de que ele está em relação com aquilo que o sujeito lhe transmite e lhe endereça. Ressaltamos anteriormente a questão da "partilha de afeto"; ela é essencial, mas uma menção particular deve ser feita aos afetos de prazer. O prazer partilhado e a implicação libidinal que ele supõe são necessários, e até *sine qua non*, para a integração da experiência. Um objeto disponível *por dever*, um objeto não destruído, mas não alcançado, não significa nada – nada além da indiferença do objeto por aquilo que o sujeito lhe endereça. O sujeito sente-se insatisfeito porque tem a impressão de não estar em condições de satisfazer o objeto. O afeto do objeto é o "aviso de recebimento" daquilo que lhe foi endereçado ou transmitido; ele testemunha a realidade da sensibilidade do objeto, de sua receptividade.

Diversos trabalhos de psicopatologia dos últimos anos ressaltaram o caráter desorganizador, para a atividade de simbolização, de um objeto não Meio Maleável. Por exemplo, o caráter inapreensível do objeto sobre o qual o sujeito não tem controle, assim como a incoerência afetiva e a imprevisibilidade das reações do objeto que ela acarreta criam um clima de impotência e de insegurança que inibe as possibilidades de integração do sujeito. A insensibilidade, o caráter impávido das suas reações (que, por isso, não são ou não se dão como tais) refletem para o sujeito uma indiferença do objeto; elas o desesperam por jamais poderem se fazer compreender, nem poderem transformar as situações de desprazer etc.

Há, então, certas propriedades e qualidades do entorno que são fundamentais no exercício da sua função simbolizante. Se estão demasiado ausentes, ela conhece déficits importantes; outras, que são bastante úteis e a enriquecem, mas são mais secundárias, não entravam a sua entrada em ação, mas se traduzem por particularidades do seu funcionamento. As propriedades indispensáveis vão precipitar formas da *imago do objeto* que vão infiltrar de maneira manifesta o modo de funcionamento do sujeito e o quadro clínico que ele apresenta. São essas características imagoicas que determinam os traços mais marcantes das problemáticas às quais estão expostos os modos de sofrimento narcísico-identitários: imago do objeto destruído; imago do objeto indiferente, do objeto insensível, do objeto inanimável, do objeto inapreensível ou inatingível, do objeto incoerente etc.

Uma psicopatologia centrada na prática clínica, e não numa nosografia psiquiátrica, deveria tomar as falhas da função simbolizante e das imagos que as habitam como pontos de partida e organizadores.

Resta-nos voltar, à luz dos nossos desenvolvimentos sobre o Meio Maleável, à questão do dispositivo vinculado à utilização de mediação.

A utilização de mediações "Meio Maleável" na prática clínica

Comecemos por lembrar a teoria de base subjacente ao trabalho clínico.

A complexidade da "matéria-prima", seu caráter amplamente inconsciente e enigmático, tem como efeito o fato de ela não poder ser imediatamente integrável. Ela é complexa porque é multissensório-motora, multiperceptiva, multipulsional; porque ela mistura o dentro e o fora, o eu e o objeto (é produzida pelo encontro do eu e do outro, na interface dos dois). Ela mistura, então, fatores "objetivos" e "subjetivos", os do entorno e os do sujeito. Sem trabalho de diferenciação e de categorização, ela então sempre está mais ou menos ameaçada de confusão e dificilmente é integrável. Isso vale muito particularmente para as experiências infantis – e quanto mais precoces elas são, mais isso é verdadeiro –, mas ainda mais particularmente para as experiências "traumáticas" da primeira infância. A imaturidade da psique infantil, a intensidade das experiências que a atravessam, a fraca capacidade de síntese (Freud, 1938) de que ela é capaz – notadamente quando a linguagem verbal não é adquirida – somadas ao caráter potencialmente traumático do sexual infantil (na medida em que ele não tem meios de descarga específica) concorrem para esse estado de coisas. Mas as experiências de transbordamentos ulteriores podem ser também "confusionantes" e desorganizadoras.

A questão central da prática clínica é então a seguinte: como a psique vai se virar para tratar essa matéria-prima psíquica enigmática porque complexa? A hipótese fundamental, a que preside a teorização dos dispositivos para mediações, mas também a que preside toda e qualquer teoria da prática clínica, é a de que ela vai tentar externalizar essa matéria para tratá-la, tentar "transferir" para uma matéria perceptiva, mais demarcável e mais fácil de trabalhar. Ela vai, assim, procurar "descondensar" a complexidade, difratá-la, reparti-la em diferentes objetos articuláveis entre si. As experiências em sofrimento por integração estão, segundo Freud e a hipótese de fundamento da prática clínica, submetidas a uma compulsão à repetição: a experiência subjetiva traumática tende a se apresentar de novo ao sujeito, frequentemente "com uma fidelidade indesejável" (Freud); ela não se representa, ela se apresenta de novo "subjetivamente" – ela ignora frequentemente que ela se re-presenta por conta dos fracassos da reflexividade. A repetição do idêntico ameaça desorganizar a subjetividade e seus organizadores; ela ameaça "atualizar" o trauma. A psique vai tentar evacuar essa forma reatualizada, externalizá-la em nome do desprazer, ou tentar ligá-la no local, tentando refletir o desprazer do trauma em "prazer".

O que nos interessa aqui é a tendência da psique de evacuar, em nome do princípio do prazer-desprazer, aquilo que não está ou está muito debilmente simbolizado. Essa "solução" é, ao mesmo tempo, potencialmente a pior para o sujeito e a mais "interessante" para o cuidado. Tudo vai depender do "lugar" em que se pode dar essa evacuação e do futuro daquilo que é assim evacuado. Como indicamos anteriormente, esse processo está na base e no fundamento do processo da "transferência" e da sua utilização no seio dos dispositivos-simbolizantes. Seu tratamento implica o acionamento de três funções para dar apoio ao processo de metabolização do que ali se investe: a *função fórica*, cujo papel é atrair, recolher, conter e "carregar" o que é transferido; a *função semafórica*, na qual o que está em jogo é atribuir forma significante, transformar em signo a matéria psíquica acolhida; e, por fim, a *função metafórica*, que visa torná-la simbolizável e integrável, transformá-la em sentido.

O que o clínico oferece na transferência, queiramos ou não, é sempre a arena da relação com ele próprio; ele se oferece como espaço de recepção e objeto para a transferência, para "seduzir" o que se evacua, atraí-lo ou tentar atraí-lo. O clínico se oferecer não implica que ele seja "utilizável", ou utilizável de imediato. Do lado do clínico se coloca o problema de ser, assim, "utilizado" como "lixeira", "*waste disposal*" (Winnicott), o que abala a sua identidade e a sua capacidade de empatia. Se a transferência é sempre violenta em seu processo (por quem, pelo que me tomam?), ela o é mais particularmente quando estão implicadas as problemáticas narcísico-identitárias. Do lado do sujeito, é preciso ressaltar o medo de, assim, utilizar o clínico como "matéria de simbolizar", até mesmo o pavor de utilizar um outro para fazer com que ele padeça dessa coisa "inominável" de si, para tratar o objeto como um "abjeto" – com o cortejo de vergonha e de culpa que isso implica. Às vezes é preciso anos para que alguns pacientes aceitem utilizar o clínico de maneira "impiedosa". Essa dimensão do cuidado é frequentemente inevitável, ela sempre está presente em segundo plano.

Uma maneira de contornar a dupla dificuldade evocada é desviar o processo evacuatório – ou uma parte deste – na direção de um objeto mediador, representante do clínico, mas diferente e destacado dele. Isso supõe um objeto mediador capaz de "acolher" e de atribuir forma à "matéria psíquica" que se transfere. Estamos abordando, aqui, como acabamos de comentar longamente, o problema fundamental da mediação: oferecer um objeto, objetos, "transformáveis" em representação psíquica simbólica – formas mais ou menos parciais do Meio Maleável. A característica do encontro clínico de mediações é a proposição da utilização de um ou mais objetos que apresentam propriedades Meio Maleáveis que vêm se juntar ao meio central da palavra.

Tenta-se, com o Meio Maleável, atribuir forma àquilo que não pode se desenrolar diretamente na troca com o clínico.

Essa atribuição de forma à experiência subjetiva, à matéria-prima psíquica, constitui uma experiência subjetiva específica que apoia todo o trabalho psíquico da subjetivação, aquela que preside a organização de uma representação da representação e cuja essência consiste em encontrar-criar representantes-representações da experiência subjetiva. Essa experiência subjetiva singular, "na presença do clínico", abre a possibilidade de um tratamento representativo da zona traumática do sujeito.

Características e especificidades dos espaços e dispositivos mediadores

A primeira questão que se coloca é a da escolha do meio. Ele deve corresponder aos sistemas percepto-sensório-motores prevalentes do sujeito que utiliza. Ele deve ser "criável" por este; o dispositivo deve lhe permitir encontrar aquilo que ele é capaz de criar. Cada meio privilegia, com efeito, um modo de relação específico com a sensório-motricidade: tipo de tatilidade, de visualidade, de odor etc. Ele implica, induz ou acolhe uma transferência específica das qualidades sensório-motoras da experiência subjetiva carente de integração. Mesmo se a experiência tende a ser amodal – o que torna vislumbrável vários tipos de meio –, ela privilegia, apesar disso, um determinado tipo de sensorialidade.

Não se transfere qualquer conteúdo psíquico para qualquer objeto nem para qualquer meio.

Há certa plasticidade do processo de transferência, certo jogo possível, mas ele possui seus limites. É preciso que a percepção atual do meio sustente a ilusão de acolher e de abrigar aquilo que o sujeito está em condições de reatualizar ou de alucinar da sua experiência anterior, e isso supõe certa coincidência entre a alucinação e a percepção atual. Não se reatualiza ou não se alucina a doçura de um seio num objeto pontiagudo ou cortante! É por isso que a escolha do meio, da oferta do objeto de transferência, determina em parte o tipo de experiência subjetiva que pode ser investida. Como ressaltamos diversas vezes nos nossos capítulos anteriores, seja desde o início, seja no decorrer do trabalho, o meio deve poder ser posto em posição de "simbolizar a própria simbolização". Ele deve representar não somente aquilo que ele simboliza, mas também a própria atividade representativa.

Isso supõe uma transferência específica para o objeto mediador proposto: o da transferência da função representativa para o Meio Maleável. Nós não simbolizamos todos da mesma maneira, nem com o auxílio dos mesmos apoios sensório-senso-percepto-motores, nem em função de nossa história singular, nem em função da nossa idade. Uma outra condição se refere à regra e ao direito à "livre utilização" do meio para simbolizar. Insisto: a liberdade é dada ou conquistada *para* simbolizar e não para qualquer outra utilização. O que supõe que o ideal implícito do campo seja "tudo é bom de simbolizar" – o que não remete ao produto, mas ao processo, ao vetor que põe o campo numa certa forma de tensão. A "livre utilização" supõe, assim, certa "maleabilidade", certa "transformabilidade" do meio proposto e da utilização que dele pode ser feita.

Tais condições supõem, assim, uma atitude interna do clínico; ele escuta o que é que isso que se produz contém de um signo ou de um índice do trabalho de simbolização potencial; ele procura selecioná-lo – é aí que se localiza a função semaforizante do trabalho clínico. Uma prescrição como essa tem implicações sobre o estilo da "animação" (o que dá o direito de "animar" o meio, no sentido do animismo – o que dá o direito da vida anímica) no seio dos dispositivos de mediação. O clínico não passa do "apresentador", o representante do meio (e isso mesmo se, é claro, o meio também for o representante do "apresentador": a relação com o clínico é sempre central), ele é e não é o meio. O meio pertence a todo mundo, tanto o sujeito quanto o clínico, pois ele não pertence propriamente a ninguém: ele é utilizável para a simbolização. O clínico deve garantir para si essa função, ele é a garantia desse enquadre e dessa utilização do meio. Do ponto de vista do meio, o clínico é assim situado "do mesmo lado" que o sujeito em relação ao meio; é uma prática "lado a lado", como propus chamar, na qual a diferença das posições entre sujeito e clínico cabe na função de garantia da utilização "simbólica" do meio que especifica o clínico. O meio não é o objeto de uma rivalidade possessiva. Ele é "apresentado" e "dado" para a utilização; ele deve ser "apropriado" e "conquistado" pelo sujeito. Como o clínico é garantia da tensão simbolizante do dispositivo, suas intervenções devem ser destinadas a otimizar a utilização do dispositivo e do meio – elas devem estar centradas na utilização do meio, na sobrevivência e na manutenção da atividade de simbolização. Os únicos encorajamentos potencialmente dados se referem à utilização do meio para representar. O apoio que o clínico deve oferecer é o das necessidades do Eu; apenas o processo é determinante e deve ser sustentado.

Cada meio possui suas propriedades e limites próprios; eles são intrínsecos à sua própria matéria e ao tipo de sensório-motricidade que ela mobiliza ou induz. Eles definem o campo do que é simbolizável com esse meio e o que esbarra em sua matéria; eles abrem o campo da simbolização da ausência e do limite da simbolização nesse dispositivo. Um único meio não teria como ser suficiente a toda a tarefa do encontro clínico e da prática, o que impõe ultrapassar a questão do próprio meio para destacar uma "função *médium*". É nela que devem ser localizadas as diferentes funções e propriedades do "Meio Maleável".

O material em relação com o meio se apresenta como um feixe de associações polimorfas que utilizam o meio como "indutor"; trata-se, então, de uma "associatividade focal", focalizada no sentido em que definimos num capítulo anterior. O trabalho do clínico é aqui um trabalho de coassociatividade, sua associatividade toma a cadeia associativa do paciente como objeto indutor, ele "faz" algo dela através do seu próprio jogo associativo (Winnicott frisa que "o trabalho se desenrola ali onde as duas áreas de jogo se encavalam", se encavalam ou se encontram). O modelo geral pode ser dado pelo "*squiggle play*" de Winnicott, jogo no qual se alternam o que o sujeito propõe, o que o clínico faz daquilo que o sujeito propõe (coassociatividade) e o que o sujeito faz daquilo que o clínico coassocia sobre aquilo que ele fez disso etc. É nessa "correspondência", nessa "conversação" que se trama e se apropria a simbolização da experiência em sofrimento que foi transferida para o encontro clínico e investida nele.

O clínico se guia nesse trabalho pela maneira como o meio é "utilizado" pelo sujeito no decorrer da sessão, isto é, a maneira em que suas diferentes propriedades são utilizáveis para a atividade de simbolização. Esta informa sobre a história daquilo que ele herda da relação primária com o objeto. A relação que o sujeito mantém com o meio carrega, com efeito, a marca – é essa a hipótese fundamental – da história da relação mantida com a utilização do objeto primário; as de suas capacidades "utilizáveis" informam-nos sobre aquilo que pôde ser utilizado na relação primária com o objeto; as de suas capacidades não utilizadas, sobre o que não esteve disponível para a utilização do objeto primário. Mas a relação mantida com o "Meio Maleável" do processo de simbolização também testemunha a maneira pela qual a atividade de simbolização foi reconhecida e creditada na relação com o objeto. É justamente uma possibilidade de ter acesso a uma compreensão das particularidades da maneira como os objetos históricos encarnaram a função simbolizante que é assim aberta e possibilitada através da sua transferência para o objeto-simbolizante, e simbolizando a simbolização.

Logo, a partir da transferência da função simbolizante para os objetos-simbolizantes, são as particularidades da maneira que o objeto encarnou sua função simbolizante que se tornam reconstrutíveis e analisáveis, que são suscetíveis de serem interpretadas no seio do registro da utilização do objeto. Ao mesmo tempo, isso permite perfazer nossa representação das qualidades relacionais, das "necessidades do Eu" nascente que são necessárias – para aquele sujeito e naquele momento de sua história – ao futuro desenvolvimento das capacidades de simbolização. Oferece-se, assim, uma maneira de "escavarmos" mais adiante as características relacionais que a função simbolizante deve tornar possível, para preparar para esse sujeito a futura apropriação subjetiva inerente ao trabalho de simbolização primária posta em jogo na transferência.

11. O trabalho clínico e o jogo

É preciso, agora, tratar da questão da própria intervenção clínica e daquilo que a organiza e a vetoriza. Na lógica de nossos desenvolvimentos precedentes, é claramente em torno do trabalho de simbolização que proponho uma direção de reflexão sobre esse assunto. A simbolização ainda não é a integração psíquica – que é a perspectiva derradeira do encontro clínico –, mas ela é passagem obrigatória, é seu pivô. A questão que se abre é a de saber como a prática vai se organizar em torno dessa questão maior.

A organização do dispositivo – seu eventual "*bricolage*" sob a medida das necessidades psíquicas do sujeito, como vimos – só se concebe bem segundo o organizador da simbolização, como um "fato expresso" para ela. Mas um dispositivo, por mais pertinente que ele seja, não constitui uma prática; ele representa as suas condições de possibilidade, ele constitui o seu entorno, não é o seu centro. O centro é o modo de presença do clínico, seu modo de intervenção, seu modo de resposta à associatividade do sujeito, a disposição de espírito que o guia.

Essas questões supõem um modelo da intervenção e – mais que essa ou aquela intervenção pontual – uma "lógica" de conjunto do sentido da intervenção. A hipótese geral que me proponho a desenvolver neste capítulo faz do jogo e da ativação das capacidades de jogo o vetor dessa "lógica". Torno solidários o jogo e a atividade de simbolização, "jogando" com a polissemia do termo "jogo". O jogo é a primeira atividade de simbolização da criança; é pelo jogo – e o jogo, como acabamos de ressaltar detalhadamente, com um Meio Maleável – que a criança concede para si uma representação simbólica da sua experiência e que ela se coloca nas condições de uma possível integração subjetiva.

Mas conceder um lugar como esse ao jogo não deixa de ter ambiguidade e convoca necessariamente comentários sobre o que é preciso compreender sob o termo "jogo". Antes de me engajar nessa reflexão, e para dispará-la, cumpre começar introduzindo uma primeira observação sobre a escolha do jogo como paradigma, mas também interrogando a ideia de "trabalho do jogo".

O modelo do trabalho psíquico

Desde o capítulo VII de *A interpretação dos sonhos* e a noção de "trabalho do sonho", o conceito de "trabalho" psíquico se impôs como um paradigma capital do pensamento psicanalítico. O trabalho do luto e o trabalho de cultura vieram reforçar, mas também infletir, essa influência primeira. Então, no pensamento clínico pós-freudiano multiplicaram-se, em seguida, as referências ao trabalho psíquico; e cada processo psíquico – trabalho de simbolização, trabalho de transformação, trabalho de renúncia, trabalho do negativo... –, cada época da vida viu-se reconhecendo um "trabalho específico": assim se pôde descrever também um trabalho da adolescência, um trabalho do envelhecer... O paradigma primeiro, regional, tornou-se assim um paradigma central, referencial, do pensamento psicanalítico.

A referência central ao "trabalho" na descrição dos processos psíquicos supõe um modelo do desenvolvimento da vida psíquica auferido com base num princípio do prazer que tende a reinar como mestre absoluto. Ela supõe, também, um ultrapassar salutar deste, uma transformação indispensável para estabelecer o primado de um princípio de realidade, para transformar o princípio do prazer em princípio de realidade. O primado do princípio do prazer implicaria um "caminho curto", fundamentado na satisfação imediata; o caminho longo, mais garantido, implica um adiamento e um trabalho.

A necessidade do trabalho se impõe a partir do momento em que o funcionamento psíquico deve "servir a vários mestres", a partir do momento em que ele deve combinar as exigências do prazer às da realidade, da moral, até mesmo dos objetos, quando estes se dão como outros-sujeitos. Apenas a passagem da identidade de percepção (que só se conforma com uma lógica do idêntico) para a identidade de pensamento (que tolera a lógica do semelhante e um determinado nível de diferença – logo, que dá jogo ao funcionamento psíquico) permite descobrir como juntar as diferentes exigências que incidem numa economia do prazer "sob o primado do princípio de realidade".

A questão das conjunturas traumáticas e da evolução de sua inteligibilidade vai obrigar a uma evolução e a uma complexificação desse modelo primeiro. A introdução, em 1920, de um além do princípio do prazer – que é, de fato, um aquém – introduz, com efeito, a ideia de que o prazer não é uma configuração necessária, uma configuração imutável. Existem experiências subjetivas, até modos de funcionamento psíquicos, nos quais o prazer não está presente, e seu primado não está necessariamente assegurado. E, com isso, o paradigma do "trabalho", que supõe seu primado e indica a necessidade do seu ultrapassar, deverá ser complexificado.

O "trabalho" do jogo

Surge, com isso, a necessidade de delimitar um processo que possibilite a passagem de experiências "além do princípio do prazer" – animadas por uma compulsão à repetição independente do *quantum* de prazer implicado – para a sua inscrição ou sua reinstalação sob o primado do princípio do prazer. Como, por que processos, por que tipo de "trabalho psíquico", passar de uma compulsão à repetição cega e quase automática para um funcionamento esclarecido e vetorizado pelo prazer e, portanto, suscetível de abrir à liberdade de uma escolha? É com base nessa questão, e a partir da descrição no texto de Freud sobre a "brincadeira do carretel", que o paradigma do jogo adquire o seu sentido, e isso sob a forma paradoxal de um "trabalho do jogo".

Ao mesmo tempo, uma evolução conjunta do modelo da simbolização está implicada inevitavelmente. A simbolização havia aparecido, primeiro, como oriunda do trabalho psíquico solitário, do trabalho de renúncia, até mesmo de um trabalho de sublimação; ela havia, primeiro, aparecido para os clínicos como exclusivamente fundamentada na ausência do objeto e da sua elaboração; logo, como ultrapassar necessário de um prazer primeiro, como renúncia à busca da imediatez do reencontro com este. Ela teve, em seguida, de começar a reconhecer formas primeiras e prévias nas quais era menos comandada pelo ultrapassar do prazer imediato do que pela criação das condições da emergência do prazer no seio de experiências que não a comportavam primitivamente, ou não suficientemente. Paradoxalmente, o trabalho psíquico não era mais vetorizado pelo ultrapassar de um prazer primeiro, ele encontrava na questão da criação e da conquista de um prazer suficiente o seu novo organizador. Tentamos longamente, no capítulo consagrado à simbolização, avaliar em direção a qual teoria seria preciso nos dirigir agora.

Depois de Freud, os psicanalistas de crianças – a partir dos trabalhos de M. Klein e A. Freud – estenderam a exploração iniciada por Freud por meio da introdução, em suas práticas e técnicas de trabalho, de uma forma de associação livre fundamentada no jogo. Contudo, o modelo permanecia restrito à criança e ao fato de que o trabalho da criança é brincar. Coube a D. W. Winnicott (1971b), a partir de uma intuição de S. Ferenczi, localizar a quintessência da experiência dos psicanalistas de crianças a respeito do jogo e formular seu valor paradigmático para a psicanálise em geral – e, mais particularmente, para a dos sujeitos expostos a sofrimentos narcísico-identitários e às formas da compulsão à repetição que afetam os funcionamentos pós-traumáticos.

Um pouco mais tarde, na França, D. Anzieu (1970), em seu relatório no CPLR,[1] também propunha o modelo do jogo para a interpretação psicanalítica no tratamento de adultos e em todo o campo clínico, sob a forma de jogos da língua e da palavra.

Reencontrar o prazer pelo jogo

A clínica dos estados de sofrimento narcísico esbarra, com efeito, na dificuldade que há em pedir a um sujeito para quem o primado do princípio

---

1 Congrès des Psychanalystes de Langues Romanes [Congresso dos Psicanalistas de Línguas Românicas]. (N. R.)

do prazer não está estabelecido, ou não o suficiente – que está numa "lógica de sobrevivência" mais do que de vida, uma "lógica da desesperança" (A. Green 2002) –, que ele renuncie aos prazeres que ainda pode se proporcionar em nome de uma realidade incerta. No fim das contas, ainda se pode pedi-lo, mas a clínica mostra que as chances de que isso surta efeitos são pequenas. Desenvolvem-se frequentemente grandes oposições e resistências contra o encontro clínico, e formas de "reações terapêuticas negativas" estão frequentemente presentes nele. Se, ao contrário, podem-se promover formas de simbolização que procuram transformar as experiências traumáticas anteriores para restituir ao funcionamento psíquico um determinado prazer, que não seria outro que não o da partilha, aumentam então as chances de estabelecer ou de restabelecer o primado do princípio do prazer. D. W. Winnicott, que frequentemente tem formulações fulgurantes, propõe assim "ensinar a brincar" aos sujeitos que nunca brincaram.

A concepção do trabalho clínico e das suas questões evolui, então, e passa de um modelo fundamentado numa exigência de simbolização – cujo essencial é fornecido principalmente pelas épocas tardias da vida psíquica – a formas que reencontram as modalidades primevas desta. "Ensinar a brincar" aos que não são (mais) capazes; ensiná-los como o jogo transforma a vida, como ele sustenta a vida psíquica, a incrementa; como ele sustenta a parcela de ilusão a ela necessária; como ele permite transformar as situações mais dolorosas em situações "boas de simbolizar", essa será a palavra de ordem proposta por D. W. Winnicott.

Mais justamente, sem dúvida – mas respeitando o essencial daquilo que ele assim indica –, eu diria, antes mesmo: encontrar os traços do jogo que não pôde historicamente se dar. Não se "ensina" a jogar, e a clínica não é uma educação, ainda que ela também possa ter efeitos educativos. Em contrapartida, pertence ao trabalho clínico encontrar os traços do jogo potencial que se degenerou no decorrer dos riscos e fracassos da vida relacional do sujeito, o qual perdeu, ao longo do caminho, o poder gerador que ele comportava: encontrar esses traços para criar as condições que permitem que o jogo potencial possa ser regenerado e possa desenvolver novamente as suas virtualidades simbolizantes.

Pode-se ressaltar, de passagem, que a via assim trilhada oferece uma alternativa à "solução" masoquista e à solução solipsista que os sujeitos afetados por conjunturas traumáticas tentam implementar – e que, incapazes de integrá-la, só conseguem tentar ligá-las por coexcitação libidinal (Freud, 1914) ou sexual (Freud, 1924). O masoquismo é uma forma de "atalho" de transformação, mobilizado na solidão primeira do sujeito em situação traumática para fazer frente à desorganização e salvaguardar o que resta como via subjetiva possível. Ele implica apenas uma transformação "mínima", um retorno in statu nascendi do desprazer em prazer que permite, a minima, ligar a experiência traumática e impede o seu desenvolvimento desorganizador; ele não cria as condições de uma verdadeira integração subjetiva fundamentada na simbolização e na apropriação subjetiva. A não ser que se entendam alguns dos atavios e das mascaradas masoquistas como formas de jogo que se ignoram e se espere que sejam reveladas como tais – isso não é clássico, ainda que talvez não seja infundado.

Em todo caso, o "trabalho psíquico do jogo", em particular em sua dimensão intersubjetiva, permite uma conquista do prazer "por caminho longo" fundamentado na simbolização no e pelo jogo, numa integração "introjetiva".

O trabalho clínico do "jogar"

Tratar-se-ia, então, de "ensinar a jogar" aos que não puderam integrar quinhões significativos de suas experiências subjetivas, aos que não puderam realizar essa integração com o auxílio do que as conjunturas dessa história e dos seus reveses lhes oferecem. Para isso é necessário, para o clínico, detectá-los e entendê-los, mas isso não basta; é preciso também criar as condições para que possa se ativar aquilo que havia se tornado, ou permanecido, letra degradada ou morta. Foi preciso certo tempo para que a prática clínica adquirisse uma consciência clara do que essa inflexão paradigmática implicava para o clínico; foi preciso certo tempo para que os clínicos reconhecessem plenamente o valor daquilo que eles, os mais livres dentre eles, já haviam começado a colocar em prática sob a pressão dos acontecimentos da transferência e com o auxílio de sua criatividade. Pois, é claro, os clínicos não esperaram – a começar por Freud, que sempre se mostrou muito mais livre em sua prática pessoal do que os princípios que foram estabelecidos depois de sua morte – que a evolução prática e técnica assim implicada fosse teorizada para adaptar a sua prática às condições da transferência.

Contudo, a introdução do jogo como paradigma possível para a prática clínica não deixa de levantar perguntas. A primeira delas se refere à diferenciação entre diferentes formas de jogo; a segunda, que está dialeticamente ligada a ela, encontra as implicações transferenciais e contratransferenciais dessa inflexão paradigmática.

Com efeito, há jogos e jogos. Propor o paradigma do jogo não significa que seja preciso embarcar a prática psicanalítica numa forma da defesa maníaca para a qual tudo não passaria de jogo, de um jogo – sobretudo se pensamos nas formas manifestas deste. Cumpre diferenciar o jogo manifesto – e este pode ter valor de resistência; pode comportar, como qualquer formação psíquica, todo tipo de questões, das mais elaborativas às mais perversas; pode estar preso na compulsão à repetição... – do jogo latente, de uma potencialidade de jogo latente. Esta, mais difícil de delimitar, significa a possibilidade de que um conteúdo manifesto não seja idêntico àquilo pelo qual ele se faz passar, de que ele "dê" potencialmente uma possibilidade de jogo para a simbolização. Aqui, é claro, é difícil evitar a questão da reflexividade e a análise das potencialidades reflexivas dadas pelo jogo; é difícil evitar a questão do valor transicional do jogo, da maneira como o jogo latente se inscreve no seio dos processos transicionais; da maneira como ele representa até mesmo sua quintessência.

É preciso, ademais, diferenciar formas do jogo conforme ele seja solitário ou esteja implicado no encontro com outro sujeito. Pois, indiquemos rapidamente, antes de voltar mais detalhadamente aos modos do jogo, há esta maneira particular de "jogar" com as representações psíquicas que se pode ver no sonho, esta forma de jogo *intrassubjetivo*, intranarcísico, que testemunha negociações e transações simbólicas que o sujeito desenrola na intimidade das suas noites e dos seus espaços internos solitários. E há os jogos que necessitam da presença de outro sujeito. E aqui também é preciso diferenciar conforme o jogo seja somente "na presença" do outro – presença discreta que se contenta em receber o endereçamento mudo (forma *autossubjetiva* do jogo) – ou investe a necessidade de uma resposta para se sustentar e sustentar a descoberta das suas questões, para que estas sejam reconhecidas e atestadas pela resposta do outro sujeito (essa é a forma *intersubjetiva* do jogo). O jogo abre então para formas de "entre jogos [*entre jeux*]", ele interroga a maneira como "duas áreas de jogo se encavalam" (D. W. Winnicott), como dois sujeitos se encontram em torno do jogo, como eles partilham o jogo – isto é, no entre(u) [*entre-je*]. Isso nos leva à nossa segunda observação.

Começar a identificar como a contratransferência auxilia ou entrava o trabalho do jogo clínico constituiu historicamente o primeiro tempo do reconhecimento do lugar de "respondente" do clínico na criação das condições que favorecem ou entravam a ativação das potencialidades de jogo. O jogo só se aciona se for "entre jogo"; se for, antes de mais nada, jogo a dois; se o clínico reconhecer, aceitar e partilhar o jogo potencial; se ele sustentar seu desenvolvimento e aceitar ser comprometido, implicado, na empreitada [*entreprise*] – "entre-tida" [*l'entre prise*] – mútua e não simétrica.

Há, assim, condições atuais, uma "colocação em jogo" clínica, que são precondições para o trabalho prático propriamente falando. A perlaboração daquilo que Freud chama, em 1926, de "resistência do isso" só pode se efetuar entre dois sujeitos implicados, ambos, na empreitada, ainda que isso não se dê da mesma maneira e no mesmo nível; ela implica que o clínico aceite se engajar "em primeira pessoa", como diz D. Anzieu (1989), e assim inevitavelmente ameaçar se comprometer. O paradigma do jogo implica também a abertura para a questão do "entre eu", e para a análise dessa questão e dos seus efeitos sobre a prática clínica – efeito de sugestão, até mesmo de sedução. E se a sedução diretamente libidinal pode ser mensurada e controlada mediante uma vigilância dos efeitos da contratransferência, as outras formas desta – a sedução narcísica pelo ideal do Eu do clínico e aquilo que propus chamar de "sedução superegoica" – muito mais dificilmente o são.

Mas o levantamento das consequências da inflexão paradigmática que se tornou necessária pela consideração da problemática narcísico-identitária não para por aqui. Não se trata somente, nesta, de ressaltar o papel e a função do objeto atual, o clínico; é também preciso levar em conta o peso histórico dos objetos com os quais o sujeito se construiu.

Sobre o fundo dessa constatação, os mais audaciosos dos clínicos – na direção indicada por D. W. Winnicott em suas reflexões sobre "o uso do objeto" – foram, com efeito, advertidos de que, caso se admita que a contratransferência atual determine em larga escala o futuro do processo de simbolização em curso, é também preciso admitir que as "respostas" historicamente recebidas da parte dos objetos significativos dos primeiros anos também contribuíram anteriormente para infletir o "curso dos acontecimentos psíquicos" do sujeito.

Não há razão para que se admita a influência atual da resposta do clínico e para que não se admita a influência, histórica, dos objetos com os quais o sujeito se construiu. Não há razão para que se deixe o sujeito na ilusão de que ele se construiu psiquicamente sozinho e sem vínculo com o funcionamento psíquico de seus pais ou substitutos. Com isso, como pude propor na fórmula, "a sombra dos objetos históricos e, portanto, também atual das particularidades do clínico recai no encontro clínico".

Não se trata mais, então, somente de possibilitar agora aquilo que não pôde se dar historicamente; não se trata mais somente de escutar os vestígios do jogo potencial que não pôde desenvolver as suas virtualidades simbolizantes: o clínico deve, também, aceitar se aventurar num trabalho de reconstrução daquilo que historicamente, nas respostas do entorno primeiro, não permitiu que esses potenciais se desenvolvessem. O clínico deve aceitá-lo, pois os sujeitos articulam a sua questão, frequentemente de maneira crucial, frequentemente como questão prévia a toda mudança – como testemunham algumas formas de reação terapêutica negativa. É justamente sob essas duas faces que a perlaboração da transferência deve ser conduzida, naquilo que é repetição atual – logo, nova chance; "compulsão a simbolizar", como propus (1991, 1995) a fórmula –, mas também naquilo em que repete e mostra, assim, os impasses dos encontros passados.

A questão do modelo do sonho

E se a simbolização secundária é da ordem de uma metapsicologia da ausência – logo, se ela pode ainda se contentar com uma teorização solipsista –, em contrapartida, aquilo que propus chamar de "simbolização primária" (1991) abre para a necessidade de uma metapsicologia da presença e do "entre eu", uma metapsicologia do encontro entre dois sujeitos, do efeito da resposta de um ao investimento pulsional do outro. Ou, antes mesmo, ela obriga a pensar uma metapsicologia da dialética presença/ausência, isto é, a dos efeitos das modalidades da presença sobre as formas da elaboração da ausência tanto quanto, ao contrário, a dos efeitos da ausência sobre a presença.

O sonho é frequentemente apresentado como o próprio modelo do funcionamento psíquico durante a sessão, e essa proposição esteve na origem de reflexões fecundas; mas o sonho é uma atividade privada, narcísica, até mesmo solipsista, que – ao menos quando é produzida – se refere a uma relação de "si para consigo". Ele não permite pensar o lugar do clínico na sessão, aquele que o sujeito lhe dá, mas também aquele que ele assume pelo seu modo de intervenção.

O modelo do sonho supõe também que seja possível abstrair-se da motricidade e da percepção na associatividade psíquica – o que está longe de ser sempre o caso em diversas práticas clínicas. Supõe também que se seja capaz de efetuar um trabalho de simbolização fundamentado na ausência do objeto, até mesmo na renúncia ao objeto. Essas precondições não estão sempre reunidas nos sujeitos que estão sofrendo e que se endereçam ao clínico para que ele os ajude a viver e a encontrar mais prazer no fato de estar vivo. Só se pode renunciar ao que se conheceu; antes da simbolização da ausência, a da presença.

O modelo do jogo e do entre jogo permite, com efeito, incluir o clínico em sua definição e na detecção dos seus processos; ele permite pensar a questão do modo de presença do clínico e o impacto dessa presença na psique do sujeito. Ele se impõe todas as vezes que não se pode pensar o sujeito independentemente de sua relação com um outro – um outro tomado como objeto, mas também um outro implicado igualmente em sua subjetividade própria.

É claramente o caso com as crianças, mas também – em larga medida – com os adolescentes, e até mesmo com os adultos, todas as vezes que se trata de poder recapturar no trabalho clínico um quinhão da história subjetiva que ficou à margem do processo de simbolização primária. Isto é, todas as vezes que o processo de simbolização e o endereçamento subjetivo que ele comporta não podem evitar passar por modos de comunicação pré-verbais fundamentados no afeto ou em formas de mensagens agidas, "materializadas" de uma maneira ou de outra – modos de comunicação que necessitam "reencarnar" a linguagem verbal ou associá-la ao seu fundo corporal.

Uma primeira proposição seria, então, a de que o modelo do jogo me parece se impor todas as vezes que o solipsismo do modelo do sonho (e da teoria que o acompanha) corre o risco de entrar em colusão potencial com as defesas narcísicas do sujeito.

Mas talvez não seja necessário destacar-se do modelo do sonho, pois o paradigma do jogo me parece conseguir inclui-lo. Como evoquei rapidamente acima, há alguns anos proponho considerar que o paradigma do jogo implica três "momentos", três tempos ou três formas de jogo, que correspondem, todos eles, a tempos do trabalho psíquico durante a sessão.

Antes de mais nada, há o jogo "solitário", o jogo autossubjetivo, no qual o outro-sujeito não passa de "espectador", testemunha. A brincadeira do carretel é um bom exemplo disso. Esse jogo supõe a "presença" de um espectador, ainda que ele não esteja fisicamente presente no próprio jogo; ele supõe uma "capacidade de estar só (frente à sua pulsão) na presença do outro". Esse jogo me parece ter uma função autossubjetiva. Ele representa um momento no qual o sujeito que joga se "dá", em forma simbólica, uma parte da sua experiência; ele a reflete no jogo com o auxílio de objetos materializados, visíveis. Mas esse jogo supõe um espectador, ao menos potencial, uma testemunha; ele supõe esse olhar exterior ao qual se endereça, ainda que finja não sabê-lo.

Contudo, esse jogo autossubjetivo só se concebe como segundo tempo, como retomada "auto" de um tempo de jogo intersubjetivo no qual o jogo se desenrola e se descobre entre o sujeito e um outro-sujeito, implicado não só como objeto da pulsão, mas justamente como outro sujeito – isto é, presente com sua subjetividade própria, seus desejos e necessidades próprias. O "jogo da espátula" que D. W. Winnicott, em 1941, descreve em "A observação de bebês em uma situação estabelecida" representa um bom exemplo disso; o jogo só se torna "jogo" no e pelo encontro com o outro-sujeito, pela "resposta" do outro-sujeito ao que se passa na transferência.

Por fim, há o jogo intrassubjetivo, que corresponde ao sonho e ao espaço narcísico de seu trabalho. Nesse não há outro-sujeito exterior, o jogo se desenrola de si para consigo, sem testemunha, na interioridade da psique, entre instâncias; ele "desmaterializa" os representantes-representações, abstrai-os graças à atualização alucinatória própria do sonho; ele "alucina negativamente o outro sujeito". Mas, e aí está uma das minhas proposições, ele supõe que as duas outras formas de jogo tenham podido se desenvolver suficientemente. O processo de interiorização que ele representa não passa do desfecho de um trabalho psíquico começado de dia e por meio das outras formas do jogo.

Simbolização e apropriação subjetiva

Esse modelo também convoca uma posição prévia sobre o que deve ser considerado o paradigma fundamental do trabalho psicanalítico e as questões deste.

Há vários anos encontrei na célebre fórmula de Freud de 1932, "*Wo Es war soll, Ich werden*", o vetor e o prescritivo que permitem pensar a questão do processo fundamental do trabalho psíquico – e, portanto, do trabalho psicanalítico. Expresso na tradução que me parece delimitar melhor a orientação dada assim ao trabalho clínico, chamo de trabalho de apropriação subjetiva esta transformação do "*Es*" em "*Ich*", do "Isso" em "Eu-sujeito". Contudo, esse primeiro referencial não basta, pois existem formas de apropriação subjetiva que ficaram presas em formas de ligações não simbólicas; elas representam justamente o esforço do sujeito para se apropriar de um quinhão da sua história subjetiva, mas ao custo de um preço exorbitante que sobrecarrega sua vida e suas capacidades de prazer. Se o horizonte da apropriação subjetiva sempre orienta bem o trabalho clínico, ela nem sempre se efetua em condições que possibilitam uma liberdade de ser suficiente. É por isso que me parece necessário acrescentar que a apropriação subjetiva que a prática clínica procura desenvolver é aquela que também está fundamentada na simbolização da experiência subjetiva. A simbolização surge, então, como via régia pela qual a reflexividade psíquica (termo que prefiro, em vez de "tomada de consciência" – demasiado restrito e, em parte, inadequado ao seu objeto) pode se desenvolver e amparar a apropriação subjetiva.

O jogo "potencial"

Uma consequência direta dessa concepção do lugar da simbolização no processo de apropriação subjetiva no modelo paradigmático do jogo é ser preciso distinguir diferentes formas do jogo e introduzir, em particular, uma diferença entre o jogo manifesto e o jogo latente, e não só entre o jogo e uma situação referencial que seria "não jogo".

O jogo manifesto é um comportamento, uma "atividade". Todos os psicoterapeutas de crianças conhecem esses jogos intermináveis aos quais as crianças podem se entregar durante a sessão; esses jogos imutáveis que se repetem como tais por semanas, até meses. Não se pode jurar quanto ao valor simbolizante desses jogos – que parecem sobretudo estar ali para colocar à prova a paciência do clínico, ou ainda a fiabilidade da situação, ou, por fim, para fazer viver no clínico aquilo que não pode precisamente ser brincado pela criança. Esses jogos são apenas fracamente "transicionais": eles colocam em cena o jogo se recusando ao jogo psíquico, à aposta no psíquico, ao seu engajamento; semaforizando o que não pode ser jogado; testemunhando uma necessidade de controle.

O jogo latente representa a aposta no jogo; o que ele aceita investir, arriscar por meio do jogo manifesto; o que se joga ou tenta se jogar no e pelo jogo manifesto; o que se mascara e se revela ao mesmo tempo no jogo manifesto. O jogo não é semelhante a si próprio, ele comporta diferentes níveis ligados entre si, ele "simboliza" um outro jogo; o jogo é sempre "jogo duplo", e é nesse sentido que ele nos refere enquanto clínicos.

Mas essa primeira distinção, que me parece indispensável em clínica, deve ser enriquecida por uma outra noção que devemos, por tê-la esclarecido, à sagacidade de D. W. Winnicott. Quando se evoca o jogo, "dá-se" para si o jogo, "dá-se" para si a forma "jogo". Na clínica, temos de pensar que o jogo pode ser apenas "potencial", que uma sequência clínica pode não se apresentar como um jogo e, no entanto, encerrar um jogo potencial que caberá ao clínico ajudar a destacar. O exemplo do tratamento da pequena Elisabeth, evocado por D. W. Winnicott (1941), é explícito. A menina de 18 meses da qual se ocupa D. W. Winnicott não "brinca"; ela berra, morde, se debate, atira os objetos no chão com violência. Mas D. W. Winnicott, por seu modo de presença, pelas "respostas" que ele traz a esses comportamentos, permite fazer emergir dessas "crises" uma forma de jogo de jogar-recolher e, então, de exploração autoerótica do corpo.

A ideia de um jogo "potencial" corresponde a uma concepção na qual o comportamento contém uma "mensagem" desconhecida que se refere a uma experiência subjetiva de tipo traumático que procura se fazer reconhecer na mesma medida em que é ignorada.

Dar um passo a mais nessa direção redunda em aventar que o modelo do jogo supõe, de fato, uma forma de prescritivo de escuta; *supõe que o material clínico seja escutado no que ele encerra de jogo "potencial", virtual; que ele seja entendido como uma proposição de jogo ignorada pelo próprio sujeito – no sentido forte do termo – "inconsciente".* Ele supõe uma concepção de um jogo "em sofrimento".

Outra maneira de pensar essa função "potencial" é considerar que a experiência humana está "por interpretar", isto é, que o seu sentido não está, nunca está imediatamente dado, e que ele é sempre suscetível de ser retomado e reinterpretado. Os psicanalistas se enganam em definir sua atividade a partir da interpretação, apenas da interpretação, sem outra forma de precisão; a interpretação é a atividade psíquica mais compartilhada no mundo – o homem interpreta, ele não para de fazê-lo.

Excurso neurobiológico

Permito-me aqui um pequeno excurso neurobiológico para inscrever a atividade de representação e de simbolização no funcionamento biológico de base do humano.

F. Varela desenvolveu – de maneira totalmente convincente, a meu ver – como o ser vivo se caracteriza por aquilo que ele chama de autopoiese. Não posso retomar aqui a integralidade de sua demonstração, que me contento com indicar rapidamente; ela propõe um esquema de raciocínio interessante para os clínicos.

O ser vivo define seu meio interno pela construção de uma membrana delimitando de maneira flexível, mas precisa, o meio de dentro e o de fora. Desde que implementada essa operação, e também é o que a constitui, tudo aquilo que "entra" no interior deve ser transformado em função do meio interno, deve ser "produzido" no interior de uma forma compatível com as regras de funcionamento do meio interno. Assim, por exemplo, a percepção de um objeto vai passar pela decomposição do objeto em diferentes elementos (cor, forma, movimento etc.) tratados cada um por setores diferentes do cérebro e especializados nesse tratamento. Daí o objeto é "recomposto" pela colocação em rede e em conexão dessas diferentes formas de tratamento. O que quer dizer que o objeto "percebido" é, de fato, um objeto representado como percebido, que ele sofreu um trabalho de transformação e de "produção" interna. Nosso cérebro e nosso aparelho psíquico trabalham a partir de representações, e tão somente de representações. É incorreto opor representação e percepção; a percepção é, de fato, uma "representação perceptiva". Tudo é representação para a nossa psique. A diferença se dá entre representações diferentes e categorizadas de maneiras diferentes, não entre representações e não representações. Veremos adiante que a questão é justamente a das categorizações psíquicas, e não a das representações.

Prossigamos a análise do trajeto neurológico da nossa relação com o mundo. A experiência primeira perceptiva, afetiva, é memorizada de uma primeira forma num nível subcortical; isso corresponde a uma forma, para dizer rapidamente mais uma vez, de registro bruto – um "traço mnésico perceptivo", para utilizar a linguagem de Freud. Mas essa "forma primeira" da memória e do registro fornece apenas uma pré-forma do sentido. Esse primeiro traço "em seguida" deverá ser "interpretado" num nível cortical, categorizado. O primeiro traço de memória não basta, ele deve ser interpretado. G. Edelman ressalta que a primeira forma de memória evocada é aproximativa; eu diria que ela tem jogo, e é isso que permite que a nossa memória seja viva e que ela possa servir à experiência atual e futura. Isso significa globalmente que a memória da experiência está inscrita biologicamente e, ao mesmo tempo, está por interpretar, por receber sentido. Ela é semelhante a si mesma (a interpretação não muda a primeira inscrição) e não semelhante a si mesma (ela deverá ser significada e ressignificada). Ressaltemos, de passagem – é algo importante para os clínicos –, que a recategorização ou a reinterpretação da experiência supõem um momento de atualização perceptiva do traço primeiro; em outros termos, ela supõe um momento alucinatório que se efetua com ajuda daquilo que G. Edelman chamou de "movimento reentrante".

Para finalizar meu pequeno excurso biológico, gostaria de voltar às implicações do problema colocado pelos neurônios-espelho – evidenciado, em 1996, por Rizzolatti. Nosso cérebro abriga neurônios que têm a propriedade de se ativar da mesma maneira conforme se efetue uma ação ou se contente com percebê-la, ou ainda se contente com simplesmente representá-la em nós. Concebe-se que um funcionamento como esse seria fonte de confusão potencial se, numa outra parte do nosso cérebro, não houvesse uma outra operação que consiste em determinar qual é a natureza exata da operação: mera representação, percepção ou ação.

Resumo meu excurso: transformamos necessariamente tudo o que percebemos; transformamos em representação perceptiva; interpretamos "em seguida" e, então, aquilo que assim "percebemos", nós o significamos. Mas, num outro setor de nós mesmos, nós nos informamos quanto a essas diferentes operações; representamos que representamos e significamos, ou representamos que nos percebemos, ou, ainda, que desencadeamos esquemas de ação.

Esse funcionamento tem jogo, como deixa aparente a descrição que acabei de fazer rapidamente, ele supõe uma mescla entre precisão de registro e um trabalho de retomada e de categorização que pode variar. A categorização ou a interpretação supõem momentos ou experiências específicas. A minha hipótese central no que se refere ao jogo é a de que a experiência do jogo é uma dessas experiências específicas, e de que uma das suas finalidades é explorar a diferença entre a "coisa" e a sua representação, o seu sentido.

Antes de voltar a uma retomada da teoria do funcionamento psíquico desenvolvendo essa concepção, gostaria de terminar esse segundo pedaço da minha reflexão com uma observação referente às primeiras formas do jogo e da atividade de simbolização. Os trabalhos da húngara E. Pikler, célebre por sua organização e sua condução da creche de Lóczy, chamaram a atenção para o que ela nomeia como "atividade livre espontânea" e que me parece ser a primeira forma do jogo simbolizante e, sem dúvida, também a primeira forma da "associação livre". Observando bebês bem novos em momentos em que não estão absorvidos nem pela fome, nem por qualquer outra moção pulsional imperativa, e em que ainda não estão cansados ou tomados por uma necessidade de sono, ela observa que eles se entregam ao que chama de "atividade livre espontânea". Nela os bebês pegam desajeitadamente pequenos objetos ao seu alcance, levam até a boca num movimento que "imita" a relação com o seio, depois largam; daí pegam novamente um pouco mais tarde, "livremente". Pegar e largar se sucedem conforme um ritmo próprio à criança.

Penso que se pode ver nessa primeira manifestação da atividade de simbolização a pré-forma do processo de simbolização e, sem dúvida, o próprio modelo da associação livre que, também ela, supõe essa alternância de momentos de pegar e de largar.

Apropriação subjetiva, o "futuro-jogo"

Se deixarmos agora a linguagem da neurobiologia e retornarmos à concepção metapsicológica do processo psíquico, será preciso partir da primeira forma de traço, da primeira inscrição da experiência subjetiva, que é a que Freud chamou, diferentes vezes, de "matéria-prima psíquica". Esse traço primeiro da experiência – já o apresentei como feito de uma "matéria" hipercomplexa e enigmática, feito de um amálgama perceptivo e sensorial – é investido por diferentes moções pulsionais que mesclam o eu e o outro quando ele é traço do encontro com o objeto outro-sujeito.

Um dos fundamentos da prática clínica está na ideia de que a matéria-prima psíquica não é imediatamente apreensível como tal, que ela deverá ser "materializada" num objeto, desdobrada, descondensada graças a essa transferência – e, sem dúvida, refletida – para se tornar apreensível: ela deverá ser, assim, "mediatizada" para atenuar o seu caráter hipercomplexo e enigmático.

Em 1920, em "Além do princípio do prazer", Freud situa uma primeira urgência da psique quando é confrontada ao caráter enigmático da matéria-prima, a de garantir o "comando" sobre a excitação pulsional que ela contém. Para não ser assoberbada pelo caráter enigmático e excitante das formas primeiras da realidade psíquica, a psique deve assegurar uma primeira forma de manutenção, uma "domesticação".

Em seguida, somente em seguida, e em condições particulares sobre as quais retornaremos, a psique deverá "apresentar" para si a experiência subjetiva, re-presentá-la para si, conferi-la para si a fim de representar – e essa operação segunda supõe um "largar mão" da manutenção primeira. Essa dialética "pegar" e "largar mão" é bastante essencial; o par presença-ausência frequentemente evocado para pensar a atividade de simbolização não passa de um caso particular dessa oposição essencial, cujas formas vão mudar no decorrer do processo subjetivo de apropriação.

Aceitar "largar mão" só pode se efetuar, como acabamos de evocar, em condições subjetivas particulares, que são as que são requeridas para que a experiência de "retomada" simbolizante não seja, ela própria, assoberbante e desorganizadora.

A primeira delas é que a "retomada" simbolizante se efetue apenas "fragmento por fragmento", para retomar a expressão utilizada por Freud em *Luto e melancolia* a propósito do processo de luto. "Detalhes por detalhes", diz a nova tradução. Uma certa retenção energética é necessária, e essa "redução da excitação" por abordagem fragmentada supõe um primeiro tempo de jogo intersubjetivo.

Quando essa redução é suficiente, uma outra condição é que a atividade de retomada possa se efetuar numa experiência subjetiva de liberdade. A sensação de liberdade – jamais frisaremos isso o bastante – é uma condição da atividade de simbolização, aquela é simultaneamente uma prévia desta, uma prévia na relação com o outro-sujeito, e um objetivo, uma conquista na relação consigo e na relação com as imposições presentes na própria experiência subjetiva. O sentimento subjetivo de liberdade é necessário para que o sujeito se experimente como agente e "sujeito" da atividade de simbolização, é claramente uma condição da apropriação subjetiva.

Quando essas duas condições estão reunidas, o "largar mão" pode se dar; ele consiste fundamentalmente numa suspensão dos controles econômicos e tópicos, num relaxamento dos diferenciadores tópicos, numa permeabilidade das membranas internas – do "duplo limite", como chama Green. Suspensão graças à qual o traço da experiência subjetiva poderá ser "alucinado no objeto". Alucinação e percepção não se opõem, com efeito, como já indicamos; elas podem não se opor, como Freud acabou aventando em 1938, em "Construções em análise". A concepção de D. W. Winnicott do objeto encontrado-criado supõe a superposição de uma percepção (o objeto é "encontrado") e de uma alucinação (o objeto é "criado"). No processo do jogo, o traço é alucinado num objeto perceptivamente presente, naquilo que propus chamar de *objeu*.

Mas isso ainda comporta condições. É preciso que o objeto no qual a alucinação vai se efetuar e se "alojar" – digamos: se transferir – seja "perceptivamente análogo" ao objeto alucinado, que ele possa "simbolizar" o objeto alucinado e a experiência subjetiva do encontro com este. É preciso que a alucinação do objeto possa ser transformada pelas propriedades do objeto numa experiência de ilusão subjetiva.

Por esse processo o jogo vai permitir explorar a diferença e as similitudes entre a "coisa" interna e a sua representação; explorar diferentes propriedades do objeto; experimentá-las e, assim, progressivamente simbolizá-las no jogo.

O jogo como objeto

O jogador é então confrontado a uma experiência nova; ele não só capta novamente a experiência subjetiva que coloca em jogo, mas, ademais, experimenta a experiência por conta de simbolizar essa experiência, por conta de jogar. O jogo se torna, ele próprio, um novo "objeto", um objeto, uma experiência psíquica na qual se experimenta esse tipo de atividade particular que é a simbolização, esse tipo de objeto particular que é o símbolo. Cabe a A. Green ter insistido no fato de que certos processos psíquicos podem, eles próprios, se tornar "objetos" para a pulsão; que a psique – ou parte dela – pode, também ela, tomar-se como objeto. Narcisismo e simbolização ficam, assim, potencialmente reconciliados.

A pulsão procura e encontra para si, então, um "novo objeto": a representação psíquica, novo objeto que ela investe, novo objeto pelo qual ela se transforma. O investimento da representação ou da atividade de simbolização como "objeto" me parece fornecer uma definição bastante boa da sublimação e das atividades sublimatórias.

Mas é também a partir dessa experiência que aos poucos se constituem os marcadores da diferença entre a experiência primeira e a atribuição de forma, a colocação em cena e a atribuição de sentido dessa experiência; entre a própria experiência e o sentido da experiência.

Dito de outro modo, considero que a experiência de brincar é uma experiência essencial da reflexividade, isto é, uma das experiências pelas quais a psique e a atividade psíquica se tomam, elas próprias, como objeto. Ela é, ao mesmo tempo, experiência "para" simbolizar, mas também experiência "por" simbolizar; é isso que a noção de transicionalidade de D. W. Winnicott me parece tentar delimitar.

No jogo, o sujeito não faz nada além de explorar a experiência subjetiva posta em jogo; ele explora também a experiência subjetiva do "brincar", ele explora e descobre suas condições de possibilidade; ele descobre suas regras escondidas e, no mesmo movimento, ele "se" descobre. O jogo "transiciona" o supereu, ele o inventa ou o reinventa como condição de possibilidade da simbolização.

É por isso que, quando o jogo "tem sucesso" em sua empreitada, ele frequentemente é acompanhado de um afeto específico, o da descoberta de si, o afeto de jubilação. A assunção jubilatória, que J. Lacan (1966) evoca a propósito do "estádio do espelho", não passa de um caso particular do afeto de jubilação que acompanha a "descoberta" ou a apreensão de si.

O que acabo de situar vale para a experiência do jogo em geral. Quando o jogo assume a forma do jogo intersubjetivo, ele adquire a coloração, ademais, de uma questão suplementar – que é a da exploração do outro-sujeito, da subjetividade do outro sujeito. Os defensores da "teoria do espírito" construíram situações experimentais para explorar como a criança descobre o espírito do objeto, como ela descobre que o outro também tem um espírito, intenções, desejos. J. Lacan (1966), em "O tempo lógico", por sua vez, frisou como se organizava a relação intersubjetiva e como a subjetividade de um encontrava a subjetividade do outro. A clínica, além disso, explorou essa problemática através do lugar que ela confere ao brincar da criança. Aventarei, para terminar minha reflexão, que talvez o jogo também seja uma maneira de explorar o outro-sujeito, para além da consciência que este tem de si mesmo; logo, de explorar também o "inconsciente" do objeto.

Acaso essa propriedade do jogo não é a que utilizamos quando adotamos uma ou outra das formas do jogo no espaço clínico? Acaso não é porque temos esperança de que a colocação em jogo, e não apenas a evocação verbal, revele aspectos escondidos da psique; revele ao próprio sujeito, mas também ao seu parceiro de jogo, certas questões inconscientes presentes e subjacentes à transferência?

Exploração de si e da atividade simbolizante, exploração do objeto como espelho de si, mas também como outro-sujeito, como sujeito diferente de si, acaso o jogo não seria outra das "vias régias" da abordagem clínica – a que é requerida quando se trata de pensar não mais um sujeito solitário, mas um sujeito no próprio encontro clínico?

Para terminar e explicitar um pouco o modelo de um trabalho clínico centrado no jogo, gostaria de terminar com um exemplo, o de uma menina tratada por D. W. Winnicott e que "ele ensina a brincar". Na versão que ele dá desse jogo, e que estudei longamente noutro momento (R. Roussillon, 1991), D. W. Winnicott (1941) trata uma menina de treze meses que está num estado pós-traumático – não brinca, não dorme, berra..., berra o dia inteiro...

Ele vai tratar a criança em três sessões de 20-30 minutos. A menina é posta no que D. W. Winnicott chama de "situação estabelecida" – com a notória diferença de que, na situação estabelecida, as crianças ficam no colo da mãe, enquanto ali a mãe está ausente e a menina fica no colo de D. W. Winnicott, único adulto presente:

1. "A pequenina tentou furtivamente me morder o dedo. Ela não parou de berrar durante toda a sessão."

2. "Três dias depois ela estava de novo no meu colo e eu esperava para ver o que ela faria. Mordeu-me três vezes o dedo tão forte que a pele quase foi arrancada. Daí, brincou de jogar as espátulas no chão durante um quarto de hora, sem parar. Todo esse tempo ela chorava como se estivesse realmente triste."

3. "Dois dias depois, coloquei-a novamente no colo durante mais meia hora... primeiro ela chorou, como de costume. Então ela me mordeu os dedos bem forte, dessa vez sem sentimento de culpa, e daí brincou de

morder e de jogar a espátula. Enquanto estava no meu colo, começou a tomar gosto pelo jogo. Começou então a manipular seus dedos dos pés. Mais tarde a mãe vem me dizer que desde a última consulta ela 'não era mais a mesma' e estava feliz o dia todo, sem convulsão e dormindo bem". Um ano mais tarde a melhora e o desaparecimento dos sintomas foram confirmados.

Alguns comentários

D. W. Winnicott "escuta" na raiva dessa criança uma busca de contato, de consistência; escuta a procura por um objeto, por um "objeto regulador de si", por um objeto suscetível a resistir à destrutividade que a assoberba e que ameaça dessignificar tudo. Ele se deixa morder e atacar o dedo como imagina que a gastroenterite infecciosa "atacou e mordeu" a criança, mas sobretudo ele se deixa morder como se essa mordida não passasse de uma dentadinha desajeitada, uma mensagem mal formada. Ela o morde três vezes. Por que três? Talvez para tornar possível a experiência intersubjetiva de um objeto *"que se deixa morder sem represálias"*. A primeira mordida pode ter pegado o objeto de surpresa, é preciso verificar por meio de uma segunda tentativa se não é esse o caso; quando essa segunda experiência pôde ser realizada, então a terceira mordida é a de uma criança que morde *"um objeto que se deixa morder sem represálias"*. É preciso três mordidas para se assegurar do estado de espírito interno do outro-sujeito. Mas prolongar além das mordidas, mais do que necessário à experiência subjetiva da criança, seria da ordem de uma postura masoquista do outro-sujeito – há um limite que é o dado pelo *"timing"* lógico da intersubjetividade.

Então ele propõe à menininha, em seu "dispositivo estabelecido", uma espátula brilhante; ele propõe a ela transferir para a espátula aquilo de "brincar" com o dedo; ele "interpreta" a violência manifestada como uma potencialidade de jogo degenerada. Em três sessões de vinte minutos de um tipo de escuta como esse dos comportamentos da criança, D. W. Winnicott pôde ativar suas capacidades de jogo – ela pode explorar seu próprio corpo, reencontrar uma capacidade de jogo.

A mordida e os berros da criança não são brincadeira, são sintomas psicopatológicos. Mas eles comportam um jogo *potencial*, um jogo potencial do qual se pode pensar que ele não pôde se desenvolver no momento da doença que desorganizou a criança – jogo potencial cuja forma degenerou nas manifestações observadas. É ao escutar esse jogo potencial – a partir do movimento furtivo da criança, do único movimento no qual ela marca sua presença como sujeito que age, para além dos conteúdos manifestos – que a escuta clínica pode se empregar; cabe a ele permitir, encontrando sua forma de expressão "lúdica", que a intervenção clínica encontre seu máximo de pertinência.

O que se passou em torno da "sobrevivência" de D. W. Winnicott, no fato de que ele suporta sem represálias as mordidas da menina, vai se passar de novo – nos mesmos termos e com o mesmo *timing* lógico – com o lançamento da espátula. Ali também a repetição da experiência permite à menina mensurar a "sobrevivência" na relação, mas dessa vez é a solidez do vínculo que é apreendida por meio do "restabelecimento" repetido de D. W. Winnicott.

Essa sequência explicita também como "jogo intersubjetivo" e jogo "autossubjetivo" se articulam; o que é experimentado na relação com D. W. Winnicott pode, em seguida, ser "importado" para o jogo autossubjetivo, e depois – pois a menina poderá encontrar o sono e, sem dúvida, o sonho "guardião do sono" – para o jogo intrassubjetivo.

Tomo emprestado o segundo exemplo da minha prática pessoal; trata-se do tratamento de uma moça conduzido há alguns anos e que é uma das origens do meu entendimento da ideia de "jogo potencial".

Essa moça sofria de uma inibição bastante maciça da sua vida relacional e social, em associação com rubores intempestivos muito importantes que contrastavam com a sua pele, de uma grande brancura. Brancos também eram seu funcionamento psíquico e sua depressão. Eu a recebia face a face, pois a utilização do divã era inconcebível em seu estado e, sendo o contato muito precário, eu temia que ele se perdesse totalmente caso ela estivesse deitada. Ela tinha as maiores dificuldades para falar e as sessões eram frequentemente silenciosas, marcadas somente pelos olhares suplicantes que ela conseguia me endereçar. Às vezes ela evocava alguns sonhos, bastante enigmáticos sem as suas associações mais que parcimoniosas. Tentei algumas intervenções tímidas para manifestar minha atenção e minha escuta, mas sem ter a sensação de que elas "pegavam" e geravam sequer um processo, nem mesmo uma forma de gancho.

Aos poucos eu fui começando a ficar muito atento a algo que se passava no nível da sua postura. Ela afastava e juntava as pernas com um movimento rápido, e isso de maneira repetitiva, durante as sessões; e ela estava sempre de saia. No início não dei atenção, imaginava que ela devia ter a necessidade de descolar as coxas. Mas como o comportamento insistia e me pegava de surpresa enquanto eu meditava em silêncio sobre o que ela havia conseguido me dizer – ou, sobretudo, sobre o que ela não conseguia me dizer –, comecei a me perguntar se não havia ali alguma coisa que estava sendo dirigida a mim, alguma coisa que eu devesse compreender. Via, além disso, que ela vigiava se eu estava atento ou não ao seu movimento, o que me reforçava a ideia de um comportamento endereçado. Mas para dizer o quê?

Ela evocou um sonho, certo dia, que me permitiu tentar introduzir a questão daquilo que se passava ali de maneira silenciosa. Esse sonho era em torno de uma partida de tênis (na época, eu frequentemente usava camisas com o célebre crocodilo) que se desenrolava de maneira singular; a rede estava posta a meia altura, o que fazia com que as bolas passassem "por baixo", mas fossem paradas quando estivessem numa altura boa. Tentei uma aproximação com a nossa relação, em que as coisas passavam por baixo, no nível visual, mas não numa altura boa, nas nossas trocas verbais. Ela enrubesce, sorri e algo muda em sua atitude; na medida em que se declarou uma transferência de tipo "passional" ou amor, agressividade e destrutividade se misturavam.

O interesse para a minha reflexão sobre o jogo deve ser procurado naquilo que a perlaboração dessa sequência permite iluminar. Passo a passo, certos aspectos da sua primeira infância puderam ser reconstruídos. Filha de uma prostituta, ela fora enviada para um vilarejo da região, aos cuidados de uma antiga prostituta que cuidava dos filhos de suas jovens colegas. A pequena se desorganizou e passou a sofrer de encoprese. O sintoma foi tratado de maneira forte: calcinha suja na cabeça no meio do grupo de crianças, humilhação e vergonha. Foi com bastante dificuldade que esses acontecimentos puderam ser reconstituídos; contudo, eles deixaram escapar seu quê de inteligibilidade. A calcinha na cabeça, o rosto confundido com uma espécie de cloaca ânus sexo; a confusão vergonhosa que a exposição grupal provocava: tudo isso começava a ganhar sentido. A calcinha avistada entre as pernas da paciente nesses movimentos de vaivém me dizendo "achou!", como teriam dito as mãos num rosto de criança pequena. Tudo isso, sem dúvida, sobredeterminado pelo clima muito sexualizado que imperava na creche dos filhos de prostitutas, até mesmo da prostituição.

A ideia de que o movimento das pernas da paciente continha um jogo de esconde-esconde potencial foi determinante na perlaboração da vergonha de existir que a perseguia e entravava a maior parte da sua vida social. Ela pôde, com isso, explorar outras formas de jogo de esconde-esconde, ou de presença/ausência, essenciais na integração das suas experiências de separações precoces. E eu, de minha parte, havia compreendido algo de muito fundamental para a minha prática de clínico: procurar que jogo potencial se esconde por trás dos sintomas mais surpreendentes; permitir que os jogos típicos que não puderam se desenvolver historicamente – e cujos sintomas atuais são os avatares distantes – possam, enfim, se realizar suficientemente para tornar possível o potencial de integração de que são portadores.

12. Dispositivo prático e dispositivo de pesquisa

Acaso a prática clínica pode se conceber sem perspectiva de pesquisa? O termo "exploração", proposto por D. W. Winnicott, convém bastante para definir da melhor maneira a prática e a pesquisa clínica e, em particular, o que há de pesquisa na prática clínica – pois seguramente há nesta uma parcela que recapitula o conhecido e uma parcela que explora o desconhecido ou o impensado do encontro ou do funcionamento psíquico ou intersubjetivo implicado. Como evocamos no nosso capítulo consagrado à invenção de dispositivos clínicos, são muitos os clínicos que, nesses últimos anos, voltaram-se para a universidade e as atividades de pesquisa para tentar extrair um novo campo dos seus anos de prática ou da sua experiência com a exploração e com o desenvolvimento de uma clínica.

As lutas, notadamente no que diz respeito à avaliação das práticas clínicas, que começam a se espalhar cada vez mais pela vida dos clínicos, são convocadas a se desenvolver e a tornar esse movimento cada vez mais imperativo. As pesquisas sobre a prática clínica, sobre *as* práticas clínicas, são como que o primo pobre da teorização; elas são difíceis, interferem potencialmente na lógica da prática, levantam diversas questões epistemológicas. É mais fácil construir um dispositivo de pesquisa que se pensa controlar todas as variáveis do que se engajar numa exploração "a partir da prática" que encontra todas as dificuldades que são as mesmas que atravessam os espaços de cuidado.

Mas a pesquisa sobre as práticas clínicas e a partir das pesquisas clínicas parece, apesar disso, cada vez mais incontornável. Sou persuadido a pensar que ela é convocada a se desenvolver cada vez mais, que ela até é, em parte, uma das condições da sobrevivência da prática clínica que será cada vez mais confrontada à necessidade de sua formalização e da sua avaliação. É claro também que essa tarefa só pode ser devidamente realizada pelos próprios clínicos, e remeter-se a pesquisas conduzidas por pequisadores exteriores à prática clínica deu a prova dos seus enviesamentos e dos seus limites.

Este capítulo será, então, consagrado à questão da utilização dos dispositivos e da prática clínica como dispositivo e prática de exploração teórico-clínica e de pesquisa.

A pesquisa dita "aplicada"

É necessário, antes de mais nada, começar debruçando-se sobre uma objeção que nos vem, em parte, das pesquisas das ciências ditas "duras", que tendem a opor, no campo da ação psicológica, pesquisa fundamental e pesquisa dita "aplicada".

As pesquisas conduzidas a partir da prática clínica não são pesquisas "aplicadas"; em nenhum caso a clínica é uma "aplicação" da teoria, nem mesmo de um *corpus* de hipóteses de pesquisa. Ela também não é, não teria como ser, aplicação de uma teoria. Não há "psicanálise aplicada", como se pôde aventar numa certa época – quando se pensava possível uma "aplicação do pensamento psicanalítico" às obras de arte, até mesmo às obras de pensamento. O percurso clínico pode se transferir para diferentes objetos e diferentes terrenos; ele deve, então, transpor-se e transformar-se para se ajustar às condições desses objetos e terrenos, criar os dispositivos e métodos *ad hoc* para esses objetos; ele não pode "aplicar" dispositivos ou modalidades diretamente oriundos de outras formas da prática clínica e sem outra forma de processo. Um exemplo fará com que se sinta, de imediato, como é que o problema se coloca.

As práticas clínicas em grupo utilizam um método dito "associação livre"; elas fazem referência, assim, ao método fundamental da psicanálise e da clínica. Mas a associação livre grupal não teria como ser semelhante à do encontro clínico individual. Se fosse esse o caso, a associação livre em grupo produziria apenas uma cacofonia generalizada, da qual nada de significativo nem de utilizável poderia surgir: todo mundo falaria ao mesmo tempo! A associação livre em grupo deve ser entendida "grupalmente", isto é, um "associa" sobre aquilo que o outro diz – a hipótese sendo a de que essa cadeia associativa torna acessível um "aparelho psíquico grupal" (R. Kaës, 1976) e formações grupais específicas. O método constrói seu objeto e este é específico, mas o próprio objeto tem um efeito sobre o método: ele o transforma. Eu acrescentaria que esse tipo de interação entre o objeto e o método é justamente aquilo que, ao longo dos anos de prática e de pesquisa sobre a prática, me levou a tentar a aventura da redação deste tratado. Pois é justamente à luz daquilo que nos é ensinado pelas diferentes transposições e pelos diversos ajustamentos tornados necessários pela exploração clínica de novos objetos e de novas problemáticas clínicas que o meu percurso encontra o seu sentido.

A formalização da prática como "pesquisa"

Uma vez superada essa primeira dificuldade, encontra-se a questão daquilo que, na orientação que defendo, faz a diferença entre a prática clínica e a pesquisa ou a exploração clínica. Eu diria muito simplesmente que o problema não é o da existência ou da pertinência de uma pesquisa a partir da prática ou na prática, até mesmo sobre a prática – ela sempre se dá necessariamente quando a prática é consistente –, e sim o de uma *formalização universitária desta*, o de sua inscrição no seio dos cânones "científicos" da pesquisa e das publicações de tipo universitário.

A maioria dos resultados e ganhos da experiência prática habitual não são, com efeito, formalizados nos termos e condições que tornam "científica" – logo, "discutível" – a publicação. Quando transmitem suas reflexões, os clínicos não se dão ao trabalho, na maior parte do tempo, de fazer uma revisão que lhes permitiria situar sua reflexão no seio de uma história da problematização do seu objeto. Eles frequentemente não dão, de seu material clínico, uma versão suficientemente destacada da sua interpretação para que alternativas sejam possíveis – as cadeias associativas que deveriam compô-lo raramente são explicitadas, por isso as intervenções e seus efeitos não podem ser discutidos. Eles tampouco se debruçam sobre os limites de validação de seu material e os limites do seu dispositivo, sendo um e outro egossintônicos ao seu percurso de clínicos. A avaliação dos efeitos de sua prática pode continuar empírica ou obedecer apenas a cânones internos ao seu grupo de referência. Essas questões têm pouca pertinência em prática clínica, mas são fundamentais, em contrapartida, para a formalização de toda pesquisa, ainda que clínica.

Ao contrário, num percurso de pesquisa, a coleta do material "utilizável" depende estritamente do dispositivo no seio do qual ele fora "construído" e recolhido; ela carrega a sua marca, seus interesses e suas limitações. É necessário, portanto, que se faça uma reflexão, em toda pesquisa a partir da prática, sobre os efeitos específicos do dispositivo de "coleta" ou de "construção" dos dados. Isso conduz, portanto, também a um retorno da questão da pesquisa *versus* a prática, que é a da necessidade de *uma pesquisa sobre a própria prática*, sobre as especificidades dos seus dispositivos, sobre a maneira em que constrói seu objeto, sobre o modo de relação que mantém com seu objeto e com os sujeitos que acolhe.

A interpretação do material clínico que é proposta deve encontrar, também ela, por onde ser discutida: um material clínico que admite uma, e apenas uma, interpretação é sempre suspeito de ser construído de maneira *ad hoc*, para as necessidades da causa – ele não teria como ser "objetivo". O método, tanto de coleta quanto de escuta e interpretação, deve ser legível na apresentação do material clínico que deve, então, retomar as cadeias associativas em sua lógica e nas intervenções que as pontuam. Por fim, as hipóteses ou proposições novas ou de confirmação devem ser contextualizadas por uma revisão das posições e das proposições presentes na literatura; o pensamento do pesquisador deve ser situado em relação aos que o precederam ou àqueles com quem o seu trabalho dialoga. Todas as novas pesquisas devem abrir um diálogo e uma discussão com as que as precederam.

A *distância teórico-prática*

A disposição de espírito prática é centrada num processo de *implicação subjetivante*; ela é vetorizada por um processo de subjetivação progressivo.

Ao contrário, a disposição de espírito e o vértice da pesquisa são comandados por um *processo de distanciamento objetivante*: o teórico se retira do objeto (ou finge se retirar). Essa diferença no eixo organizador do percurso inaugura a questão de saber como "se retirar como sujeito da pesquisa", como retirar dela a sua subjetividade própria, por meio de quais procedimentos. Aí está a verdadeira questão da objetividade na clínica, a das condições de possibilidade do "recuo" da subjetividade do pesquisador e a das modalidades de objetivação do objeto outro-sujeito.

Essa antinomia processual ameaça a prática com os efeitos de influência da teoria e ameaça a teoria com uma infiltração contratransferencial. Na prática, a clínica deve poder desmentir a teoria, escavar uma distância que assinale o grau de "liberdade" da realidade psíquica em relação a toda teoria que não seja uma "máquina de influenciar". A clínica só pode ser polissêmica e suscetível de uma pluralidade de interpretações – diversas, mas não antagônicas – que deixam em aberto o desconhecido do sujeito.

O papel das hipóteses concebidas como hipóteses de trabalho, hipóteses clínicas, é gerar essa antinomia – hipóteses para colocar em ação a refutação da clínica. A hipótese não teria, com efeito, como ser "verificada" pela clínica; ela está ali para colocar a clínica para trabalhar, isto é, para criar as condições de uma refutação eficaz, geradora de um trabalho da hipótese para fazer a problemática avançar. A pesquisa prática não teria como ser "positivista", a hipótese deve ser encontrada-criada: ela é prévia à escuta; ela se perde, em seguida, na escuta flutuante, ressurge e se trabalha, por fim, na própria escuta; e ela aparece, então, como "oriunda" da escuta.

Sobressai de todas essas considerações que a pesquisa deve desconectar o tempo da escuta prática do da pesquisa propriamente dita; dissociá-los transicionalmente para que os dois percursos sejam fundamentados reciprocamente em seu afastamento e em sua diferença. Mas sobressai também que uma das questões essenciais da formalização universitária da pesquisa é a da maneira como a "produção" da pesquisa e sua metodologia organizam *sua maneira própria de se retirar do objeto*, aí está um aspecto central de sua metodologia.

Pensar e representar as imposições e especificidades do dispositivo e das disposições de espírito já é uma maneira de objetivá-los, já é uma primeira maneira de se retirar deles, expondo-os.

Observação sobre a distância teórico-prática

Não existe, portanto, material utilizável para uma pesquisa em psicologia clínica que não resulte de um trabalho de construção, por meio de um dispositivo, da realidade psíquica como signo, sintoma, significante. A realidade psíquica é construída como signo pelo dispositivo; só há significante utilizável no seio de um dispositivo de observabilidade. Na prática, conforme os dispositivos, a realidade psíquica pode se expressar no seio de comportamentos, interações, procedimentos intersubjetivos ou intrassubjetivos.

O dispositivo de pesquisa pode constituir como pertinentes cada uma das suas categorias de material "observável", basta que ele arranje os meios teóricos. Assim, o comportamento ou a interação são potencialmente "observáveis" no seio de um dispositivo prático utilizado como dispositivo de pesquisa.

Contudo, do ponto de vista da própria posição prática, o campo é vetorizado pela dialética intersubjetividade-intrassubjetividade. Isso significa que, para se tornar o objeto de uma intervenção prática, o material deve assumir a forma de um endereçamento intersubjetivo transferencial e, portanto, que a situação seja construída para que aquilo que é da ordem do comportamento tenda a se inscrever na interação e que aquilo que se inscreve na interação tenda a se inscrever na relação intersubjetiva (isto é, seja reconhecido em sua função de endereçamento transferencial).

O processo de implicação subjetivante que organiza as práticas clínicas obriga uma vetorização do campo a partir das capacidades de subjetivação do sujeito; são elas que determinam a ação ou a intervenção possíveis, o que se exprime habitualmente pelo fato de que só se pode intervir naquilo que o sujeito diz, e não no que dele se pode ver ou sentir que seja da ordem de comportamentos ou de sistemas interativos e de uma forma pouco utilizável de expressão da realidade psíquica inconsciente.

Em contrapartida, na pesquisa é a teoria que "decide" o que é observável e constituído como signo. Por exemplo, num protocolo do teste projetivo de Rorscharch, o fato de o sujeito coçar o pé ou assoar o nariz não é levado em conta na prática, enquanto tudo o que se relaciona diretamente à manipulação da prancha (movimento para virá-la) será integrado potencialmente no material. Mas numa pesquisa nada exclui tomar como objeto o conjunto das manifestações mimo-gesto-posturais que acompanham as respostas do sujeito.

É preciso, então, diferenciar o endereçamento ao clínico e o endereçamento ao pesquisador. O endereçamendo ao clínico é o fato da subjetividade do sujeito; o endereçamento ao pesquisador é o fato do organizador metodológico da pesquisa e da sua teoria. Essa diferença e essa dificuldade estão na origem de muitos dos mal-entendidos nas pesquisas em psicologia clínica. Há uma distância entre a transferência (o endereçamento transferencial) e o objeto do pesquisador; o endereçamento "teórico" pode não ser subjetivado, mas nem por isso deixa de existir para o pesquisador.

Material, signo e teoria da simbolização

Como ressaltamos diversas vezes, não existe signo ou significante independente de uma teoria da simbolização. O dispositivo prático que constrói o signo é portador de uma teoria da simbolização "em ato", "materializada" na organização do próprio dispositivo. Construir um signo, um significante, é a definição da atividade de simbolização; o signo é um representante, um símbolo, ou deve se tornar um. Se o dispositivo metodológico é um dispositivo que serve para produzir signo, significante, então é um dispositivo-simbolizante.

Na prática, o dispositivo deverá significar sua função para o sujeito, ele deve explicitar ou implicitar para o sujeito que ele simboliza – isto é, ele contém uma "mensagem" que, de uma maneira ou de outra, simboliza que ele simboliza e como ele simboliza. De uma maneira ou de outra, na medida em que ele pode simbolizar "na qualidade de coisa" – isto é, por meio da sua materialidade ou da própria organização do dispositivo –, ele coloca em ato uma "teoria" da simbolização; mas, por meio da "instrução" ou da regra, ele também simboliza em palavras que ele simboliza, que é por meio do aparelho de linguagem que ele tende à simbolização.

Sendo assim, há diferentes "teorias" da simbolização, diferentes maneiras de simbolizar, diferentes processos de simbolização; e uma das características essenciais de todo dispositivo, um dos seus analisadores privilegiados

– insistimos nesse ponto em nossos capítulos consagrados aos dispositivos – é precisar a teoria da simbolização que ele implica, isto é, aquela que ele aplica de fato; isso permite delimitar as competências específicas do dispositivo quanto à simbolização.

Numa reflexão metodológica de pesquisa ou de exploração, também é imperativo identificar qual "teoria" da simbolização é implicada pelo dispositivo utilizado pela pesquisa – é ela quem dá coerência ao vínculo entre o dispositivo e a pesquisa. É, portanto, heurístico detectar quais parâmetros são pertinentes para analisar a teoria da simbolização implicada de fato pela organização do dispositivo. Isso implica uma "teoria" da teoria da simbolização que se dialetiza – como vimos nos capítulos que lhes foram consagrados – com uma teoria dos dispositivos-simbolizantes dos clínicos.

A teoria da simbolização materializa-se no dispositivo, e ela se formula na regra; ela implica toda uma série de distinções entre agir, pensar, dizer e define registros diferenciados do processo psíquico.

A análise do dispositivo utilizado, por exemplo, por G. Haag para o trabalho com as crianças psicóticas ou autistas mostra diferenças significativas em relação à motricidade, à percepção, à linguagem ou à ausência, em relação ao enquadre da prática psicanalítica. Nos dispositivos construídos para as crianças, a simbolização passa pela motricidade (*a minima* aquela necessária para o jogo), pela percepção, por modalidades de presença, até mesmo – nas terapias de crianças pequenas – pela presença da mãe (cf. S. Lebovici et al., 1989) ou de um observador ativo (Brazelton et al., 1978), sem os quais o dispositivo prático não tem sentido e não é gerador de simbolização. Ao passo que com os adultos, no dispositivo *standard*, ressalta-se que a simbolização supõe suspensão da motricidade e da percepção nos moldes do sonho e das suas condições de possibilidade.

Um determinado número de parâmetros pode, assim, ser extraído e definido como "analisadores" do dispositivo: tratamento da percepção e do tipo de percepção, tratamento da sensório-motricidade, tratamento da ausência e da presença, tipo de vetor de comunicação e de troca solicitada etc.

Ao que cumpre também, necessariamente, acrescentar essa parcela do dispositivo que está presente no processo e que se refere à atividade organizadora das intervenções do clínico, à maneira como ele "guarda" o enquadre ou coloca em ação a sua tensão processual fundamental. Esse elemento é muito frequentemente esquecido, ele diz respeito à contratransferência ou à contra-atitude do outro-sujeito; diversas pesquisas "a partir da prática" são em grande medida invalidadas pelo fato de que o dispositivo não é suficientemente "mantido" pelo clínico e produz, então, um material que, reativo a esse modo de falência do entorno-simbolizante, é amplamente invalidado. A disposição de espírito do clínico deve ser, em parte, incluída na análise do dispositivo.

Outra questão essencial refere-se à compatibilidade entre a teoria da simbolização implicada pelo dispositivo e as capacidades de simbolização ou, antes mesmo, a teoria da simbolização implícita no próprio objeto de pesquisa. Fazer uma pesquisa sobre o autismo com o auxílio de uma teoria e de um dispositivo que supõem capacidades de metaforização – que o autista não possui ou possui pouco – pisa em falso e introduz uma reatividade que pode ser ligada ao próprio dispositivo, sobretudo se a dificuldade não é reconhecida. A não ser que se queira demonstrar que o autista fracassa em suas capacidades de metaforização – o que beira a tautologia e talvez não demande um dispositivo de pesquisa complexo para ser aventado.

Assim como há três níveis de simbolização, a análise do dispositivo de pesquisa deve poder se efetuar em três níveis.

Num *nível secundário*, em primeiro lugar – é o aspecto racional do dispositivo: as razões de sua construção, de seus principais parâmetros; o explícito ou o explicitável do dispositivo. É preciso definir esse nível secundário para si e para o sujeito sobre o qual incide a pesquisa pela própria pesquisa.

A simbolização da simbolização deve poder ser secundarizável para um sujeito; o dispositivo deve poder parecer "razoável" para um sujeito.

Num *nível primário*, referente ao implícito induzido pela própria organização do dispositivo e pelo acionamento da disposição de espírito do clínico, impõe-se a análise da maneira que o dispositivo organiza sua estratégia própria para atender as três funções que reconhecemos acima; da maneira que ele atrai a transferência da realidade psíquica, que ele a condensa e, portanto, a revela.

Quanto ao *terceiro nível*, ele é *especificado* como o modo de simbolização *terciário* ou transicional que se produz no espaço de tensão que se estabelece com o relacionamento dos outros dois.

Hipóteses de pesquisa, hipótese de trabalho: o problema da validação

O método clínico, como já ressaltamos enfaticamente, é fundado na associatividade; ele contém o implícito de que aquilo que é associado "livremente" contém um vínculo potencial implícito. Este constitui o novo espaço de jogo para o enigma que opera no encontro clínico; constitui o vínculo associativo como novo lugar de expressão desse enigma; dá lugar ao enigma no método.

O enigma primeiro, aquele que coloca a psique e a transferência para trabalhar, aquele que é relativo ao saber não sabido, torna-se enigma do vínculo associativo, convoca à construção de uma lógica do vínculo – lógica do vínculo escondido, potencial, implícito. É essa nova questão que mantém aberto o trabalho de simbolização.

É por isso que há uma correspondência essencial entre a intervenção prática e a hipótese de pesquisa; a intervenção prática é sempre, deve sempre ser, considerada uma hipótese de trabalho; ela sempre possui o estatuto de uma hipótese; essa é sua função. É também por isso que penso não haver prática que não venha acompanhada de uma pesquisa; que a prática não se concebe, a não ser como prática de uma forma de pesquisa. A prática em psicologia clínica só o será se também for uma pesquisa a partir da prática.

De modo complementar, o interesse de uma intervenção – mas também, portanto, de toda hipótese de trabalho – deve-se à sua capacidade geradora de vínculo, à sua *capacidade générative*. Uma hipótese não visa, então, ser "verificada" na clínica; seu interesse se mede conforme aquilo que ela produz, que ela gera.

Na prática, o que ela gera se mede pela *apropriação subjetiva* que ela possibilita; na teoria, na pesquisa, o seu interesse se mede, antes, pela *inteligibilidade* que ela introduz, pelo trabalho de "coleta" do material enigmático que ela possibilita.

Nas pesquisas efetuadas a partir da prática nunca há, sem dúvida, confirmação "direta" que seja probatória; estas sempre são ameaçadas pelos efeitos de sedução ligados à transferência e aos efeitos de "predições que se realizam", a menos que se esteja previamente assegurado da suficiente "capacidade de estar só na presença do clínico-pesquisador", isto é, de uma suficiente independência da "resposta" em relação à relação da prática-pesquisa – isso muito particularmente quando as problemáticas "narcísico-identitárias" estão no primeiro plano da pesquisa, o que é quase sempre o caso nas pesquisas atuais em psicologia clínica.

É por isso que cumpre aceitar a definição de *condições indiretas de validação*. A *générativité* associativa evocada acima é um bom exemplo disso: nem o sim, nem mesmo o não (com reservas para esse último) são decidíveis ou permitem validar verdadeiramente uma hipótese de trabalho; em contrapartida, a inteligibilidade – e a inteligibilidade de um material associado ou assim se associando – fornece um interessante modo de confirmação.

Outro modo de confirmação indireta evocado por D. Anzieu também merece ser comentado. Um processo ou um "fato" clínico identificado num campo, num assunto singular e com um dispositivo dado, deve poder encontrar "confirmação" ou "aplicação" num outro domínio conexo, ou com um outro assunto, ou num outro dispositivo: por exemplo, um processo evidenciado no seio do espaço analítico deve poder permitir também dar conta de um mito ou de um objeto cultural, e/ou deve poder dar conta ou servir para a compreensão de um material oriundo de uma "observação direta".

Acontece – e é até mesmo frequentemente essa a regra na clínica – de os sistemas de confirmação deverem ser procurados na mobilização de uma negação ou de um operador negativo. Por exemplo, Freud vê na reação "nunca havia pensado nisso" a confirmação, no funcionamento neurótico governado pela negação, de uma intervenção ou de uma hipótese propostas a um sujeito. Ou ainda, em 1937, em "Construções em análise", propõe considerar que o desenvolvimento de uma reação terapêutica negativa como "resposta" a uma construção proposta em sessão a um sujeito pode constituir uma forma de confirmação indireta desta – o agravamento paradoxal significando, de algum modo, que o conflito ou a problemática subjacente se "mesclam à conversação"; logo, que a hipótese continua uma mobilização confirmativa do conteúdo evocado. Talvez não seja verdade em todos os casos, mas acontece de a mobilização de uma forma da negatividade significar a validade da hipótese proposta.

Resta que a mobilização de uma negatividade é um indicador possível da validade da hipótese, e que esse processo paradoxal, se não se tornar um "coringa", pode fazer parte do arsenal dos modos de confirmação. *A minima*, ele testemunha que se deixa lugar à possibilidade de desmentir, na prática, a hipótese teórica; logo, que certa capacidade de estar só é possibilitada pelo dispositivo. Isso sobretudo se a mesma hipótese recusada de um lado é, não obstante, geradora de um processo associativo.

Outro ponto essencial no nível da validade da clínica, também ele paradoxal, é a aptidão de um material suscetível a abrir várias interpretações deste. Um material que recebe apenas uma interpretação e num só nível – isto é, unívoco – é necessariamente suspeito de ser construído sob medida para a pesquisa; ele não confirma nada além da sua própria adequação a esta, isto é, ele não passa de uma aplicação desta, que não deixou nenhuma chance para a clínica vir desmentir a proposição teórica. Sendo assim, é também necessário que a pluralidade dos níveis investidos, que a pluralidade das hipóteses propostas a seu respeito, não sejam antagônicas ou contraditórias entre si – dito de outro modo, que elas sejam compatíveis.

Observações complementares

Pode existir, e existe, uma distância entre o objeto da pesquisa e as questões da prática. O que é acionado, transferido para o dispositivo pelo sujeito, não é necessariamente isomórfico ao objeto da pesquisa. Um sujeito deprimido, por exemplo, não coloca necessariamente a sua depressão no centro da transferência para o dispositivo; é possível que ela seja gerada noutro lugar que não no espaço terapêutico – por exemplo, em sua relação de casal, nesse ou naquele traço de comportamento em seu local de trabalho, ou em algumas adjacências do dispositivo (instituições, interstício do enquadre etc.). A questão é também a de saber se o dispositivo desenvolvido é congruente com o objeto da pesquisa; isso não é evidente e deve ser examinado em detalhe.

Na prática, a existência de uma pesquisa organizada como tal funciona como um ponto de contratransferência específico. Isso não é mais tão verdadeiro se a prática for "focal", isto é, se o dispositivo é explicitamente centrado no objeto da pesquisa: por exemplo, as terapias "focais" ou várias terapias institucionais explicitamente centradas no sintoma.

Mas de uma maneira geral o dispositivo não é necessariamente "atrator" do objeto da pesquisa, ele tem sua dinâmica própria.

Uma maneira de exercitar essa dificuldade é a análise cuidadosa do modo de relação que o sujeito mantém com o dispositivo. Há sempre uma autossimbolização da relação com o dispositivo no seio do processo que nos informa sobre a relação que o sujeito mantém com o dispositivo e, portanto, informa-nos sobre a utilização que podemos fazer do material que ali se exprime.

Alguns modelos de pesquisas clínicas

Eu gostaria de evocar, para continuar minha reflexão, alguns modelos possíveis para as pesquisas clínicas.

Uma primeira maneira de proceder, que me contento com indicar, seria tentar partir dos trabalhos que os clínicos reconhecem como contribuições consequentes ao *corpus*, isto é, fazer uma pesquisa "*après-coup*". Tratar-se-ia, então, de encontrar, dentro da comunidade dos clínicos, o que ela "retém" da evolução da clínica da prática ou da teoria, o que amplia o seu "desenvolvimento" – se não se quer engajar a questão de um "progresso" – ou condiciona a sua evolução paradigmática, o seu ponto de partida. Partiríamos, então, menos do próprio percurso de pesquisa – concebido como um percurso deliberado – do que da constatação de uma "descoberta" clínica ou teórica para refletir suas condições de possibilidade. É a clássica "revisão", mas centrada na evolução paradigmática e em sua razão.

Nessa perspectiva, a pesquisa não é mais considerada oriunda de um percurso dado como tal de imediato, mas, num modelo mais conforme ao pensamento clínico, ela é reconhecida "*après-coup*" como tal. Uma prática clínica singular descobre, *après-coup*, suas questões de pesquisa clínica ou metapsicológicas; ela descobre que contribuiu para a "exploração" de uma parte do campo clínico.

Poderíamos engajar, assim, uma reflexão sobre as características comuns das grandes obras marcantes dos clínicos, as que tiveram, *après-coup*, um efeito de "descoberta" – logo, retroativamente, de "pesquisa" ou de exploração.

Esse percurso parte de um ponto de vista muito diferente da abordagem habitual. Ele tenta pensar como os clínicos que "trouxeram" uma contribuição consequente e reconhecida procederam; examinar se é possível destacar algumas características do seu percurso e, caso seja, portanto, fazer avançar uma concepção da pesquisa "em" clínica. Por "contribuição consequente" eu entendo ou descrições originais e heurísticas de certos quadros clínicos, ou modelos – ou partes de modelos – de certos funcionamentos psíquicos que contribuíram sensivelmente para promover ou infletir uma evolução paradigmática. Faço do reconhecimento pela comunidade dos clínicos o critério, um dos primeiros critérios da "pesquisa" em clínica: da pesquisa "clínica" e da pesquisa sobre os modelos de inteligibilidade.

Um percurso como tal parte de uma reflexão sobre o existente para tentar destacar disso linhas de forças, de características; para tentar extrair da prática de "pesquisa" (ou, melhor ainda, de "descoberta") "espontânea" dos clínicos os princípios que se mostraram eficazes. Parece-me que um percurso como esse implica partir da questão da contratransferência; ou, antes mesmo, da maneira como, necessariamente, toda clínica verdadeira continua sua "exploração" pessoal da vida psíquica por meio de sua prática clínica – ou, para permanecer modesto, de alguns aspectos desta.

Partir da contratransferência redunda, primeiro, em aceitar a ideia de que o fundamento da prática clínica deve ser procurado na tensão que se estabelece entre o fato de que a prática clínica é, ao mesmo tempo, uma profissão exercida pelos clínicos e a oportunidade (e a imposição) para eles de prosseguir com sua exploração clínica pessoal. As "clínicas de pesquisa", as "explorações" clínicas fecundas são aquelas nas quais, a propósito de um "momento transferencial" particular, da confrontação com um tempo de "situação-limite" da prática, o clínico encontra um ponto desconhecido, inexplorado de seu percurso pessoal – ou não totalmente apropriado deste. Ele é levado a avançar para além da inteligibilidade à qual havia chegado até então. É esse ponto de transferência, encontrado a partir de uma questão que se dá como contratransferência – isto é, que se encontra a partir da prática clínica –, que inicia um percurso de pesquisa. Ele não é tudo, nem a *ultima ratio* dessa pesquisa: é o seu ponto de partida.

O que vai caracterizar o destino desse processo é a natureza do que vai ser colocado em jogo para a exploração dessa zona de sombra e do seu futuro. Ela pode permanecer íntima; o clínico, por conta própria e pela de seu paciente, explora um ponto impensado de sua própria história subjetiva, um ponto de entrave de sua concepção do trabalho clínico; ele ultrapassa essa dificuldade para si próprio e para seu paciente. Um trabalho como esse tem efeitos de descoberta para o clínico; ele pode permanecer privado, ser simplesmente a maneira pela qual o clínico se apropriou de um quinhão da realidade psíquica.

Felizmente para todos, pode-se imaginar que a coisa é frequente e que ela não implica necessariamente publicação, a menos que o clínico sinta a necessidade de dar a conhecer a boa nova do seu aprofundamento pessoal da clínica.

A conjuntura já é diferente quando o ponto de dificuldade encontrado não é somente o da contratransferência específica do clínico, mas entra em ressonância com um dos entraves clínicos ou teóricos do trabalho na comunidade dos clínicos, e o clínico empreende a transferência da sua experiência clínica singular no campo da metapsicologia, ele produz o trabalho teórico necessário para comunicar o vívido da sua exploração e inscrevê-lo no campo problemático das concepções em debate. A retomada da experiência clínica singular adquire, então, uma nova função: ela não é mais somente exploração "clínica" particular, ela começa a conquistar o estatuto de uma "contribuição" que ganha lugar no seio de uma história, ela começa a adquirir o estatuto de uma "pesquisa". Ela é a sua isca.

Ela só se torna "pesquisa" de verdade caso se comprometa, a partir desse ponto, com o trabalho necessário para destacar a forma genérica, o modelo exportável para além da clínica singular da qual é oriunda, e para que possa encontrar um meio de se terceirizar.

O que significa que uma confrontação com outras experiências clínicas – ou outros modelos de inteligibilidade – da mesma configuração psíquica é, então, necessário. Freud, ao que me parece, não procedia de outro modo. Uma das dificuldades da "pesquisa clínica" surge nesse ponto, nessa necessidade da confrontação clínica. Pode ser que o acaso da experiência forneça ao clínico uma série de configurações transferenciais próximas desta que está na origem da sua exploração e que ele próprio possa, então, operar o trabalho de comparação necessário. Ou ainda que a literatura lhe forneça os contrapontos clínicos indispensáveis para efetuar o trabalho de destacamento necessário à confrontação ou à modelização da sua experiência. Os congressos e encontros de clínicos têm como função, sem dúvida, tentar favorecer essa terceirização da experiência. Mas essas modalidades de trabalho, sem dúvida as mais difundidas entre os clínicos, como se pode constatar no enunciado dos seus percursos, permanecem aleatórias em sua "bricolagem" pessoal – no sentido de Lévi-Strauss –, e é sem dúvida um dos fatores que refreiam a criatividade das pesquisas clínicas.

Um dispositivo de pesquisa clínica: o seminário de intervisão

Gostaria de terminar – isso que não passa, em suma, de uma introdução da questão da articulação clínica/pesquisa que passa por uma "clínica da pesquisa" – com a evocação de um de meus dispositivos de pesquisa pessoal.

Por direito, não importa qual dispositivo prático suficientemente formalizado em seu dispositivo e em seu material é potencialmente utilizável como dispositivo de pesquisa clínica; contudo, alguns dispositivos facilitam o trabalho de pesquisa ou tornam mais fáceis sua formalização e seus resultados. É o caso, por exemplo, dos dispositivos de supervisão, e em particular quando estes são conduzidos com certa homogeneidade de problemática clínica – por exemplo, um grupo de supervisão da clínica de sujeitos apresentando uma anorexia grave, ou comportamentos delinquentes sexuais, ou uma sintomatologia autística etc.

A meu ver, o que faz a unidade dos seminários de pesquisa pela supervisão que vou evocar compete a uma série de traços homogêneos. Trata-se de grupos de clínicos reconhecidos para os quais as questões da formação primeira estão suficientemente ultrapassadas. Os casos evocados são, todos eles, casos que apresentam dificuldades que autorizam uma prática de "exploração clínica"; eles colocam em xeque – pelo menos em parte – os modos de intervenção "clássicos", isto é, transmitidos pela formação clínica de base. Esses casos apresentam ou mobilizam, na maior parte do tempo, aquilo que propus chamar de uma "situação-limite" da prática clínica psicanalítica; eles se referem ao encontro clínico com problemáticas narcísico-identitárias. Eis o seu dispositivo.

Um grupo de clínicos – grupo de sete ou oito participantes – se reúne na minha presença por iniciativa própria, por apresentarem pedido e interesse pela exploração de sua prática clínica em "seminário de grupo de intervisão", para evocar os tratamentos que apresentam dificuldades particulares do tipo "situações-limite" da psicanálise, ou ainda outros tipos de dificuldades clínicas relacionadas.

É frequente que os "casos" sejam apresentados depois de vários anos de trabalho clínico, e a apresentação ao grupo tende a se efetuar "tipicamente" em três tempos globalmente detectáveis e cuja heurística foi sendo, ao longo do tempo, destacada.

Clínica do caso

Num primeiro tempo, a história do sujeito, como o encontro clínico anterior permitiu reconstruir, é apresentada ao grupo. Descobrem-se aí os dados de base da história do sujeito, dos seus pais e dos principais objetos com os quais ele teve de construir sua identidade psíquica; os grandes "acontecimentos" da sua vida e os fatos "significativos" da sua história; o que ele conserva na memória, lembranças, lembranças encobridoras...

O clínico é assim levado a efetuar um trabalho de extração, de retomada e de síntese de um conjunto de "fatos" compilado nas entrevistas preliminares e no decorrer do tratamento, organizado no relato de uma história clínica. É bem claro que a *clínica do caso*, assim elaborada, é o fruto do estado do trabalho clínico em curso; que ela depende do estado da transferência e do da contratransferência; que ela permite que nos familiarizemos com a "teoria" que o clínico construiu para si da vida psíquica do sujeito e daquela que este lhe transmitiu. É uma "teoria" da clínica desse paciente para o clínico. Um primeiro trabalho do seminário de pesquisa/supervisão se efetua, então; ele incide no que se destaca, assim, da "clínica do caso" apresentado, tanto na clínica do próprio caso, na representação do sujeito que ela coloca em cena, quanto nas particularidades da "construção" desta pelo analista.

Clínica do processo

Em seguida passa-se para uma apresentação daquilo que eu ficaria tentado a chamar de "clínica do processo" – as primeiras entrevistas, os tempos fortes do tratamento e do processo de encontro, os "momentos da transferência" e da "contratransferência" –; as dificuldades que o processo apresenta são descritas pelo clínico. Uma clínica dos problemas do encontro clínico é elaborada grupalmente, as hipóteses do clínico em relação à clínica transferencial, aquelas que ele foi levado a forjar para si durante o tempo de tratamento, aquelas que ele pôde explorar concretamente no trabalho clínico são apresentadas e retrabalhadas no grupo que também elabora, assim, uma segunda representação do "caso", sempre a partir do trabalho de retomada do clínico que está apresentando, ainda que dessa vez se trate da clínica do processo. Uma confrontação dos diferentes pontos de vista, mais especificamente sobre o encontro clínico, pode então se efetuar no grupo de intervisão.

Clínica da sessão

Depois, as sessões mais "significativas" do último mês são relatadas o mais próximo possível do "palavra por palavra" ou do "gesto por gesto", assim como as intervenções e o estilo então adotados pelo clínico que está apresentando. Uma "clínica da sessão ou do encontro" e uma "clínica da intervenção" começam a ser então apreensíveis com o auxílio de um tipo de material como esse. As modalidades associativas do sujeito, seu modo de fala ou sua maneira de se comportar, seu modo de ser no corpo, no decorrer da sessão, o impacto específico do seu modo de transferência e da resposta que o clínico lhe propõe podem ser aprendidos em seu jogo recíproco (inter-*play*).

A distância de trabalho entre as representações oriundas da "clínica do caso", *aquelas* oriundas da "clínica do processo" e *aquelas* que resultam da "clínica de sessão" *são postas* para serem trabalhadas no grupo de intervisão.

A elaboração grupal desemboca na tentativa de explorar "virtualmente", como "experiências de pensamento", diferentes modelos de inteligibilidade do processo em curso e diferentes tipos de intervenção no decorrer da sessão. Eventualmente, uma metapsicologia das cadeias associativas das sessões ou uma metapsicologia das modalidades interpretativas do tipo de estado psíquico no centro da constelação transferencial apresentada são esboçadas. Tampouco é raro que se engaje uma reflexão sobre a "clínica da teoria" que se encontrou de fato implicada pela clínica engajada.

Por volta de um mês depois o seminário retoma o fio das sessões do mês transcorrido desde o último encontro para efetuar um trabalho de avaliação e de ajustamento clínico e técnico a partir do efeito mensurável do trabalho de intervisão efetuado no mês anterior. Acontece, então, que uma "clínica do trabalho psicanalítico" – em seus aspectos clínicos, técnicos, até mesmo metapsicológicos – possa, ela mesma, ser vislumbrada a partir do que a avaliação e o ajustamento evidenciam.

A esse tempo de agrupamento se juntam, para aqueles que estão prontos para investir o tempo e a energia necessários, um tempo de retomada solitário dos processos assim executados e das implicações teóricas ou clínicas que puderam se destacar pelo caminho. É nesse tempo que um trabalho de modelização teórico-clínica pode ser empreendido.

Esse dispositivo de trabalho é complexo, ele convoca diferentes observações; vou me contentar em esboçar algumas.

O apoio grupal e a reflexão que o tempo coletivamente consagrado a cada um dos tratamentos possibilitam permitem frequentemente que o clínico que está apresentando explore hipóteses de trabalho, modalidades de intervenção, esquemas de pensamento que ele recusaria investir se estivesse sozinho. O seminário oferece simultaneamente uma escuta terceira e plural graças à qual o clínico pode aceitar interrogar novamente a sua "teoria pessoal" do paciente e da prática clínica; ele pode, assim, aceitar se aventurar para além dos caminhos batidos que a sua formação, e as particularidades dela, já lhe permitiram percorrer. As situações clínicas apresentadas são, na maior parte do tempo, escolhidas em função do fato de que apresentam dificuldades particulares, de que colocam em xeque a prática corrente do clínico e implicam uma "exploração" clínica particular. Elas solicitam inevitavelmente a criatividade do analista e, não menos inevitavelmente, as angústias específicas deste, que aventura a sua prática num trabalho psicanalítico ainda em parte desconhecido por ele.

A apresentação clínica vai muito além das clássicas vinhetas clínicas habitualmente propostas nos seminários ou nos artigos, ela é necessariamente aprofundada em seus múltiplos aspectos, ela cruza diferentes facetas do encontro clínico, diferentes "prismas" de escuta.

A "clínica do caso" propõe uma distância e uma representação defasada em relação à "clínica do processo", centrando-se no próprio movimento do tratamento e na história do encontro clínico; uma e outra são, elas próprias, distintas da "clínica de sessão" e da escuta fina das associações "palavra por palavra". Essa variação do "calibre" da escuta clínica coloca em evidência particularidades clínicas; ela exercita a própria escuta clínica e os seus implícitos – que contribui para tornar manifestos. Mas, do lado dessa primeira fonte de variação e do interesse das diferenças que ela põe em jogo, a escuta de um grupo de clínicos, que apresentam suficientemente diferenças em suas referências teóricas ou técnicas, produz um efeito de escuta "plural" que ilumina, com a sua complexidade, a própria complexidade da clínica.

Do ponto de vista do interesse "por uma pesquisa", esse dispositivo apresenta diferentes vantagens que apenas poderei esboçar nos limites da minha presente proposta.

O tempo de retomada e de reflexão "grupal" se dá *après-coup*, ele está desconectado do próprio tempo da prática; ele não interfere nela, ao menos num primeiro momento. A distância teórico-prática é respeitada tanto quanto possível por essa dissociação. O trabalho não está centrado num tema de pesquisa sobre uma problemática particular como os efeitos de "sedução" que uma prévia como essa implica na escuta. A análise é escutada "por si mesma".

O clínico que apresenta não está em posição de "formado". E se, é claro, a reflexão grupal tem um impacto em sua prática, ele permanece o "único mestre" a bordo desta; ele "decide" utilizar o que lhe parece útil. De fato, a maior parte do tempo o trabalho de seminário produz um efeito de elaboração coletiva "a muitas vozes" e age a partir dessa elaboração coletiva. Um mês depois da apresentação, os efeitos desta e da elaboração do seminário são "avaliáveis" a partir das modificações do material de sessão produzido. De certa maneira, e para dizê-lo trivialmente, pode-se avaliar "se isso funciona" e o que funciona, e realizar os ajustes necessários ao prosseguimento do trabalho da análise. As hipóteses de trabalho são, assim, incessantemente ajustadas em função dos efeitos considerados como indicadores de sua pertinência.

Na prática corrente, um clínico só pode conduzir alguns tratamentos de "exploração" ou de "pesquisa"; a sua experiência clínica e, consequentemente, as possibilidades de comparação indispensáveis permanecem limitadas por conta disso. Ele só trabalha de uma única maneira, aquela na qual foi formado e da qual se apropriou. O seminário lhe permite descobrir outras maneiras de compreender e interpretar uma dada clínica de sessão – o que, no mínimo, põe para "trabalhar" os seus modelos do trabalho clínico, a sua "transferência" com a prática clínica.

Evidentemente podemos nos contentar em utilizar os "seminários de intervisão" como meras ferramentas de formação pessoal; eles apresentam um grande interesse nesse nível, mas me parecem fornecer a possibilidade e o material para uma verdadeira pesquisa clínica.

Um determinado número de questões, centrais na prática clínica de hoje, também está operando, e isso "transversalmente" em diferentes escolas ou correntes da prática clínica: pertinência e limites da intervenção sistematicamente centrada no aqui-agora da sessão; lugar do material "sexual" na dinâmica do processo *versus* os traumatismos "narcísicos"; sentido e função da problemática da separação na economia do tratamento; problemática do trabalho sobre as zonas traumáticas e os estados psíquicos pós-traumáticos; elaboração da destrutividade no decorrer do tratamento; efeitos da confusão eu/não eu nos aspectos narcísicos da transferência etc. podem ser, assim, avaliados a longo prazo e numa situação em que os efeitos ideológicos das escolas de pensamento são reduzidos pelas imposições da clínica do caso e da clínica grupal.

Penso que um dispositivo como esse merece o nome de "pesquisa clínica", ainda que nenhum trabalho de avaliação estatística seja empreendido a propósito dos tratamentos evocados. A possibilidade de avaliar mês a mês o efeito do trabalho grupal intervisionado nos casos apresentados, de ir ajustando o estilo e o tipo de intervenção do clínico em função das singularidades da transferência do sujeito, respeita a epistemologia e a ética da clínica – ao mesmo tempo em que o dispositivo também permite transferir, de um caso a outro, os aprendizados e os modelos assim elaborados.

Considerou-se, até então, que a supervisão era um dispositivo cômodo para a formação de clínicos ou, eventualmente, para os casos em que uma dificuldade maior é encontrada na prática clínica. Uma concepção como essa implica que a prática clínica se ensina e que há um momento em que ela é conhecida e pode ser considerada adquirida "definitivamente". Não compartilho desse ponto de vista; a prática clínica só me parece concebível se for, ao mesmo tempo, uma prática de pesquisa permanente. Por outro lado, a constatação do interesse do grupo ou do seminário de pesquisa/supervisão para os clínicos e os tratamentos apresentados leva *a se perguntar se não é possível pensar que*, para os tratamentos nos quais a problemática narcísico-identitária ocupa a dianteira da cena (mas talvez isso ainda seja restritivo demais), o grupo de pesquisa-supervisão não é uma necessidade que deve ser incluída no próprio dispositivo prático.

Na universidade – no enquadre de seminários de doutorado que reúnem psicólogos clínicos e certos psiquiatras (eles, em sua maioria, têm uma experiência pessoal da psicanálise) – procedemos, da mesma maneira, a partir das práticas de "situações-limite ou extremas" dos diferentes clínicos presentes. As pesquisas clínicas sobre as anorexias graves das adolescentes acompanhadas em serviço hospitalar; sobre os delinquentes sexuais, até mesmo criminosos acompanhados em SMPR;[1] os indivíduos em situação de rua abordados nas calçadas; o acompanhamento no leito dos cancerosos ou operados cardíacos em serviço de reanimação; os grupos de crianças psicóticas acompanhadas em hospital-dia etc. podem ser, assim, "intervisionadas". É num modelo de trabalho como esse que foram "bricolados" os dispositivos de pesquisa e de prática que evoquei em meu capítulo consagrado à invenção ou à bricolagem de dispositivos.

---

1 Service Médico-Psychologique Régional [Serviço Médico-Psicológico Regional]. (N. R.)

Terminarei com a constatação segundo a qual a pesquisa clínica é, primeiro, assunto de psicanalistas e de clínicos, e, em seguida, assunto de todos os clínicos. Pensar a pesquisa clínica passa pela invenção de dispositivos de pesquisa específicos e permite apreender as práticas efetivas, para além das ideologias grupais; mas também forjar os conceitos metapsicológicos necessários para pensar as formas e figuras da psique que organizam as configurações transferenciais às quais – nos diferentes dispositivos nos quais eles intervêm – os clínicos são efetivamente confrontados.

Referências

Ainsworth, M. D. et al. (1978) *Patterns of Attachment: a Psychological Study of the Strange Situation*. Hillsdale, N.J: Lawrence Erlbaum Associates Publishers.

Alberini, C. (2005) "Mechanisms of memory stabilization: are consolidation and reconsolidation similar or distinct process?", *Trends in Neurosciences*, vol. 28, n. 1, pp. 51-6.

Alberini, C. (2010) La dynamique des représentations mentales. In: *Neurosciences et psychanalyse*, organizado por P. Magistretti e F. Ansermet (pp. 29-51). Paris: O. Jacob.

Ansermet, F., & Magistretti, P. (2004) *A chacun son cerveau: plasticité neuronale et inconscient*. Paris: O. Jacob, 2010.

American Psychiatric Association. (1995) *DSM IV. Manuel diagnostique et statistique des troubles mentaux*. (4ª ed., trad. fr.). Paris: Masson, 1996.

Anzieu, D. (1970) Éléments d'une théorie de l'interprétation. *Revue Française de Psychanalyse*, XXXIV, 5-6. Paris: PUF.

Anzieu, D. (1974) Le Moi-peau. *Nouvelle Revue de Psychanalyse, 8,* 195-209. Paris: Gallimard.

Anzieu, D. (1975a) *La résistance paradoxale. L'Inconscient et le Groupe*. Paris: Dunod.

Anzieu, D. (1975b) Le Transfert paradoxal. *Nouvelle Revue de Psychanalyse, 12*, 49-72. Paris: Gallimard.

Anzieu, D. (1976) L'enveloppe sonore du moi. *Nouvelle Revue de Psychanalyse, 13*, 161-179. Paris: Gallimard.

Anzieu, D. (1979a) La démarche de l'analyse transitionnelle en psychanalyse individuelle. In: *Crise, Rupture et dépassement* (pp. 184-215). Paris: Dunod.

Anzieu, D. (1979b) La psychanalyse au service de la psychologie. *Nouvelle Revue de Psychanalyse, 20*, 59-75.

Anzieu, D. (1987) *Les signifiants formels et le Moi-peau. Les enveloppes psychiques.* Paris: Dunod, pp. 1-22.

Anzieu, D. (2007) *Psychanalyse des limites.* Paris: Dunod.

Anzieu, D., Houzel, D. et al. (1987) *Les Enveloppes psychiques.* Paris: Dunod.

Ainsworth, M. (1974) *The secure base.* Nova York: J. Hopkins Univ.

Ainsworth, M. (1983) L'attachement mère-enfant. *Enfance, 1-2*, pp. 7-18.

Aulagnier, P. (1975) *La Violence de l'interprétation.* Paris: PUF.

Balier, C. (1988) *Psychanalyse des comportements violents.* Paris: PUF.

Balier, C. et al. (2005) *La violence en abyme.* Paris: PUF.

Barnes, M. (1973) *Un voyage à travers la folie.* Paris: Le Seuil.

Bateson, G. (1977) *Vers une écologie de l'esprit*, I e II. Paris: Le Seuil.

Beebe, B., & Lachmann, F. Infant Research and Adult Treatment, co-constructing interactions. The Analytic Press <www.analyticpress.com>.

Berger, M. (1987) *Pratiques des entretiens familiaux.* Paris: PUF.

Berger, M. (1997) *L'enfant et la souffrance de la séparation.* Paris: Dunod.

Berger, M. (2005) *L'Enfant instable.* Paris: Dunod.

Berthoz, A., & Jorland, G. (Orgs.) (2004) *L'empathie.* Paris: O. Jacob.

Berthoz, A. (2010) *La simplexité.* Paris: O. Jacob.

Bollas, C. H. (1989) L'objet transformationnel. *Revue Française Psychanalyse*, 4, pp. 1181-1199. Paris: PUF.

Bion, W. R. (1959) Attaques contre les liens. *Nouvelle Revue de Psychanalyse*, 25, 1982, pp. 285-298.

Bion, W. R. (1962a) Une théorie de l'activité de pensée. In: *Réflexion faite*, pp. 125-135, Paris: PUF, 1983.

Bion, W. R. (1962b) *Aux sources de l'expérience*. Paris: PUF, 1979.

Bion, W. R. (1963) *Éléments de la psychanalyse*. Paris: PUF, 1979.

Bion, W. R. (1967) *Réflexion faite*. Paris: PUF, 1983.

Bion, W. R. (1970) *L'Attention et l'Interprétation*. Paris: Payot, 1974.

Bleger, J. (1967) *Symbiose et ambiguïté*. Paris: PUF, 1981.

Bleger, J. (1988) Le groupe comme institution et le groupe dans les institutions. In: R. Kaës et al. (Org.) *L'institution et les institutions* (pp. 47-61). Paris: Dunod.

Bower, T. G. R. (1977) *Le Développement psychologique de la première enfance*. Bruxelas: Pierre Mardaga, 1978.

Bowlby, J. (1969) *Attachement et Perte*, vol. 1, *L'Attachement*. Paris: PUF, 1978.

Bowlby, J. (1973) *Attachement et Perte*, vol. 2, *La Séparation: angoisse et colère*. Paris: PUF, 1978.

Bowlby, J. (1980), *Attachement et Perte*, vol. 3, *La Perte: tristesse et dépression*. Paris: PUF, 1984.

Braunschweig, D., & Fain, M. (1975) *La nuit. Le jour*. Paris: PUF.

Brazelton, T. B. et al. (1978) Quatre stades précoces au cours du développement de la relation mère nourrisson. *La Psychiatrie de l'Enfant, XXIV*(2) pp. 397-418.

Brun, A. (2007) Médiations thérapeutiques et psychose infantile. Paris: Dunod. *Psychismes,* reed. revista e aumentada em 2010.

Brun, A. (2011) *Les médiations thérapeutiques*, coll. Érès ("Carnet psy").

Brun, A. (2012) La médiation thérapeutique du conte dans la psychose infantile et dans l'autisme. In: R. Kaës (Org.) *Contes et divans*, reed. 2012.

Bullinger, A. (2004) *Le développement sensori-moteur de l'enfant et ses avatars*. Paris: PUF.

Chabert, C. (1988) *Psychanalyse et méthodes projectives*. Paris: Dunod (Topos, 1998).

Chabert, C. et al. (1990) Évaluation des processus de changement au cours du traitement d'adolescents psychotiques. *La Psychiatrie de l'Enfant, 33*(1), pp. 189-285.

Chabert, C. (1994) La psychanalyse au service de la psychologie projective. In: R. Kaës et al. (Orgs.) *Les voies de la psyché*. Paris: Dunod.

Charreton, G. (2001) La manche, une quête d'un Domicile Fixe "dans l'autre" – Quelle méthode pour une démarche clinique dans la rue auprès de sujets S.D.F. ? –.

Ciavadini, A. et al. (1999) *Psychopathologie des agresseurs sexuels*. Paris: Masson.

Ciavadini, A. (2003) *Violences sexuelles. Le soin sous contrôle judiciaire*. Paris: In Press.

Corcos, M., Flament, M., Jeammet, P. (2004) *Les Conduites de dépendance*. Paris: Masson.

Corcos, M., & Speranza, M. (2003) *Psychopathologie de l'alexithymie*. Paris: Dunod.

Cosnier, J. (1998) *Le retour de Psyché*. Paris: Desclée de Brouwer.

Cramer, B., & Palacio-Espasa, F. (1993) *La Pratique des psychothérapies mères-bébés*. Paris: PUF.

Damasio, A. (1995) *L'Erreur de Descartes*. Paris: O. Jacob.

Damasio, A. (1999) *Le sentiment même de soi*. Paris: O. Jacob.

Damasio, A. (2003) *Spinoza avait raison*. Paris: O. Jacob.

Darwin, C. (1889) *L'expression des émotions chez l'homme et les animaux*. Paris: D. Férault, Rivage poche, 2001.

David, M. (1997) Activité spontanée et fonctionnement mental préverbal du nourrisson. In: *Que sont les bébés devenus*. Cahors: Érès.

David, M.; Appel, G. (1973) *Löczy ou le maternage insolite*. Paris: Le scarabée.

DEA de psychologie et psychopathologie clinique, Université Lumière Lyon 2, 81 páginas.

Decety, J. (2002) Naturaliser l'empathie. *L'Encéphale, 28*, pp. 9-20.

Decety, J. (2004) L'empathie est-elle une simulation mentale de la subjectivité d'autrui ? In: A. Berthoz, & G. Jorland (Orgs.) *L'empathie*. Paris: O. Jacob.

Decety, J.; Nadel, F. (Orgs.) (2002). *Imiter pour comprendre*. Paris: PUF.

Decety, J. et al. (1997) Brain activity during observation of actions. Influence of action content and subject's strategy. *Brain, 120*, pp. 1763-1777.

Decety, J. et al. (1999) Neural mechanisms subserving the perception of human actions. *Trends in Cognitive Sciences, 3-5*, pp. 172-1178.

Decety, J. et al. (2005) The social neuroscience of empathy. In: P. A. Lange (Org.) *Bridging social psychology: benefits of transdisciplinary approaches*. Nahwah, NJ: Lawrence Erlbaum As.

Denis, P. (1992) Emprise et théorie des pulsions. *Revue Française de Psychanalyse*, pp. 1297-1423. Paris: PUF.

Devereux, G. (1970) *Essais d'ethnopsychiatrie générale*. Paris: Gallimard.

Devereux, G. (1972) *Ethnopsychanalyse complémentariste*. Paris: Flammarion, 1985.

Devereux, G. (1980) *De l'angoisse à la méthode dans les sciences du comportement*. Paris: Flammarion.

Donnet, J.-L. (1985) Sur l'écart théorico-pratique. *Revue Française de Psychanalyse, 5*, pp. 1289-1307.

Donnet, J.-L. (1995) *Le divan bien tempéré*. Paris: PUF.

Donnet, J.-L. (2005) *La situation analysante*. Paris: PUF.

Donnet, J.-L.; Green, A. (1973) *L'enfant de ça*. Paris: Ed de Minuit.

Dornes, M. (2002) *Psychanalyse et psychologie du premier âge*. Trad. C. Vincent. Paris: PUF.

Dugnat, M. et al. (2001) *Comment observer un bébé avec attention ?* Ramonville Saint-Agne: Érès.

Edelman, G. (2004) *Plus vaste que le ciel: Une nouvelle théorie générale du cerveau*. Paris: O. Jacob.

Edrosa, M. (2005) Aux confins de l'originaire, sur l'autel des sacrifices: genèse de l'inhumanité psychique. In: C. Balier (Org.) *La violence en abyme*. Paris: PUF.

Erickson, E. H. (1950) *Enfance et société*. Genebra: Delachaux et Niestlé.

Erickson, E. H. (1968) *Adolescence et crise, la quête de l'identité*. Paris: Flammarion, 1972.

Faimberg, H. (1993a) Le Télescopage des Générations. In: *Transmission de la vie psychique entre générations*. Paris: Dunod.

Faimberg, H. (1993b) Le mythe d'OEdipe revisité. In: *Transmission de la vie psychique entre générations*. Paris: Dunod.

Fain, M. (1971) Prélude à la vie fantasmatique. *Revue Française de Psychanalyse, XXXV*(2-3), pp. 291-365.

Fain, M. (1990) Virilité et antihystérie. Les rouleurs de mécaniques. *Revue Française de Psychanalyse, 54,* 5.

Ferrant, A. (1993) Le psychaunaute: éléments pour une topique de l'écriture chez L.F. Céline. *Bulletin du Groupe Lyonnais de Psychanalyse*, 1994.

Ferrant, A. (2000) Logiques de survie et auto-organisation. In: *Souffrance psychique, souffrance sociale*. Bron: col. ORSPERE.

Ferrant, A.; Bonnet, V. (2003) Blessure narcissique et idéal du moi: la figure du vaillant petit soldat en psycho-oncologie. *Revue Francophone de Psycho-Oncologie, 2,* 3.

Ferenczi, S. (1929) L'enfant mal accueilli et sa pulsion de mort. In: *Psychanalyse (1927-1933)*, 4. Payot.

Fivaz-Depeursinge, E.; Corboz-Warnery, A. (1999) *The Primary Triangle. A Development System View of Mothers, Fathers and Infants*. Nova York: Basic Books.

Fonagy, P. (1999) La compréhension des états psychiques, l'interaction mère--enfant et le développement du self, *Devenir, 11(4)*, pp. 7-22.

Fonagy, P. (2004) *Théorie de l'attachement et psychanalyse*. Cahors: Érès.

Fraiberg, S. (1993) Mécanismes de défenses pathologiques au cours de la première enfance, *Devenir, 5(1)*, pp. 7-29.

Fraiberg, S. (1999) *Fantôme dans la chambre d'enfant*. Paris: PUF.

Freud, S. (1891) *Contribution à la conception des aphasies*. Paris: PUF, 1983.

Freud, S. (1895a) Esquisse pour une psychologie scientifique. In: *Naissance de la psychanalyse*. Paris: PUF, 1952.

Freud, S. (1895b) *Edição Standard Brasileira das Obras Psicológicas Completas de Sigmund Freud Volume II – Estudos sobre a Histeria (1893-1899)*. Rio de Janeiro: Imago, 2016.

Freud, S. (1896) Lettre du 6-12-1896. In: *Naissance de la psychanalyse*. Paris: PUF.

Freud, S. (1899) Sur les souvenirs-écrans. In: *Névrose, psychose et perversion*. Paris: PUF.

Freud, S. (1900) *L'interprétation des rêves*. Paris: PUF.

Freud, S. (1906-1908). *Minutes de la Société psychanalytique de Vienne I*. Paris: Gallimard/NRF, 1976.

Freud, S. (1907) Le créateur littéraire et la fantaisie. In: *L'inquiétante étrangeté et autres textes*. Paris: Gallimard.

Freud, S. (1909-1910) *Œuvres complètes*, tomo X. Paris: PUF.

Freud, S. (1911) Formulations sur les deux principes du fonctionnement mental. In: *Résultats, idées problèmes I*. Paris: PUF, e *OC*, vol. 11, 1911-1913. Paris: PUF, 1998.

Freud, S. (1913a) *Totem et Tabou*. Paris: Gallimard, e *OC*, vol. 11, 1911-1913. Paris: PUF.

Freud, S. (1913b) L'intérêt de la psychanalyse. *OC*, vol. 11, 1911-1913. Paris, PUF.

Freud, S. (1914a) L'homme aux loups. In: *Cinq psychanalyses*. Paris: PUF, 1992.

Freud, S. (1914b) Pour introduire le narcissisme. In: *La vie sexuelle*. Paris: PUF.

Freud, S. (1914-1915) *Œuvres complètes*, tomo XIII. Paris: PUF.

Freud, S. (1915a) Pulsion et destin des pulsions. In: *Métapsychologie*. Paris: Gallimard.

Freud, S. (1915b) Complément métapsychologique à la théorie du rêve. In: *Métapsychologie*. Paris: Gallimard.

Freud, S. (1915c) Deuil et mélancolie. In: *Métapsychologie*. Paris: collection Idées, Gallimard, 1978, pp. 147-174.

Freud, S. (1916) Criminels par sentiment de culpabilité. In: *L'inquiétante étrangeté et autres textes*. Paris: Gallimard.

Freud, S. (1917) Sur les transpositions de pulsion en particulier dans l'érotisme anal. In: *La vie sexuelle*. Paris: PUF, 1967.

Freud, S. (1919) *L'Inquiétante Étrangeté et Autres Textes*. Paris: Gallimard, 1985.

Freud, S. (1920) Au-delà du principe du plaisir. In: *Essais de psychanalyse*. Paris: Payot, 1983.

Freud, S. (1921-1923) *Œuvres complètes*, tomo XVI. Paris: PUF.

Freud, S. (1921) Psychologie des masses et analyse du moi. In: *Essais de psychanalyse*. Paris: Payot.

Freud, S. (1923-1925) *Œuvres complètes*, tomo XVII. Paris: PUF.

Freud, S. (1923) Le moi et le ça. In: *Essais de psychanalyse*. Paris: Payot.

Freud, S. (1924) Le problème économique du masochisme. In: *Névrose psychose et perversion*. Paris: PUF.

Freud, S. (1925a) La Négation. In: *Résultats, idées problèmes II*. Paris: PUF.

Freud, S. (1925b) Note sur le Bloc-notes magique. In: *Résultats, idées, problèmes II*. Paris: PUF, 1985, pp. 119-125.

Freud, S. (1926) *Inhibition, symptôme angoisse*. Paris: PUF, 1978.

Freud, S. (1929) *Malaise dans la civilisation*. Paris: PUF.

Freud, S. (1932) *Nouvelles conférences d'introduction à la psychanalyse*. Paris: Gallimard, PUF.

Freud, S. (1937a) L'analyse avec fin et l'analyse sans fin. In: *Résultats, idées, problèmes*. Paris: PUF.

Freud, S. (1937b) Constructions dans l'analyse. In: *Résultats, idées, problèmes*. Paris: PUF.

Freud, S. (1938) Le clivage du moi dans le processus de défense. In: *Résultats, idées, problèmes*. Paris: PUF.

Freud, S.; Weiss, E. (1975) *Lettres sur la pratique psychanalytique*. Paris: Privat.

Frith, C. D. (1992) *Neuropsychologie cognitive de la schizophrènie*. Trad. B. Pachoud; C. Bourdet. Paris: PUF, 1996.

Frith, C. D. (1992) *The cognitive neuropsychology of schizophrenia*. Hove: Lawrence Erlbaum.

Frith, C. D. (1996) The role of the prefrontal cortex in self-consciousness: the case of auditory hallucinations. *Phil Trans R Soc Lond B, 351*, pp. 1505-1512.

Gallese, V., & Goldman, A. (1998) Mirror neurons and the simulation theory of mind-reading. *Trends in Cognitive Science, 2*, pp. 493-501.

Georgieff, N. (2000) Neuropsychopathologie cognitive sociale de l'action: apport à l'étude des symptômes positifs de la schizophrénie. *Intellectica, 2*(31), 191-225.

Georgieff, N. (2005) Pour un échange en psychanalyse et sciences de l'esprit. *L'Evolution Psychiatrique, 70*(1), pp. 63-85.

Georgieff, N.; Jeannerod, M. (1998) Beyond consciousness of external reality. A conceptual framework for consciousness of action and self consciousness. *Consciousness and Cognition, 7*, pp. 465-477.

Georgieff, N., Jeannerod, M. et al. (1998) Approche expérimentale des anomalies d'attribution de l'action chez les schizophrènes. *L'Encéphale*, pp. 113-118.

Gergely, G. (2003) Naissance de la capacité de régulation des affects. In: *Prendre soin du jeune enfant*. Érès.

Gibeault, A. (1989) Destins de la Symbolisation. *Revue Française de Psychanalyse*, 6, pp. 1517-1678.

Godfrind, J. (1992) *Le double courant du Transfert*. Paris: PUF.

Golse, B. (2006) *L'être bébé*. Paris: PUF.

Gori, R. (1996) *La preuve par la parole. Sur la causalité en psychanalyse*. Paris: PUF, 2001.

Green, A. (1970) Répétition, différence, replication. *Revue Française de Psychanalyse*, 3. Paris: PUF.

Green, A. (1973a) On negative capability, a critical review of W R Bion's attention and interpretation. *Internationnal Journal of Psychoanalysis*, 54, pp. 115-119.

Green, A. (1973b) *Le discours vivant*. Paris: PUF.

Green, A. (1974) L'analyste, la symbolisation et l'absence. *Nouvelle Revue de Psychanalyse*, 10, pp. 225-252. Paris: Gallimard.

Green, A. (1976) Un, Autre, Neutre: valeurs narcissiques du même. *Nouvelle Revue de Psychanalyse*.

Green, A. (1977) *La dynamique de l'examen psychologique*. Paris: Bordas, 1977.

Green, A. (1983) *Psyché*. Paris: PUF.

Green, A. (1984) *Le langage dans la psychanalyse*. Paris: Les Belles Lettres.

Green, A. (1987) *Entre blessure et cicatrice*. Champ-Vallon.

Green, A. (1988) La pulsion et l'objet, préface à Brusset. *Psychanalyse du lien*. Paris: Le Centurion, pp. I-XX.

Green, A. (1990) La folie Privée. *Psychanalyse des cas limites*. Paris: Gallimard.

Green, A. (1992) *La déliaison*. Paris: Les Belles Lettres.

Green, A. (1993) *Le travail du Négatif.* Paris: Ed. de Minuit.

Green, A. (1999) Sur la discrimination et l'indiscrimination affect-représentation. *Revue Française de Psychanalyse, LXIII*(1), pp. 217-272. Paris: PUF.

Green, A. (2000a) *La diachronie en psychanalyse.* Paris: Ed de Minuit.

Green, A. (2000b) La position phobique centrale. *Revue Française de Psychanalyse, 64*(3), pp. 743-771.

Green, A. (2000c) *Le temps éclaté.* Paris: Ed de Minuit.

Green, A. (2002) *La Pensée clinique.* Paris: O. Jacob.

Guillaumin, J. (1973) Culpabilité, honte et dépression. *Revue française de psychanalyse, XXXVIII*(5-6), pp. 983-1006.

Gutton, P. (1991) *Le Pubertaire.* Paris: PUF.

Gutton, P. (1996) *Adolescent.* Paris: PUF.

Haag, G. (1985) De l'autisme à la schizophrénie chez l'enfant. *Topique, 35-36*, pp. 47- 66.

Haag, G. (1995) Composantes autistiques d'un groupe et leurs transformations au regard du cadre et du dispositif. In: P. Privat; F. Sacco (Orgs.) *Groupes d'enfants et cadre psychanalytique.* Cahors: Érès.

Haag, G., Tordjman, S. et al. (1995) Grille de repérage clinique des étapes évolutives de l'autisme infantile traité. *La Psychiatrie de l'Enfant, XXXVIII*(2), pp. 495- 527.

Hays, M.-A. (2004) Le temps du bébé: soutien de l'accordage primaire et prévention de la dépression maternelle précoce du post-partum. *Devenir, 16*, pp. 17-44.

Hebb, D. (1949) *The organization of behavior.* Nova York: Wileys and Son.

Hochmann, J. (1971) *Pour une psychiatrie communautaire.* Paris: Le Seuil.

Honneth, A. (2000) *La Lutte pour la reconnaissance.* Paris: Cerf.

Hopkins, J. (1987) Échec du « holding ». Quelques effets du rejet physique sur l'attachement de l'enfant et sur son expérience interne, *Devenir, 4*, 1992, pp. 49-67.

Hopkins, J. (1990) L'enfant observé de la théorie de l'attachement. *La Psychiatrie de l'enfant, XXXIX*, fasc. 1, 1996, pp. 41-62.

Israel, P. (1993) Interpréter, l'interprétation, effets de style, création de sens. *Revue Française de Psychanalyse, 1*, pp. 55-66.

Jacques, E. (1955) La mort et la crise du milieu de la vie. *International Journal of Psychoanalysis*, 1965.

Janin, Cl. (1990) L'empiétement psychique. In: *La psychanalyse, questions pour demain*, Monographies de la Revue française de psychanalyse. Paris: PUF.

Janin, Cl. (1996) *Figures et destins du traumatisme*. Paris: PUF.

Jeammet, P.; Corcos, M. (2005) *Évolution des problématiques à l'adolescence*, 2ª ed. Ruel-Malmaison: Doin.

Jeannerod, M. & Georgieff, N. (2000) Psychanalyse et science(s). *Encyclopédie médico-chirurgicale, psychiatrie*, pp. 37-811-A-30. Paris: Elsevier.

Jorland, G. (2004) L'empathie: histoire d'un concept. In: A. Berthoz; G. Jorland (Org.) *L'Empathie* (pp. 19-49). Paris: O. Jacob.

Kaës, R. (1978) *L'étayage multiple du psychisme*. Inédito, Biblioteca do CRPPC, Lyon 2.

Kaës, R. (1989) *Le Négatif, figures et modalités*. Paris: Dunod.

Kaës, R. (2000) *L'appareil psychique groupal*. Paris: Dunod.

Kandel, E. R. (1999) Biology and the future of psychoanalysis: A new intellectual framework for Psychiatry revisited. *American Journal of Psychiatry, 156*, pp. 505-524.

Klein, M. (1950) *Essais de psychanalyse*. Paris: Payot, 1984.

Klein, M. (1957) Envie et gratitude. In: *Envie et Gratitude et Autres Essais*. Paris: Gallimard, 1984, pp. 11-93.

Klein, M. (1961) *Psychanalyse d'un enfant*. Paris: Tchou, 1973.

Kohut, H. (2004) Le Soi: la psychanalyse des transferts narcissiques. Paris: PUF ("Le fil rouge").

Lacan, J. (1966) *Écrits*. Paris: Seuil.

Lagache, D. (1952) Le problème du transfert. In: *Œuvre complete*, tomo III, 1952-1956. Paris: PUF.

Laplanche, J. (1981) *Problématique. IV. L'Inconscient et le Ça*. Paris: PUF.

Laplanche, J. (1987a) *Nouveaux fondements pour la Psychanalyse*. Paris: PUF.

Laplanche, J. (1987b) *Le baquet, transcendance du transfert. Problématiques V*. Paris: PUF.

Laplanche, J. (1992) *La révolution copernicienne inachevée*. Paris: Aubier.

Lavallée, G. (1999) *L'enveloppe visuelle du Moi*. Paris: Dunod.

Lebovici, S. (1980) L'expérience du psychanalyste chez l'enfant et chez l'adulte devant le modèle de la névrose infantile et de la névrose de transfert. *Revue Française de Psychanalyse, n. spécial congrès*, 44(5-6), pp. 733-857. Paris: PUF.

Lebovici, S. et al. (1989) *L'Évaluation des interactions précoces entre le bébé et ses partenaires*. Paris: Eshel/Genebra: Médecine et hygiène.

Ledoux, J. (2005) *Le cerveau des émotions*. Paris: O. Jacob.

Le Guen, C. (1982) *Pratiques de la méthode psychanalytique*. Paris: PUF.

Le Guen, C. (1989) *Théorie de la méthode psychanalytique*. Paris: PUF.

Lewin, B. (1972) *L'écran du rêve*. N.R.P. 5, Paris: NRF.

Little, M. (1991) *Des états limites*. Paris: Des femmes.

MacAlpine, I. (1950) L'évolution du transfert. *Revue Franç. Psychanalyse 1972*, 36(3), pp. 445-474.

MacDougall, J. (1978) *Plaidoyer pour une certaine anormalité*. Paris: Gallimard.

MacDougall, J. (1982) *Théâtres du je*. Paris: Gallimard.

MacDougall, J. (1986) Un corps pour deux. In: J. MacDougall et al. (Orgs.), *Corps et Histoire*. Paris: Les Belles Lettres, pp. 9-43.

MacDougall, J. (1989) *Théâtres du corps*. Paris: Gallimard.

Magistretti, P.; Ansermet, F. (2004) *À chacun son cerveau: plasticité neuronale et inconscient*. Paris: O. Jacob.

Main, M. et al. (1985) Security in Infancy, Childhood and Adulthood: a Move to the Level of Representation. *Monographs of the Society for Research in Child Development, 50* (1–2 serial 209), pp. 66-104.

Main, M.; Stadtman, J. (1981) Infant Response to Rejection of Physical Contact by the Mother: Aggression, Avoidance and Conflict. *Journal of Child Psychiatry, 20*, pp. 292-307.

Mathieu, M. (1977) Dont acte. In: D. Anzieu (Org.) *Psychanalyse et langage*. Paris: Dunod.

Milner, M. (1977) Le rôle de l'illusion dans la formation du symbole. *Revue Française de Psychanalyse, 5-6*, pp. 844-874. Paris: PUF.

Misès, R. et al. (2002) Une nouvelle édition de la classification française des troubles mentaux de l'enfant et de l'adolescent: la CFTMEA R-2000. *Neuropsychiatrie de l'enfance et de l'adolescence, 50*(4), pp. 233-261.

Morin, E. (1990) *Introduction à la pensée complexe*. Paris: ESF.

Mottron, L. (2004) *L'autisme, une autre intelligence*. Bruxelas: Mardaga.

Nadel, J.; Butterworth, G. (1999) *Imitation in infancy*. Cambridge, Londres: Cambridge University Press.

Nadel, J. (1992) Imitation et communication. Un abord comparatif de l'enfant pré-langagier et de l'enfant autiste. In: Hochmann, Ferrari et al. (Orgs.) *Imitation, Identification chez l'enfant autiste*. Paris: Bayard Éditions, pp. 79-104.

Parat, C. (1995) *L'affect partagé*. Paris: PUF.

Pasche, F. (1988) *Le sens de la psychanalyse*. Paris: PUF.

Pasche, F. (1999) *Le passé recomposé*. Paris: PUF.

Piaget, J. (1978) *La Formation du symbole chez l'enfant*. Paris: Delachaux et Niestlé.

Pinol-Douriez, M. (1984) *Bébé agi-Bébé actif: l'Émergence du symbole dans l'économie interactionnelle*. Paris: PUF.

Ponge, F. (1961) Le Soleil placé en abîme. In: *Pièces*. Paris: Gallimard.

Prat, R. (2007) *Responsable mais pas coupable*. Cahors: Érès.

Racamier, P.-C. (1993) *Le Génie des Origines*. Paris: Payot.

Ravit, M. (2005) L'extrémité du désir: le désir d'être et l'espace du désir. *Cahiers de Psychologie Clinique, 24*.

Richard, F. (1999) Le *Squiggle* pâte à modeler: quand il nous faut mettre la main à la pâte de la symbolisation. *Neuropsychiatr Enf Adolesc, 47*, pp. 398-402.

Rizzolatti, G.; Arbib, M. A. (1998) Language within our grasp. *Trends in Neurosciences, 21*(5), pp. 188-194.

Rizzolatti, G.; Fadiga, L.; Gallese, V.; Fogassi, L. (1996) Premotor cortex and the recognition of motor actions. *Cognitive Brain Research, 3*, pp. 131-141.

Rizzolatti, G.; Fadiga, L.; Gallese, V. (2001) Neurophysiological mechanisms underlying the understanding ad imitation of action. *Nature Reviews Neuroscience, 2*, pp. 661-670.

Rochat, P. (2006) *Le monde des bébés*. Paris: O. Jacob.

Roos, C. (2004) Être à l'écoute pour savoir entendre. In: *Vivre avec la maladie d'Alzheimer*. Paris: Fondation Médéric Alzheimer.

Rosenfeld, D. (1992) *Le patient psychotique*. Larmor-Plage: Éditions du Hublot, 2005.

Rosenfeld, H. (1976) *États psychotiques*. Paris: PUF.

Rosenfeld, H. (1987) *L'impasse et l'interprétation*. Paris: PUF, 1990.

Rosolato, G. (1978) *La relation d'inconnu*. Paris: Gallimard.

Roussillon, R. (1977) L'institution « environnement »: contribution à l'approche psychanalytique de l'institution. *Psychol Clin, 2*, pp. 3-33.

Roussillon, R. (1983a) Institution et intervention « psychanalytique » en institution. *Bull Psychol, XXXVII*(363), pp. 215-227.

Roussillon, R. (1983b) Le médium malléable, la représentation et l'emprise. *Revue Belge de Psychanalyse.*

Roussillon, R. (1987) Le débarras et l'interstice. In: R. Kaës, R. Roussillon et al., (Orgs.) *L'institution et les institutions (études psychanalytiques).* Paris: Dunod.

Roussillon, R. (1991) *Paradoxes et situations limites de la psychanalyse.* Paris: PUF.

Roussillon, R. (1992) *Du « baquet » de Mesmer au « baquet » de Freud.* Paris: PUF.

Roussillon, R. (1993) Séduction et altérité interne. *Revue Française de Psychanalyse, 2,* pp. 343-348.

Roussillon, R. (1995) La métapsychologie des processus et la transitionnalité. *Revue Française de Psychanalyse,* numéro spécial congrès.

Roussillon, R. (1997a) Activité projective et symbolisation. In: Roman P. (Org.), *Projection et symbolisation chez l'enfant.* Lyon: PUL.

Roussillon, R. (1997b) La fonction symbolisante de l'objet. *Revue Française de Psychanalyse, 2,* pp. 399-415. Paris: PUF.

Roussillon, R. (1998) The role of institutional setting in symbolization. In: *Psychoanalytic psychotherapy in institutional settings.* London: Karnac Books, 1998.

Roussillon, R. (1999) *Agonie, clivage et symbolisation.* Paris: PUF.

Roussillon, R. (2000a) Les enjeux de la symbolisation à l'adolescence. *Adolescence, Monographie ISAP Troubles de la personnalité troubles des conduites.* Aix-en-Provence: Georg.

Roussillon, R. (2000b) Pour une méthodologie clinique générale, CRPPC, Documento de pesquisa, Université Lumière-Lyon 2.

Roussillon, R. (2001) L'objet médium malléable et la conscience de soi. *L'Autre,* 2(2), pp. 241-254.

Roussillon, R. (2002) *Le plaisir et la répétition*. Paris: Dunod.

Roussillon, R. (2003) La séparation et la chorégraphie de la présence. In: *La séparation*. Cahors: Érès.

Roussillon, R. (2007) La représentance et l'actualisation pulsionnelle. *Rev Fr Psychanal*, LXXI(2-3), pp. 40-357.

Roussillon, R. (2008) Le langage du cadre et le transfert sur le cadre. Avancées de la psychanalyse. In P. Denis (Org.) *Monographie et débats de psychanalyse* (pp. 105-119). Paris: PUF.

Ruffiot, A. et al. (1981) *La thérapie familiale psychanalytique*. Paris: Dunod.

Sami, A. (2000) L'impasse relationnelle. *Temporalité et cancer*. Paris: Dunod.

Sandler, J. (1960) The Background of Safety. *The International Journal of Psycho-Analysis*, 41, pp. 352-356.

Searles, H. (1965) *L'Effort pour rendre l'autre fou*. Paris: Gallimard, 1977.

Searles, H. (1979) *Le contre-transfert*. Paris: Gallimard, 1979.

Segal, H. (1957) Notes sur la formation du symbole. *Revue Française de Psychanalyse*, XXXIV(4), pp. 685-696, 1970.

Shore, A. N. (2001a) Contribution from the decade of the brain to infant mental health. *Infant Mental Health Journal*, 22(1-2), pp. 1-270.

Shore, A. N. (2001b) Effects of a secure attachment relationship on right brain development, affect regulation, and infant mental health. *Infant Mental Health Journal*, 22(1-2), pp. 7-66.

Shore, A. N. (2001c) The effects of early relational trauma on right brain development, affect regulation, and infant mental health. *Infant Mental Health Journal*, 22(1-2), pp. 201-269.

Siegel, D. J. (1999) *The developing mind: toward a neurobiology of interpersonal experience*. Nova York: Guilford.

Siegel, D. J. (2001) Toward an interpersonal neurobiology of the developing mind: attachment relationships, "mindsight", and neural integration. *Infant Mental Health Journal*, 22(1-2), pp. 67-94.

Stern, D. (1983). *Le monde interpersonnel du nourrison*. Paris, PUF, 1989.

Stern, D. N. (1985) *Le Monde interpersonnel du nourrisson*. Paris: PUF, 1989.

Stern, D. N. (1993) L'enveloppe prénarrative. Vers une unité fondamentale d'expérience permettant d'explorer la réalité psychique du bébé. *Journal de la Psychanalyse de l'Enfant, 14*, pp. 13-65.

Stern, D. N. (1994) *Le journal d'un bébé*. Paris: Press-Pocket.

Trevarten, C.; Aitken, A. J. (1996) La fonction des émotions dans la compréhension des autres. *Cahiers du Cerfee,* (13), Université Montpellier 3, pp. 9-56.

Trevarten, C.; Aitken, A. J. (2001) Infant intersubjectivity: Research, Theory, and clinical applications. *J. Child. Psychol. Psychiat., 42*(1), pp. 3-48.

Trevarten, C.; Aitken, A. J. (2003) Intersubjectivité chez le nourrisson: recherche, théorie et application clinique. *Devenir, 4*(15), pp. 309-428.

Tronick, E. L., Weinberg, M. K. (1997) À propos des conséquences psychiques dela dépression maternelle sur la régulation émotionnelle mutuelle des interactionsmère-bébé, trad. fr. In: Mazet e Lebovici (Orgs), *Psychiatrie périnatale*. Paris: PUF, 1998, pp. 299-333.

Varela, F. (1989) *Connaître les Sciences cognitives*. Paris: Le Seuil.

Varela, F. (1993) *L'inscription corporelle de l'esprit*. Paris: Le Seuil.

Viderman, S. (1970) *La construction de l'espace psychanalytique*. Paris: PUF.

Vincent, J. D. (1986) *Biologie des passions*. Paris: O. Jacob.

Vincent, J. D. (2004) *La compassion le coeur des autres*. Paris: O. Jacob.

Watzlawick, P. et al. (1967) *Une logique de la communication*. Paris: Le Seuil, 1972.

Widlöcher, D. (1984) Le psychanalyste devant les problèmes de classification. *Confrontations Psychiatriques, 24*, pp. 141-157.

Widlöcher, D. (1993) Intentionnalité et psychopathologie. *Revue Internationale de Psychopathologie, 10*, pp. 193-224.

Widlöcher, D. (1996) *Les nouvelles cartes de la psychanalyse*. Paris: O. Jacob.

Watzlawik, P.; Weakland, J.; Fisch, R. (1973) *Changements, paradoxes et psychothérapie*. Paris: Le Seuil, 1975.

Winnicott, D. W. (1951) Objets transitionnels et phénomènes transitionnels. In: *De la pédiatrie à la psychanalyse*. Paris: Payot, 1976, pp. 109-125.

Winnicott, D. W. (1956a) La préoccupation maternelle primaire. In: *De la pédiatrie à la psychanalyse*. Paris: Payot, 1976, pp. 168-174.

Winnicott, D. W. (1956b) La tendance antisociale. In: *De la pédiatrie à la psychanalyse*. Paris: Payot, 1976, pp. 175-184.

Winnicott, D. W. (1957) *L'Enfant et le Monde extérieur*. Paris: Payot, 1975.

Winnicott, D. W. (1958) *De la pédiatrie à la psychanalyse*. Paris: Payot, 1976.

Winnicott, D. W. (1960) Distorsion du moi en fonction du vrai et du faux self. In: *Processus de maturation chez l'enfant*. Paris: Payot, 1983.

Winnicott, D. W. (1965) *Processus de maturation chez l'enfant*. Paris: Payot, 1983.

Winnicott, D. W. (1967) Le rôle de miroir de la mère et de la famille dans le développement de l'enfant. *Nouvelle Revue de psychanalyse*, 10, 1974, pp. 79-86.

Winnicott, D. W. (1969) *De la pédiatrie à la Psychanalyse*. Paris: Payot.

Winnicott, D. W. (1970) *Le processus de maturation chez l'enfant*. Paris: Payot.

Winnicott, D. W. (1971a) *La consultation thérapeutique et l'enfant*. Paris: Gallimard.

Winnicott, D. W. (1971b) *Jeu et réalité*. Paris: Gallimard.

Winnicott, D. W. (1989) *La crainte de l'effondrement et autres situations cliniques*. Paris: Gallimard, 2000.

Winnicott, D. W. (1993) *Lettres Vives*. Paris: Gallimard.

Zazzo, R. (1993) *Reflets de miroir et autres doubles*. Paris: PUF.

Índice remissivo

Alucinação 181-183, 215, 219, 237, 251, 258
   processo 84
Âmbito social 109
Apropriação 36-37, 177
   reflexiva 27
   subjetiva 19, 27, 61, 92, 197, 199, 201, 209, 211-212, 217, 227, 252, 257, 276
Aspiração narcísica 53
Associatividade 23, 60, 62, 64, 68-70, 71, 82, 83, 121, 131, 132, 140, 191, 241, 276
   focal 21, 65, 238
   livre 21, 32, 161, 244, 256, 268
   modalidades 284
   polimorfa 77
   simbolização 77
   transferência 76
Atenção 27, 118, 123
   clínica 23
   flutuante 23

Atualização 158
Autopoiese 28
Autossimbolização 281

Cadeia
   associativa 84, 157
   narrativa 157
Cena traumática 156, 157
Censuras 67, 68, 77
Clínica
   da prática 18
   da teoria 18, 27, 59
Consciência
   conceito do seu negativo 30
Contrabandistas
   da transferência 102
Contrato
   narcísico 47, 132
   simbólico 47, 129, 132

Destrutividade 216

Dispositivos 18, 20, 55, 60-61, 63, 101, 104, 115, 123-124, 129, 131, 133, 134, 140, 147, 153, 160, 162, 165, 167, 170, 172, 201, 236, 238, 241, 268, 270, 271, 277, 279, 289
    analisantes 108, 118, 120, 135
    artesanais, artísticos 107
    clínicos 56, 103, 106, 110, 114, 117, 127, 131
    de pesquisa 267
    em domicílio 166
    grupais 21
    institucionais 107
    mediadores 236
    simbolizantes 107, 135, 235, 273, 274
    sociais 107
    subjetivantes 109

Distância teórico-prática 24

Estado pós-traumático 261

Forma alucinatória 179

Função
    Meio Maleável 220, 239, 242
    reflexiva 152, 170, 172, 178, 188, 207, 171
    simbolizante do objeto 217, 220, 239

Funcionamento
    associativo 65, 66
    intersubjetivo 267
    futuro-jogo 257

Générativité associativa 52, 277

Grupos 18

Identificação narcísica de base 39, 42, 42-45, 75, 116, 130

Inconsciente 17, 25, 51, 59, 70, 72, 84
    conceitos 19

Instância reflexiva 40

Integração subjetiva 212

Intersubjetividade 260, 272

Jogo 142, 145, 180, 238, 241
    autossubjetividade 247, 263
    autossubjetivo 251
    como objeto 259
    da espátula 251
    de esconde-esconde potencial 265
    intersubjetividade 251
    intersubjetivo 258, 263
    intrassubjetividade 251
    intrassubjetivo 263
    latente 247, 252, 253
    manifesto 247, 252, 253
    potencial 245, 249, 252, 253, 263
    simbolizante 256
    trabalho do 242, 253, 248
    transicional 253

Matéria-prima psíquica 34, 120, 124, 177, 179
    mediatizada 35, 37

Mediação 38

Mediatização 86

Meio Maleável 108, 142, 145, 156, 160, 163, 164, 190, 203, 207, 210, 211, 222, 224-237, 241

Método
    associativo 61
    clínico 131

Modo transicional 276

Narcisismo 159, 161
Narratividade 83, 96, 173, 179, 189
　associativa 73
　valor 192
Necessidades do Eu 148, 152, 210, 220, 238, 239
Negatividade 24

Objeto
　regulador de si 38
　transformacional 38
　transicional 190
Objogos 348

Penetração agida 20
Potencialidades reflexivas 113
Problemáticas narcísico-identitárias 102, 104, 120, 140, 159, 233, 235, 244, 248, 277, 283

Realidade psíquica 19, 23, 27, 31
Refletir-se 205
Reflexividade 19, 30, 47, 132, 210, 221, 252
　associativa 24
Representação
　perceptiva 29, 31
　psíquica 19
　reflexiva 29, 78
　simbólica 29
Retorno 59, 87

Situação
　extrema 18, 288
　　limite 114, 280, 283, 288
　　traumática 246
Sofrimento narcísico 100
Squiggle game 45, 162
Squiggle play 45, 61, 169, 238
Subjetivação 32
Subjetividade traumática 234
Simbolização 19, 31, 32, 39, 52, 86, 90, 91, 95, 96, 98, 106, 108, 112-115, 120, 122, 132, 133, 135, 143, 144, 155, 156, 161, 175, 151, 182, 197, 101, 202, 209, 210, 212-214, 217-220, 225-228, 230, 237, 241-245, 248, 252, 258, 259, 273, 78
　auto- 279
　compulsão 92
　do dispositivo 137
　não verbal 134
　primária 107, 109, 124, 138, 139, 164, 179, 185, 187, 189, 190, 194, 195, 216, 239, 249, 250
　processo reflexivo 177
　secundária 124, 138, 179, 191, 195, 249
　simbolizante 93
　terciária 138, 276
　utilização 224

Transferência 20, 46, 47, 52, 54, 73, 74, 81, 82, 85, 76, 113, 123, 129, 130, 173, 170, 172, 218, 232, 234-236, 239, 246, 249, 259, 261, 264, 268, 273, 275, 277, 278, 280, 283
　amorosa 94
　associatividade 76
　enquadre 95, 116, 137, 144
　enquadre-dispositivo 91
　configuração 89, 97

constelação 100, 101
contrabandistas 102
difração 101
direito à 132
disposição 90
do funcionamento do aparelho psíquico no dispositivo 143
estrutural 92
histórica 92
linguagem 142
materna 96
narcísica 140
negativa 97
neurose 89, 111

odiosa 94
paterna 96
positiva 97
Transicionalidade 108, 112, 214, 260, 271
Traumas 164, 190, 202, 204, 206, 210, 234, 236, 243, 245, 253
Traumatismos 53, 70, 144
   narcísicos 287

Utilização
   do objeto 215, 217, 218, 219, 239, 248
   meio maleável 229, 230

Valor traumático 121

GRÁFICA PAYM
Tel. [11] 4392-3344
paym@graficapaym.com.br